分析！解決！
TOEIC®テスト模試

新形式問題対応

TOEIC® IS A REGISTERED TRADEMARK OF EDUCATIONAL TESTING SERVICE (ETS).
THIS PUBLICATION IS NOT ENDORSED OR APPROVED BY ETS.

Ｚ会編集部 編

Ｚ会

はじめに

　TOEIC® テストは，ビジネス・日常生活でのコミュニケーションに焦点をあてて英語力を測るテストとして広く活用されるものとなり，年間のべ240万人（2014年度実績）もの人が受験する規模となっています。そのTOEIC® テストにおいて，2016年5月の公開テストから一部の問題形式が変更されることになりました。時代とともに変化する英語の使用状況に対応するため，「よりオーセンティック（実際的）なコミュニケーション」をテーマに，英文タイプや設問の形式が変わります。10年ぶりの形式変更とあって，テスト受験に向けて学習を行っている皆さんは，不安を感じるところも多いのではないでしょうか。

　本書は，2007年より発刊されてきた『新TOEIC® Test レベル判定模試』シリーズの4冊目を再編し，新形式に合わせて一部問題を入れ替える形で，新たな模試書籍として編集したものです。本番と同形式の模試が1本分収録されているので，新しい形式で問題演習を行いたい方にぜひご活用いただきたいと考えています。

　本書の特徴の1つとして，実際にTOEIC® テストに向けて学習されている方々の「正答率」を掲載している点が挙げられます。これはモニター受験を実施して得られた解答データをもとに算出したものですので，他の受験者と自分の結果を比較しながら，相対的なレベルを確認することが可能です。またもう1つの特徴として挙げられるのが，「分析シート」によって自分の実力を客観的に分析できるようにし，パート別のスコアアップのためのアドバイス，攻略ポイントの解説などを参照する中で，今後自分がどのような点に気をつけて学習を行えばよいかがわかるようになっている点です。これから本格的にTOEIC対策を進めていく方も，本番直前に総仕上げとして模試を解く方も，本書を活用していただくことにより確実なスコアアップを目指せるよう，工夫をこらしました。

　TOEIC® テストでのスコアアップと，その先にある目標達成に向けて努力されている皆さんの学習の一助として，本書がお役に立てるようであれば大変うれしく思います。

2016年5月　Z会編集部

CONTENTS

はじめに 3
本書の利用法 5
TOEIC® テスト の概要と攻略法 7

解答解説と分析

解答・設問ポイント一覧 12
スコア換算表 14
分析シート 15
パート別　スコアアップのためのアドバイス 16
Listening Section
    Part 1 20
    Part 2 23
    Part 3 32
    Part 4 46
Reading Section
    Part 5 57
    Part 6 68
    Part 7 78

マークシート 123

別冊（問題）

Listening Section
    Part 1 2
    Part 2 6
    Part 3 7
    Part 4 11
Reading Section
    Part 5 14
    Part 6 17
    Part 7 21

本書の利用法

　本書は TOEIC テストと同形式の模試1回分（200問）を収録しています。2016年5月より導入される新形式の問題に対応した出題となっており，本番さながらの練習ができます。問題を解くとともに，自分の現在の実力を分析して弱点を発見し，目標スコアに応じた攻略ポイントをおさえ，確実なスコアアップにつなげましょう。

　以下①〜⑤の流れで学習を進めていくと効果的です。各段階で参照すべきページなどを確認してから取り組んでください。

① TOEIC® テスト概要の確認

　「TOEIC® テストの概要と攻略法」のページにおいて，TOEIC テスト全体の構成とともに，各パートの特徴と攻略法について概略を解説しています。これから初めて TOEIC テストを受験される方はまずこのページを確認し，TOEIC テストの全体像をつかみましょう。

　なお，2016年5月からの出題内容の変更点についてもまとめていますので，これまでに受験経験のある方も，一度確認してから問題に取りかかるとよいでしょう。

② 問題に取り組む

　問題冊子は別冊になっていますので，本体から取り外してご使用いただけます。解答する際の注意点は表紙に記載されていますので，確認して取り組んでください。マークシートは本体の末尾にありますので，活用してください。

③ 採点

　「解答・設問ポイント一覧」を参照してください。問題200問の解答とともに，各設問で問われているポイントを併記していますので，自分がどんな点でつまずいたかをあわせて確認することができます。

　なお，予想スコアの算出は「スコア換算表」を利用して割り出してください。

④ 分析シート記入・スコアアップのためのアドバイス確認

　採点後，各パートの正答率を計算して「分析シート」のレーダーチャートに書き込むと，今の実力のバランスを視覚的に把握することができます。500〜800点までのスコア別目標正答率が示されていますので，自身の結果と比較してみてください。ここで優先的に対策を行うべきパートを確認し，次ページの「パート別スコアアップのためのアドバイス」を読んで，今後強化すべきポイントをおさえましょう。

⑤ 各問題の解答解説の確認と復習

20ページ以降に各問題の解説を掲載していますので，よく読み理解を深めましょう。各ページは次のような構成となっています。

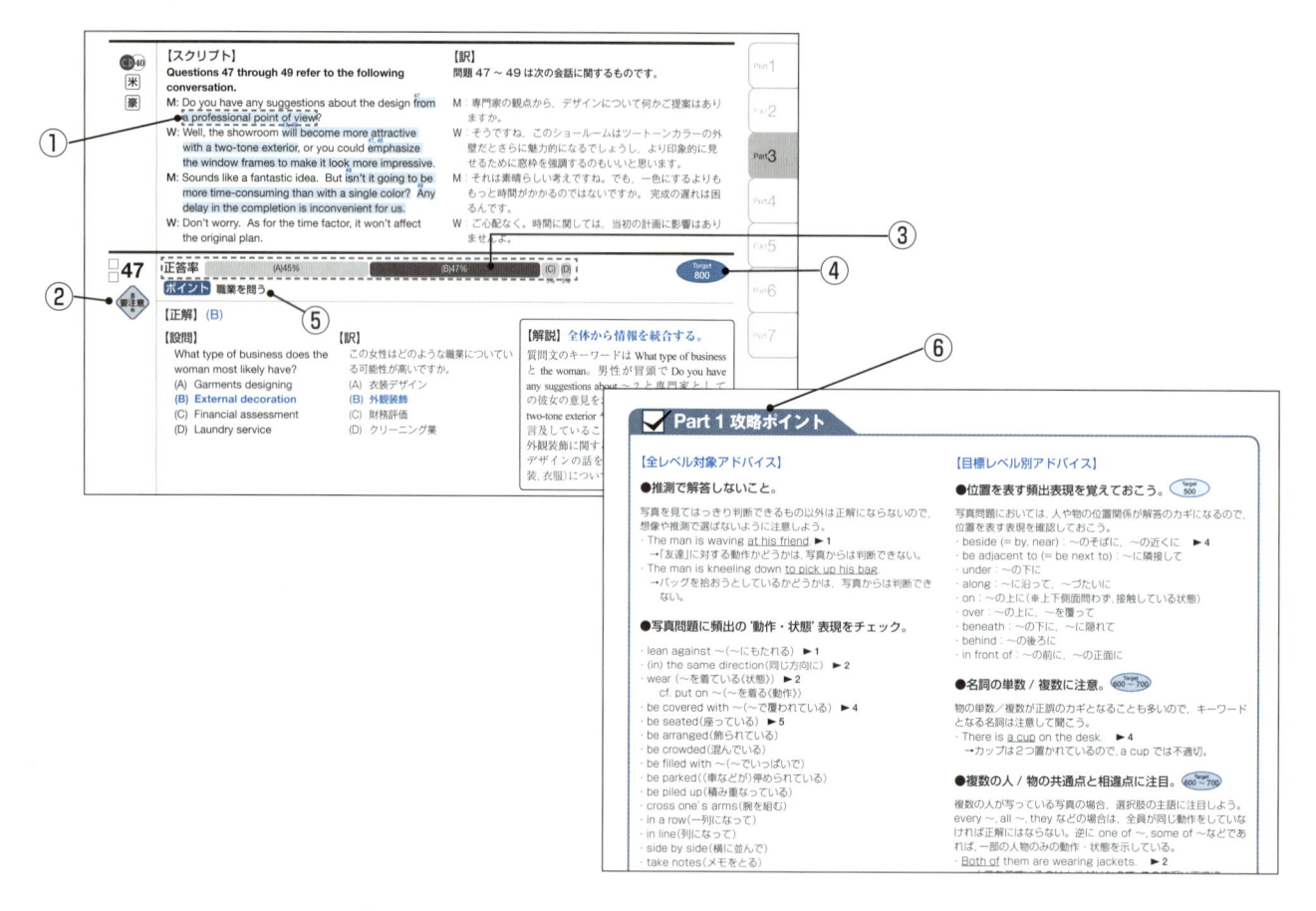

① **解答の根拠**：Part 3・4・7 では，英文の中に各設問の解答の根拠となる箇所をハイライト表示し，青字で設問番号を示しています。解説とともに確認しましょう。

② **要注意／新形式の表示**：誤答選択肢を選んだ受験者が多かった注意すべき問題には，要注意 の表示を付けています。また，新形式の問題については 新形式 の表示を付けています。

③ **正答率グラフ**：本書の模擬問題のモニター受験者約 750 名のデータをもとに割り出した正答率のグラフを，各問題に表示しています。グラフの黒い部分が正解選択肢を選んだ受験者の割合です。なお，新形式の設問を含む問題については，別途モニター試験を実施し，120 名のデータから正答率を算出しました。この場合には，正解選択肢が選ばれた割合を紺色で示しています。

④ **目標スコア表示**：目標スコアを Target 500, Target 600〜700, Target 800 の3段階に分けて，各目標を達成するためには確実に得点すべき問題であることがわかるよう，アイコンをつけています。これを目安に復習を行うと，自分の目標に合わせメリハリをつけた学習ができます。

⑤ **設問のポイント**：その問題がどのような観点で出題されているのかを示しています。なお，「解答・設問ポイント一覧」のページには，正解の記号とともに設問のポイントも併記していますので，間違えた箇所を一望でき，自分が弱いところを確認することができます。

⑥ **各パートの攻略ポイント**：全レベル対象アドバイス，目標レベル別アドバイスの2通りに分けて，つまずきやすい点や覚えておくべきことなどについて解説しています。なお，語句や文の例の末尾にある「▶2」などの表示は，該当する問題番号に対応しています。また，各設問の解説の最後に P.31【攻略ポイント】へ といった矢印の表示がある時は，ここを参照してください。

TOEIC® テストの概要と攻略法

TOEIC テストは，200 問(Listening 100 問 + Reading 100 問)を 120 分(Listening 45 分 +Reading 75 分)で解く，マークシート方式のテストです。指示文も含め，すべて英語で構成されています。
また，合否ではなくスコア(10 ～ 990 点：Listening, Reading 各 5 ～ 495 点)で評価される点も，TOEIC テストの特徴の 1 つです。

第 210 回公開テスト(2016 年 5 月 29 日実施)より，問題の一部に新しい出題形式が加わります。この新しい出題形式は，日常生活やビジネスの場面における英語コミュニケーションの変化をテストに反映し，現状に合った形で英語能力を測定できるよう，テストを進化させることを目的として採用されています。

以下は，新旧形式の出題内容比較表です。

現行版(～ 2016 年 4 月)

リスニングセクション(約 45 分間)

Part 1	写真描写問題	10 問
Part 2	応答問題	30 問
Part 3	会話問題	30 問 (会話 10 本×設問 3)
Part 4	説明文問題	30 問 (説明文 10 本×設問 3)
合計		100 問
スコア		5 ～ 495

リーディングセクション(75 分間)

Part 5	短文穴埋め問題	40 問
Part 6	長文穴埋め問題	12 問 (英文 4 本×設問 3)
Part 7	1 つの文書	28 問 (9 文書×設問 2 ～ 5)
Part 7	2 つの文書	20 問 (4 セット×設問 5)
合計		100 問
スコア		5 ～ 495

新形式(2016 年 5 月～)

リスニングセクション(約 45 分間)

Part 1	写真描写問題	6 問	(-4 問)
Part 2	応答問題	25 問	(-5 問)
Part 3	会話問題	39 問 (会話 13 本×設問 3)	(+9 問)
Part 4	説明文問題	30 問 (説明文 10 本×設問 3)	(± 0 問)
合計		100 問	(± 0 問)
スコア		5 ～ 495	

リーディングセクション(75 分間)

Part 5	短文穴埋め問題	30 問	(-10 問)
Part 6	長文穴埋め問題	16 問 (英文 4 本×設問 4)	(+4 問)
Part 7	1 つの文書	29 問 (10 文書×設問 2 ～ 4)	(+1 問)
Part 7	複数の文書	25 問 (2 文書：2 セット×設問 5) (3 文書：3 セット×設問 5)	(+5 問)
合計		100 問	(± 0 問)
スコア		5 ～ 495	

※ IP テスト(団体特別受験制度)への新形式問題導入は，2017 年 4 月の予定です。

なお，スコア範囲，合計問題数，試験時間は現行版のまま変更ありません。全体の難易度にも変更はないので，新旧テストのスコアは対等に比較することができます。

各パートの特徴と，新形式問題で生じる具体的な変更点については，次ページ以降を参照してください。

以下にTOEICテスト各パートの特徴と攻略法をまとめています。初めて受験する場合の形式の把握や，試験直前の再確認のために役立ててください。問題形式の一部が変更になったパートについては，具体的な変更点とそれに伴う心構えもおさえておきましょう。

Part 1　写真描写問題

【形式と特徴】
- 写真を見ながらそれを描写する文を4つ聞き，最も適切な描写文を選ぶ問題。
- 問題冊子には写真のみが掲載されている。
- 新形式のテストにおいて出題形式の変更はないが，問題数が10問から6問に減少する。

【攻略法】
- 音声が流れる前に，写真を見て描写されているもの（人物／事物／風景）の特徴を掴んでおく。
- 人物1人の写真では，動作・状態を表す表現を正確に聞き取る。2人の写真では，文の主語で人物を特定し，動作・状態が正しく表されているかを判断。大勢の人物が写っている写真では，特定の人物を描写することは少ないので，写真全体を眺めながら，文全体の描写を聞く。
- 事物や風景の写真では，特に受動態と受動態の進行形に注意。例えば，The tree is cut down. は「切られた状態」を表すが，The tree is being cut down. なら，「現在誰かが切っている最中」を表す。
- 写真に写っていない人物や事物，写真からは判断できない状況に言及している選択肢は誤りなので，惑わされないよう注意。

Part 2　応答問題

【形式と特徴】
- 質問文／コメントとそれに対する応答文（3つ）を聞き，適切な応答を選ぶ。
- 問題冊子には英文は何も記載されていない。
- 新形式のテストにおいて出題形式の変更はないが，問題数が30問から25問に減少する。

【攻略法】
- 質問文のパターンによって応答文がある程度限定されるので，パターンに慣れておくこと。
- 疑問詞を用いない疑問文には通常はYes, Noで答えるが，Yes, Noを使わない応答も多い。形式にこだわらず，内容で判断しよう。
- 疑問詞の質問文は，まず疑問詞を確実にキャッチする。ただし，その疑問詞で問われている内容に直接的に答えていない応答が正解ということもあるため，「会話が成り立つかどうか」で判断する。
- 否定疑問文や付加疑問文は質問というより確認の意味合いが強いので，関連する追加情報を聞き取って答える。orを使った選択疑問文では，節（文の形）をorではさんだ形に特に注意。後半部分の質問にだけ答えている選択肢を選んでしまいがちである。
- 依頼や提案などを表す質問文がある。こうした質問に対する典型的な応答は限られているので，事前にしっかり学習しておこう。

Part 3　会話問題

【形式と特徴】
- 会話を聞き，その内容についての設問に答える。
- 会話文は印刷されていない。設問文と選択肢は印刷されており，設問文は音声としても読まれる。
- 各会話につき設問は3問。
- 新形式のテストにおいて，これまでにない問題が出題されるようになる。(1) 2人の会話だけではなく3人の会話も出題される。(2) 会話内容とあわせて図表を参照して解答する問題が出題される。(3) 会話中の1つの

発言を取り上げて，その意図を問う問題が出題される。また，出題数もこれまでより9問増えて39問に。

【攻略法】
- 会話が始まる前に質問文に目を通し（先読み），キーワードから設問のポイントを把握する。
- 具体的な時刻・数・職業・人名などが問われている場合には，選択肢にも先に目を通しておく。図表を含む問題では，事前に図表にも簡単に目を通しておこう。
- 音声を聞きながら選択肢を目で追い，正解がわかり次第すぐに解答する。
- 3問とも解答し終えたら，次の3つの質問文に目を通す。
- 3人による会話では，1人の発言が短く回数が多くなるため，テンポについていけるようトレーニングが必要。
- 発言の意図を問う問題では，該当の発言がどのような文脈で述べられているのかを正確に掴むことが重要。

Part 4　説明文問題

【形式と特徴】
- スピーチやメッセージ，ニュースなど，1人によるトークを聞き，その内容についての設問に答える。
- トークの内容は印刷されていない。設問文と選択肢は印刷されており，設問文は音声としても読まれる。
- 各トークにつき設問は3問。
- 新形式のテストにおいて，これまでにない問題が出題されるようになる。(1) トークの内容とあわせて図表を参照して解答する問題が出題される。(2) トークの中の1つの発言を取り上げて，その意図を問う問題が出題される。ただし，Part4 は出題数の変更はなし。

【攻略法】
- トークが始まる前に質問文に目を通し（先読み），キーワードから設問のポイントを把握する。
- 具体的な時刻・数・職業・人名などが問われている場合には，選択肢にも先に目を通しておく。図表を含む問題では，事前に図表にある内容にも簡単に目を通しておこう。
- 音声冒頭の Questions … refer to the following 〜 . という導入文でトークのタイプを確認する。
- 音声を聞きながら選択肢を目で追い，正解がわかり次第すぐに解答する。
- 3問とも解答し終えたら，次の3つの質問文に目を通す。
- 発言の意図を問う問題では，該当の発言がどのような文脈で述べられているのかを正確に掴むことが重要。

Part 5　短文穴埋め問題

【形式と特徴】
- 1つの英文に空所が1カ所あり，空所を埋めるのに最も適当なものを4つの選択肢から選択する。
- 品詞や語法など，文法の基礎知識と，語彙の知識が問われる。
- 新形式のテストにおいて出題形式の変更はないが，問題数が40問から30問に減少する。

【攻略法】
- Part7 に時間を確保するために，1問平均20秒以内を目安に解答する。
- まず選択肢を見て問題パターンを把握し，それに応じて「空所付近→節→英文全体」の順に視点を広げて正解を判断する。
- 前置詞や語彙を問う問題は知らないと解けないので，時間をかけすぎずすぐに次の問題に移る。
- 品詞の判断の際には接尾辞に注目する。
- 選択肢に接続詞と前置詞が混在するような問題では，空所の後が語句などの名詞に準ずるものか節かのどちらであるかを見極める。

Part 6　長文穴埋め問題

【形式と特徴】
- 手紙やEメール，告知文などの文書に複数の空所があり，その空所を埋めるのに最も適当なものを4つの選択肢から選ぶ。
- 新形式のテストにおいて，1つの英文の空所が3カ所から4カ所に増えた。さらに，これまでは空所に当てはまる語句を選ぶ問題のみだったが，文を選択する問題が追加された。

【攻略法】
- 1問あたり平均30秒以内を目安に解答する。
- 導入文(… refer to the following 〜)，文書のタイトルや見出し，宛先・差出人名などから，文書のタイプや目的を大まかに把握する。
- 接続語に注意しながら文書を読み進め，設問箇所にぶつかったらその都度解いていく。
- 選択肢を見て問題パターンを把握し，それに応じて「空所付近→節→英文全体」の順に視野を広げて正解を判断する。
- 空所に当てはまる文を選ぶ問題では，文書の流れや構成・展開をしっかり理解して判断する必要がある。空所前後だけでなく，全体の流れを意識しながら読むよう心がけよう。

Part 7　読解問題

【形式と特徴】
- 手紙や案内文，広告など，さまざまな種類の文書を読んで，その内容についての質問に答える。
- 出題される英文は1つだけではなく，複数の文書を読んで設問に答えるものも出題される。
- 新形式のテストにおいて，文を挿入する適切な位置を選ぶ問題が追加される。また，英文中の短い表現を取り上げ，それが書かれた意図を問う設問も加わる。さらに，複数文書を参照する問題では，従来の2文書のものに加え，3文書を読んで答える問題が追加される。なお，出題される英文の種類としては，新たにテキストメッセージ，オンラインチャット形式で複数名がやりとりを行う文書が加わる。

【攻略法】
- 導入文(… refer to the following 〜)，文書のタイトルや見出し，宛先・差出人名などから，文書のタイプや目的を大まかに把握する。複数の文書があるタイプは，それぞれの文書の関係も確認する。
- 各パラグラフの1，2文目を順に見ていき，文書全体の大まかな流れを掴む。
- 質問文に目を通し，キーワードから設問のポイントを読み取る。
- 大まかに把握した「話の流れ」をもとに質問文のキーワードに関連する表現が出てくる箇所を探し，解答のヒントを得る。

解答解説と分析

解答・設問ポイント一覧

■ Listening Section

パート	問題No.	正解	ポイント	Targetスコア	採点結果
1	1	C	人物（1人）の動作・状態	500	
	2	D	人物（2人）の動作・状態	500	
	3	C	人物（1人）の動作・状態	500	
	4	B	事物の状態・位置関係	600〜700	
	5	A	人物（2人）の動作・状態	500	
	6	D	事物の状態・位置関係	600〜700	
2	7	A	Wh-疑問文：所有者を尋ねる	500	
	8	A	特殊表現：提案する	500	
	9	C	間接疑問文：場所を尋ねる	500	
	10	A	Wh-疑問文：理由を尋ねる	600〜700	
	11	C	特殊表現：依頼する	500	
	12	B	Wh-疑問文：内容を尋ねる	600〜700	
	13	C	Yes/No疑問文：行動を尋ねる	600〜700	
	14	B	選択疑問文：都合を尋ねる	500	
	15	A	Wh-疑問文：人物を尋ねる	500	
	16	C	平叙文：推測状況を述べる	500	
	17	B	How疑問文：理由を尋ねる	600〜700	
	18	A	特殊表現：提案・勧誘する	600〜700	
	19	A	選択疑問文：方向を尋ねる	600〜700	
	20	B	How疑問文：量を尋ねる	500	
	21	A	付加疑問文：確認する	800	
	22	C	Wh-疑問文：人物を尋ねる	600〜700	
	23	B	Wh-疑問文：場所を尋ねる	500	
	24	C	Yes/No疑問文：可否を尋ねる	600〜700	
	25	C	特殊表現：提案する	500	
	26	A	Wh-疑問文：時を尋ねる	600〜700	
	27	A	平叙文：状況を伝える	500	
	28	B	特殊表現：依頼する	500	
	29	C	How疑問文：時間を尋ねる	600〜700	
	30	A	否定疑問文：行動を尋ねる	800	
	31	B	特殊表現：提案する	600〜700	
3	32	D	職業を問う	500	
	33	B	問題点を問う	500	
	34	A	今後の行動を問う	600〜700	
	35	B	話題を問う	500	
	36	A	理由を問う	500	
	37	D	示唆内容を問う	600〜700	
	38	B	状況を問う	600〜700	
	39	B	場所を問う	800	
	40	A	今後の行動を問う	500	
	41	B	詳細事項を問う	800	
	42	A	発言の意図を問う	600〜700	
	43	D	詳細事項を問う	800	
	44	A	人物を問う	800	
	45	B	示唆内容を問う	800	
	46	B	推測情報を問う	600〜700	
	47	B	職業を問う	800	
	48	C	提案内容を問う	500	
	49	B	詳細事項を問う	800	
3	50	B	場所を問う	600〜700	
	51	C	人物を問う	600〜700	
	52	B	発言の意図を問う	800	
	53	C	場所を問う	600〜700	
	54	C	問題点を問う	600〜700	
	55	A	今後の行動を問う	600〜700	
	56	A	話題を問う	800	
	57	C	詳細事項を問う	800	
	58	D	今後の行動を問う	800	
	59	A	職業を問う	800	
	60	B	意図を問う	800	
	61	C	詳細事項を問う	600〜700	
	62	B	行動を問う	800	
	63	A	詳細事項を問う	500	
	64	C	会話と図表の統合問題	500	
	65	B	話題を問う	600〜700	
	66	D	考えを問う	600〜700	
	67	D	会話と図表の統合問題	600〜700	
	68	C	詳細事項を問う	800	
	69	B	考えを問う	600〜700	
	70	A	会話と図表の統合問題	600〜700	
4	71	A	言及内容を問う	800	
	72	B	言及内容を問う	500	
	73	C	目的を問う	800	
	74	D	行動を問う	600〜700	
	75	B	理由を問う	600〜700	
	76	A	推測情報を問う	800	
	77	B	話題を問う	600〜700	
	78	C	問題点を問う	800	
	79	A	詳細事項を問う	800	
	80	D	職業を問う	600〜700	
	81	C	詳細事項を問う	600〜700	
	82	A	詳細事項を問う	600〜700	
	83	A	話題を問う	600〜700	
	84	B	行動を問う	600〜700	
	85	C	発言の意図を問う	500	
	86	B	話題を問う	600〜700	
	87	C	詳細事項を問う	500	
	88	A	提案内容を問う	500	
	89	C	職業を問う	800	
	90	C	詳細事項を問う	800	
	91	A	詳細事項を問う	800	
	92	B	場所を問う	600〜700	
	93	D	目的を問う	600〜700	
	94	D	詳細事項を問う	600〜700	
	95	A	行動を問う	600〜700	
	96	C	考えを問う	800	
	97	D	トークと図表の統合問題	800	
	98	B	場所を問う	600〜700	
	99	C	詳細事項を問う	600〜700	
	100	A	トークと図表の統合問題	600〜700	

Part 1 正答数　／6　　Part 3 正答数　／39
Part 2 正答数　／25　　Part 4 正答数　／30

Reading Section

パート	問題No.	正解	ポイント	Targetスコア	採点結果
5	101	B	品詞の区別	500	
	102	B	語彙（名詞）	600～700	
	103	C	品詞の区別	500	
	104	A	相関接続詞	500	
	105	D	比較	600～700	
	106	B	品詞の区別	500	
	107	A	動詞の形	600～700	
	108	C	品詞の区別, 語彙（名詞）	600～700	
	109	C	品詞の区別, 動詞の形	800	
	110	C	機能語	600～700	
	111	B	動詞の形	600～700	
	112	D	品詞の区別	500	
	113	C	語彙（動詞）	600～700	
	114	A	品詞の区別	500	
	115	A	品詞の区別, 語彙（名詞）	600～700	
	116	C	語彙（名詞）	600～700	
	117	A	語彙（動詞）	500	
	118	D	代名詞	500	
	119	B	品詞の区別, 語彙（名詞）	600～700	
	120	B	前置詞（句）	500	
	121	A	語彙（名詞）	800	
	122	C	機能語	600～700	
	123	D	語彙（名詞）	800	
	124	A	動詞の形	500	
	125	C	品詞の区別	600～700	
	126	B	語彙（形容詞）	800	
	127	C	品詞の区別	800	
	128	B	接続語句	600～700	
	129	A	語彙（動詞）	500	
	130	C	前置詞	600～700	
6	131	D	適切な品詞を問う	600～700	
	132	A	適切な代名詞を問う	600～700	
	133	B	適切な副詞を問う	800	
	134	C	適切な文を問う	500	
	135	D	適切な動詞の形を問う	600～700	
	136	A	適切な文を問う	600～700	
	137	B	適切な意味の動詞を問う	500	
	138	C	適切な意味の名詞を問う	600～700	
	139	D	適切な副詞を問う	600～700	
	140	C	適切な文を問う	600～700	
	141	C	適切な品詞を問う	600～700	
	142	A	適切な意味の形容詞を問う	500	
	143	D	適切な意味の形容詞を問う	500	
	144	B	適切な文を問う	600～700	
	145	C	適切な品詞を問う	600～700	
	146	A	適切な意味の名詞を問う	500	

パート	問題No.	正解	ポイント	Targetスコア	採点結果
7	147	D	詳細事項を問う	500	
	148	A	詳細事項を問う	500	
	149	B	書き手の意図を問う	500	
	150	D	今後の行動を問う	600～700	
	151	B	詳細事項を問う	500	
	152	C	推測情報を問う	600～700	
	153	B	金額を問う	500	
	154	D	推測情報を問う	600～700	
	155	B	理由を問う	500	
	156	C	詳細事項を問う	500	
	157	B	正しくない記述を問う	500	
	158	C	言及内容を問う	500	
	159	C	該当しないものを問う	600～700	
	160	B	正しい情報を問う	600～700	
	161	D	詳細事項を問う	600～700	
	162	B	詳細事項を問う	600～700	
	163	A	文の適切な挿入位置を問う	800	
	164	D	職業を問う	600～700	
	165	A	場所を問う	500	
	166	D	詳細事項を問う	800	
	167	C	詳細事項を問う	800	
	168	B	詳細事項を問う	500	
	169	C	理由を問う	500	
	170	D	人物を問う	500	
	171	B	書き手の意図を問う	600～700	
	172	C	職業を問う	600～700	
	173	D	話題を問う	800	
	174	B	語彙を問う	800	
	175	A	詳細事項を問う	800	
	176	B	場所を問う	600～700	
	177	C	語彙を問う	600～700	
	178	B	言及内容を問う	600～700	
	179	D	正しい内容を問う	800	
	180	B	言及されていない情報を問う	800	
	181	D	詳細事項を問う	600～700	
	182	C	許可されていない情報を問う	600～700	
	183	D	語彙を問う	800	
	184	A	金額を問う	600～700	
	185	C	今後の行動を問う	600～700	
	186	D	行動を問う	500	
	187	C	語彙を問う	600～700	
	188	B	詳細事項を問う	600～700	
	189	C	示唆されていないことを問う	800	
	190	D	今後の行動を問う	600～700	
	191	C	行動を問う	500	
	192	D	示唆内容を問う	600～700	
	193	C	理由を問う	600～700	
	194	D	詳細事項を問う	600～700	
	195	B	詳細事項を問う	600～700	
	196	C	事業内容を問う	600～700	
	197	B	詳細事項を問う	600～700	
	198	B	詳細事項を問う	800	
	199	D	詳細事項を問う	800	
	200	D	今後の行動を問う	600～700	

Part 5 正答数 ／30
Part 6 正答数 ／16
Part 7 正答数 ／54

スコア換算表

Listening Section

正答数	予想スコア
0	5
1	5
2	5
3	5
4	5
5	5
6	5
7	5
8	5
9	5
10	5
11	5
12	5
13	10
14	15
15	20
16	30
17	35
18	40
19	45
20	50
21	55
22	65
23	70
24	75
25	80
26	90
27	95
28	100
29	105
30	110
31	120
32	125
33	130
34	135
35	140
36	150
37	155
38	160
39	165
40	175
41	180
42	185
43	190
44	195
45	200
46	205
47	215
48	220
49	225
50	230
51	240
52	245
53	250
54	255
55	260
56	270
57	275
58	280
59	285
60	290
61	300
62	305
63	310
64	315
65	320
66	325
67	335
68	340
69	345
70	350
71	360
72	365
73	370
74	375
75	380
76	390
77	395
78	400
79	405
80	415
81	420
82	425
83	430
84	435
85	440
86	445
87	455
88	460
89	465
90	475
91	480
92	485
93	490
94	495
95	495
96	495
97	495
98	495
99	495
100	495

L

Reading Section

正答数	予想スコア
0	5
1	5
2	5
3	5
4	5
5	5
6	5
7	5
8	5
9	5
10	5
11	5
12	10
13	15
14	20
15	25
16	30
17	35
18	40
19	45
20	50
21	60
22	65
23	70
24	75
25	80
26	85
27	90
28	95
29	100
30	105
31	110
32	115
33	120
34	130
35	135
36	140
37	145
38	155
39	160
40	165
41	170
42	175
43	180
44	185
45	190
46	195
47	200
48	205
49	210
50	220
51	225
52	230
53	235
54	240
55	250
56	255
57	260
58	265
59	270
60	280
61	285
62	290
63	295
64	300
65	305
66	315
67	320
68	325
69	330
70	340
71	345
72	350
73	355
74	360
75	370
76	375
77	380
78	385
79	390
80	395
81	405
82	410
83	415
84	420
85	430
86	435
87	440
88	445
89	450
90	460
91	465
92	470
93	475
94	480
95	485
96	490
97	495
98	495
99	495
100	495

R

使い方: Listening (Part1～Part4) と Reading (Part5～Part7) に分けて正答数を数え，換算式から各セクションのスコアを算出します。その合計 (L+R) が予想スコアになります。

予想スコア

$L + R = $

分析シート

　模試を解いて採点を済ませたら，各パートの正答数から正答率を割り出し，下のレーダーチャートに書き込んでみましょう。あなたの今の実力のバランスを把握することができます。
　なお，下記のチャートには500点から800点までのスコア別目標正答率の目安が示されています。これと自分自身の結果を比較し，実力を客観的に分析してみましょう。

★正答率(%)の出し方：正解した問題の数÷各パート設問数×100

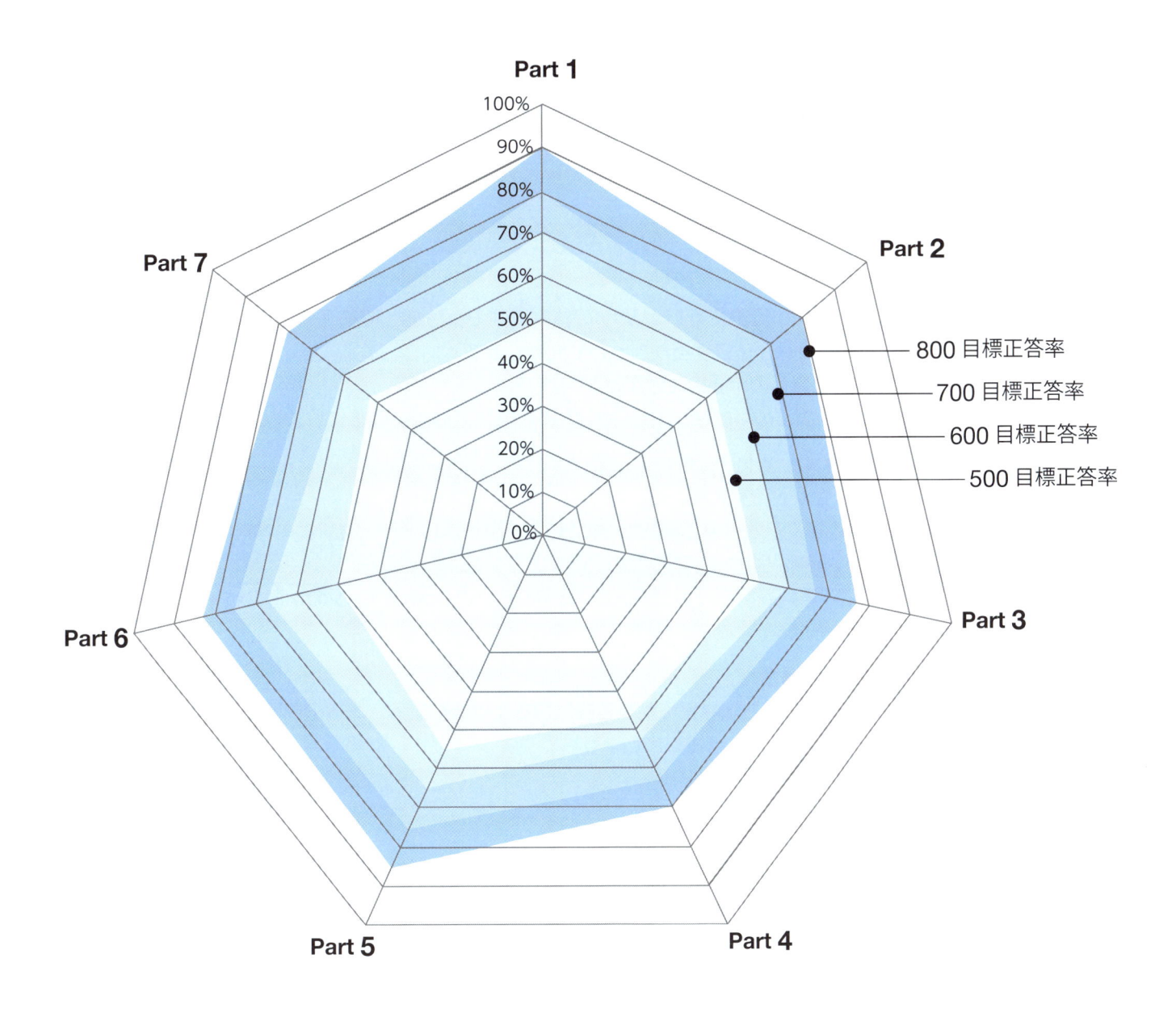

Part 1 / Part 2 / Part 3 / Part 4 / Part 5 / Part 6 / Part 7

800目標正答率
700目標正答率
600目標正答率
500目標正答率

《活用方法》
・まずは一度問題を解いた後，上のレーダーチャートで実力診断をし，今後補強すべきパートはどれかを把握します。
・各設問の解説や，各パートの「攻略ポイント」コラムなどを読み，間違えた問題はしっかり復習しましょう。正解した問題であっても，それがなぜ正解なのかという根拠を説明できるかという観点で，解説を読み直すとよいでしょう。
・時間をおいて再度問題を解き，チャートのバランスが変わったかを比較してみるのもおすすめです。

パート別　スコアアップのためのアドバイス

分析シートで自分の実力のバランスを確認したら，各パートのスコアをさらに伸ばすための対策を考えていきましょう。各パートの正答率に基づく以下のアドバイスを参考にしてください。

Part 1

600点以上を目指す人は80％以上の正答率を目指したいパートです。演習を積んで確実に全問正解をねらいましょう。

■正答率が40％以下の場合
Part 1で注意すべき点の1つは，同音異義語や紛らわしい発音の単語や表現（例えば walking / working, crowd / cloud など）が含まれる誤答選択肢です。また，紛らわしい状況描写によるひっかけもあります。選択肢の描写の一部に推測が混ざっており，写真の状況描写として不適切なものがあることがあります。写真に見える単語だけで判断せずに文全体を聞き取って判断するよう心掛けましょう。

Part 2

■正答率が40％以下の場合
1. 質問と応答の'公式'にこだわらない。
   「Yes / No 疑問文には Yes, No で答える」，「Why の質問には Because で答える」といった固定観念から離れましょう。状況に合った会話が成立するかどうかで判断します。
2. 質問文と同じ単語または似た発音の単語に注意する。
   このような単語を含む応答は誤答の可能性が大きいので，不用意に選ばないようにしましょう。

■正答率が60％前後の場合
1. 質問文と応答のパターンをセットで覚える。
   復習の際，質問文と正しい応答文をセットで音読し，体に覚えこませましょう。素直な応答だけでなく，変化球的なやりとりに対応する力も伸ばしたいところです。
2. 勧誘・依頼の文とその応答，選択疑問文，付加疑問文や否定疑問文の応答パターンの学習に特化するのも効果的です。

■正答率が80％を超えている場合
意外な応答にも戸惑わないよう，さまざまな例に触れて経験値を上げましょう。本書の問題や，さらに公式問題集などを活用して，柔軟に対応できるよう練習しましょう。

Part 3

■正答率が40%以下の場合
1. 会話の構成や展開に慣れる。
   会話のトピックや目的など,全体に関わる基本情報は冒頭で示されることが多いので,まずはそれを確実に聞き取れるよう練習しましょう。
2. 典型的な設問や選択肢のパターンを知る。
   特に基本情報を問う設問(会話の話題・目的・場所,話者の職業など)は確実に正解できるよう,典型パターンをおさえておきましょう。
   例)What are the speakers talking about? (何について話していますか)など

■正答率が60%前後の場合
1. 言い換え表現に慣れる。
   会話で使われた単語や表現を,設問文や選択肢ではよく言い換えて表現します。言い換え表現のパターンや傾向を学習しましょう。
2. 会話の展開に慣れる。
   新形式の問題として加わった話者の意図を問う問題では,会話の展開を確実に理解しないと正解が出せません。全体の展開をしっかりとらえられるようトレーニングを積みましょう。

■正答率が80%を超えている場合
細かい情報まで漏らさずに聞き取れるよう,トレーニングを続けていきましょう。新形式の問題には3名の話し手によるテンポの速い会話が追加されていますので,遅れずついていけるようにしておきたいところです。

Part 4

■正答率が40%以下の場合
1. 隣り合う音の脱落や連結,同化現象に慣れる。
   新形式の問題では,より実生活での発話に近いトークも増えました。スクリプトを参照しながら何度も音声を聞き,音の変化に慣れておきましょう。
2. 設問の先読みの時間を確保する。
   音声を聞く前に,3つの設問を先読みできるかどうかが正答率を左右します。日頃の学習の中で,先読みのリズムをつかんでおきましょう。

■正答率が60%前後の場合
1. 言い換え表現に慣れる。
   Part3と同じく,選択肢での表現の言い換えに注意が必要です。本書をしっかり復習し,言い換えのパターンや傾向を学習しましょう。
2. トークの展開に慣れる。
   Part3と同様に,新形式の問題として加わった話者の意図を問う問題では,トークの展開を確実に理解して答える必要があります。全体の展開をしっかりとらえられるようトレーニングを積みましょう。

■正答率が80%を超えている場合
今後は細かい情報まで漏らさずに聞き取れるよう,トレーニングを続けていきましょう。なお,全体のスコアのバランスを見て「Listening > Reading」となっている場合には,読解力をつけるトレーニングを行いましょう。読解力の向上により,さらなるリスニング力アップが期待できます。

Part 5

■正答率が40％以下の場合
1. 適切な品詞を問う問題を確実に正解できるようにする。
   品詞の区別を問う設問は，選択肢に形の似た単語が並んでいて，単語の最後の部分が異なるというもの。このパターンは頻出なので，各品詞の特徴を整理して覚えておくことが大切です。
2. 解答時間の感覚をつかむ。
   まずは1問当たり30秒で解答できるよう練習をしておきましょう。

■正答率が60％前後の場合
1. 解答パターンに慣れる。
   選択肢の種類によって解き方が変わります。「TOEICテストの概要と攻略法」のページも参考にしながら，紹介した解き方に慣れましょう。
2. 1問当たり平均20秒以内に解く練習をする。
   新形式になりPart6やPart7の問題数が増えたため，後半に余力を残せるよう，〈平均20秒×30問＝10分程度〉で解き終わるように練習しましょう。

■正答率が80％を超えている場合
30問中，27〜28問の正解を目指し，学習を続けてください。適切な品詞を問う問題でも，接尾辞だけでは品詞が特定しにくい単語もありますので，そういったものに足をとられないように気をつけましょう。また，難易度が高めの語彙問題にも対処できるよう，語彙の増強に努めましょう。

Part 6

■正答率が40％以下の場合
1. 1文書あたり2分を目処に解く練習をする。
   新形式の問題では適切な文を挿入する問題も加わったので，時間配分にはより注意が必要です。1問平均30秒，1文書（4問）を2分程度で解く練習をしましょう。
2. 文章の流れに慣れる。
   文挿入問題では，文章の展開を正しく理解して答える必要があります。つなぎ言葉（ディスコースマーカー）などを手がかりに展開を正確にとらえる読み方を練習しましょう。

■正答率が60％前後の場合
Part6の設問は，空所を含む文のみ見れば答えられるものと，その前後の文脈も確認して答えるべきものに分かれます。設問がどちらのタイプに該当するかを見極め，メリハリをつけて解くようにすることで，解答時間を有効に使うことができますので，日頃の学習から意識して取り組むようにしましょう。

■正答率が80％を超えている場合
十分な正答率です。今後さらに伸ばしていくために，英文を1分間に150語くらいのスピードで読むトレーニングを行うとよいでしょう。

Part 7

■正答率が40%以下の場合
1. 全体の内容を問う問題は確実に正解できるようにする。
   1文書に1問くらいは全体に関する内容を問う設問が含まれていることが多いので、まずはこのタイプの問題を確実に正解できるようにすれば、正答率は上がります。
2. 時間配分を意識する。
   後半の複数文書(ダブルパッセージ、トリプルパッセージ)を見て解く問題(No. 176以降)になるべく多くの時間を残せるように、前半の1文書(シングルパッセージ)の問題147～175は30分くらいで解答できるよう、意識しながら演習を行いましょう。

■正答率が60%前後の場合
1. 言い換え表現を攻略する。
   復習の際には、英文の中の表現が設問・選択肢でどのように言い換えられているかをチェックしましょう。言い換えの傾向がつかめれば、問題を解く際の判断のスピードが上がります。
2. 設問に該当する箇所をすばやく見つける練習をする。
   特にダブルパッセージやトリプルパッセージでは、複数の文書にまたがった情報を組み合わせて解く必要があります。こうした問題の解き方に慣れておきましょう。

■正答率が80%を超えている場合
1分間に150語くらいのスピードで文章を読むトレーニングを採り入れ、速読力を伸ばしてスコアアップにつなげるよう努めましょう。

LISTENING SECTION　Part1

1 CD2 米

正答率 (A)2%　(B)2%　(C)95%　(D)1%　Target 500

ポイント 人物（1人）の動作・状態

【正解】(C)

【スクリプト】
(A) The man is waving at his friend.
(B) The man is leaning against the wall.
(C) The man is talking on his cell phone.
(D) The man is entering the shop.

【訳】
(A) 男性は友達に手を振っている。
(B) 男性は壁に寄りかかっている。
(C) 男性は携帯電話で話をしている。
(D) 男性は店に入っていくところだ。

【解説】正確に聞き取り，得点源としたい問題。

主語が共通なので，動作や場所の情報に意識を向ける。(A) wave at ～で「～に向かって手を振る」という意味。男性の動作と一致していない。(B) lean against ～で「～に寄りかかる」だが，男性は壁に寄りかかってはいない。(C) 男性は携帯電話で話をしているので，これが正解。(D) 店に入っていくところではないので，不適切。

P.22【攻略ポイント】へ

2 CD3 カ

正答率 (A)2%　(B)2%　(C)3%　(D)93%　Target 500

ポイント 人物（2人）の動作・状態

【正解】(D)

【スクリプト】
(A) Both of them are wearing jackets.
(B) They are looking in the same direction.
(C) The woman is drawing a picture on a sheet of paper.
(D) The man is holding a paper cup.

【訳】
(A) 2人ともジャケットを着ている。
(B) 彼らは同じ方向を見ている。
(C) 女性は紙切れに絵を描いている。
(D) 男性は紙コップを持っている。

【解説】各人物の情報を整理しながら聞き，判断する。

複数の人物が写っているので，選択肢の主語をしっかり聞き取り，それぞれの人物の共通点と相違点に注意しよう。(A) Both of them は「2人とも，どちらも」という意味。写真でジャケットを着ているのは女性のみなので，当てはまらない。(B) look in the same direction（同じ方向を見る）とあるが，女性は下を，男性は女性をそれぞれ見ていることから，不適切。(C) 女性は手帳を見ている。持っているのは紙切れ（a sheet of paper）ではないし，何か描いている様子でもないので，不適切。(D) 男性は左手に紙コップを持っているので，これが正解。

P.22【攻略ポイント】へ

3 CD4 豪

正答率 (A)1%　(B)4%　(C)93%　(D)2%　Target 500

ポイント 人物（1人）の動作・状態

【正解】(C)

【スクリプト】
(A) The man is boarding a bus.
(B) The man is kneeling down to pick up his bag.
(C) The man is looking inside the car.
(D) The man is driving a vehicle.

【訳】
(A) 男性はバスに乗ろうとしている。
(B) 男性はバッグを拾うためにひざまずいている。
(C) 男性は車の中をのぞいている。
(D) 男性は車を運転している。

【解説】写真から読み取れる情報以上の推測は禁物。

男性の動作，行動に注目する。(A) board a bus（バスに乗る）とあるが，写真に写っているのはバスではなくタクシーである。(B) kneel down（ひざまずく）とあるが，男性はひざまずいてはおらず，バッグを拾おうとしているのかも写真からは判断できない。(C) 男性は車の中をのぞきこんでいる（look inside）ので，これが正解。(D) 男性は車の運転をしていない。

20

4

正答率 (A)36%　(B)61%　(C)2%　(D)1%　Target 600〜700

ポイント 事物の状態・位置関係

【正解】(B)

【スクリプト】
(A) There is a cup on the desk.
(B) The lamp is beside the picture frame.
(C) The table is covered with a cloth.
(D) The chair is under the desk.

【訳】
(A) 机の上にカップが1つある。
(B) ランプは写真立てのそばにある。
(C) テーブルは布で覆われている。
(D) 椅子は机の下にある。

【解説】**数や位置の情報を正確に聞き取ることが重要。**

写真に写っているものが正確に描写されているか，注意して聞いていく。(A) cup は写っているが，2つあるので，a cup では不適切。There are (some) cups という描写であれば正解となる。(B) lamp は picture frame（写真立て）の近くにあるのがわかる。したがって，これが正解。(C) be covered with 〜で「〜で覆われている」の意味だが，写真のテーブルは布で覆われてはいない。(D) 椅子は机の横にあり，under（〜の下）にはない。under や beside という位置関係を表す前置詞は聞き逃さないように注意しよう。　P.22【攻略ポイント】へ

5

正答率 (A)95%　(B)2%　(C)2%　(D)1%　Target 500

ポイント 人物（2人）の動作・状態

【正解】(A)

【スクリプト】
(A) The woman is looking at the man.
(B) They are shaking hands.
(C) The man is seated on a sofa.
(D) They are inspecting the computer.

【訳】
(A) 女性は男性を見ている。
(B) 彼らは握手をしている。
(C) 男性はソファに座っている。
(D) 彼らはコンピュータを調べている。

【解説】**選択肢の主語が指す箇所の情報をしっかり掴む。**

複数の人物が写っている場合は，それぞれの動作・状態に注目する。(A) 女性は男性を見ているので，これが正解。(B) shake hands で「握手する」の意味。2人は握手をしてはいない。(C) 男性は立っている。また，写真にソファは写っていない。(D) inspect は「〜を検査する，〜を調べる」の意味。手に書類を持って話をしていることから，コンピュータを調べているとは考えにくいので不適切。　P.22【攻略ポイント】へ

6

正答率 (A)12%　(B)9%　(C)7%　(D)72%　Target 600〜700

ポイント 事物の状態・位置関係

【正解】(D)

【スクリプト】
(A) Two signposts are beside each other.
(B) The signpost is partially broken at the top.
(C) The signpost is being painted.
(D) The signpost is standing in the open air.

【訳】
(A) 2つの標識が並んでいる。
(B) 標識は先端部が一部壊れている。
(C) 標識はペンキを塗られているところである。
(D) 標識は屋外に立っている。

【解説】**動詞の形とそれが示す状況を正しくとらえる。**

signpost は「標識」という意味。標識の状況が正確に描写されているものはどれか吟味していく。(A) beside each other は「隣り合って，寄り添って」。写真には標識が1つしか写っていない。(B) partially は「部分的に」。写真からは壊れた箇所は確認できないので，不正解。(C) 動詞が受け身の進行形になっているが，写真には標識にペンキを塗っている人などは写っていない。(D) stand は物を主語とすることができ，「〈物が〉立っている」という意味。屋外に立っていることがわかるので，これが正解。　P.22【攻略ポイント】へ

✓ Part 1 攻略ポイント

【全レベル対象アドバイス】

●推測で解答しないこと。

写真を見てはっきり判断できるもの以外は正解にならないので，想像や推測で選ばないように注意しよう。

- The man is waving <u>at his friend</u>. ▶1
  →「友達」に対する動作かどうかは，写真からは判断できない。
- The man is kneeling down <u>to pick up his bag</u>. ▶3
  →バッグを拾おうとしているかどうかは，写真からは判断できない。

●写真問題に頻出の '動作・状態' 表現をチェック。

- lean against ～（～にもたれる） ▶1
- (in) the same direction（同じ方向に） ▶2
- wear（～を着ている《状態》） ▶2
  cf. put on ～（～を着る《動作》）
- be covered with ～（～で覆われている） ▶4
- be seated（座っている） ▶5
- be arranged（飾られている）
- be crowded（混んでいる）
- be filled with ～（～でいっぱいである）
- be parked（(車などが)停められている）
- be piled up（積み重なっている）
- cross one's arms（腕を組む）
- in a row（一列になって）
- in line（列になって）
- side by side（横に並んで）
- take notes（メモをとる）

【目標レベル別アドバイス】

●複数の人／物の共通点と相違点に注目。 〈Target 500〉

複数の人が写っている写真の場合，選択肢の主語に注目しよう。every ～, all ～, they などの場合は，全員が同じ動作をしていなければ正解にはならない。逆に one of ～, some of ～などであれば，一部の人物のみの動作・状態を示している。

- <u>Both of</u> them are wearing jackets. ▶2
  →上着を着ているのは女性だけなので，この表現は不適切。

●位置を表す頻出表現を覚えておこう。 〈Target 600～700〉

写真問題においては，人や物の位置関係が解答のカギになるので，位置を表す表現を確認しておこう。

- beside (= by, near)：～のそばに，～の近くに ▶4
- be adjacent to (= be next to)：～に隣接して
- on：～の上に（※上下側面問わず，接触している状態）
- over：～の上に，～を覆って
- beneath：～の下に，～に隠れて
- behind：～の後ろに
- in front of：～の前に，～の正面に

●名詞の単数／複数に注意。 〈Target 600～700〉

物の単数／複数が正誤のカギとなることも多いので，キーワードとなる名詞は注意して聞こう。

- There is <u>a cup</u> on the desk. ▶4
  →カップは2つ置かれているので，a cup では不適切。

●受け身の進行形に注意。 〈Target 600～700〉

選択肢が〈物＋受け身の進行形〉の場合，「今その動作がなされている」ということなので，誰かがその動作をしている写真でなくては正解にはならない。

- The signpost <u>is being painted</u>. ▶6
  →ペンキを塗っている人物が写っていないので不適切。

7

正答率 (A)86%　(B)4%　(C)10%　Target 500

ポイント Wh- 疑問文：所有者を尋ねる

【正解】(A)

【スクリプト】
Whose leather jacket is that?
(A) It might be Jim's.
(B) I don't like leather so much.
(C) That's my tennis racket.

【訳】
あれは誰の革ジャケットですか。
(A) ジムのものかもしれません。
(B) 革はあまり好きではありません。
(C) それは私のテニスラケットです。

【解説】疑問詞 Whose を正確に聞き取れれば攻略できる！

Whose で始まる疑問文なので，'所有者'が問われているとわかる。(A) Jim's と具体的な人物の所有格で答えているので，質問文に対する返答として適切。よって，これが正解。(B) 質問文に出てきた leather という語を使っているが，自分の好みを答えており会話がかみ合っていない。(C) 質問文の jacket と発音の似た racket を使ったひっかけであり，内容がかみ合っていない。

8

正答率 (A)96%　(B)2%　(C)2%　Target 500

ポイント 特殊表現：提案する

【正解】(A)

【スクリプト】
Let's go to the park for a picnic.
(A) That's a wonderful idea.
(B) It's hard to find parking around here.
(C) Yes, the amusement park is closed today.

【訳】
公園にピクニックに行こうよ。
(A) すごくいいアイディアだね。
(B) この辺は駐車場を探すのが難しい。
(C) うん，遊園地は今日閉まっているよ。

【解説】提案の表現をおさえ，内容を瞬時にとらえる！

Let's に続く提案内容に対応する応答を選択する。(A)「ピクニックに行こう」という提案に対し，いいアイディアだと賛成しているので，適切な応答である。よって，これが正解。(B) 提案文中の park（公園）と同音異義語の派生語 parking（駐車場）がひっかけとして用いられている。内容がかみ合っていないので不適切。(C) これも内容がかみ合っておらず，不適切。

P.31【攻略ポイント】へ

9

正答率 (A)6%　(B)14%　(C)80%　Target 500

ポイント 間接疑問文：場所を尋ねる

【正解】(C)

【スクリプト】
Do you know where Mr. Benson visited yesterday?
(A) He will come at 10:00 A.M. tomorrow.
(B) I know the visitor quite well.
(C) Ask Mary. She might know.

【訳】
昨日ベンソンさんがどこを訪ねたのか知っていますか。
(A) 彼は明日の午前 10 時に来ます。
(B) 私はその訪問者をとてもよく知っています。
(C) メアリーに聞いてみて。彼女なら知っているかも。

【解説】質問への対応として適切なものかどうかに注意。

Do you ... で始まり，文中に where がある間接疑問文。この疑問文は形式的には Yes/No で答えることができるが，疑問詞で問われている具体的な内容を答える場合が多い。(A) 質問文は過去について尋ねているが，この選択肢は未来のことを答えている。(B) 質問文の visit の派生語である visitor を使ったひっかけ。会話がかみ合っていない。(C) 具体的な場所は答えていないが，場所を知っていそうな人物を紹介している内容はやり取りとして妥当。よって，これが正解。

P.31【攻略ポイント】へ

LISTENING SECTION　Part2

10
正答率　(A)75%　(B)8%　(C)17%
Target 600～700

ポイント　Wh- 疑問文：理由を尋ねる

【正解】(A)

【スクリプト】
Why does Ms. Lind look so annoyed?
(A) Because she got an unfavorable evaluation.
(B) Yes, he received some surprising news.
(C) It was necessary to review the sales report.

【訳】
なぜリンドさんはそんなにいらいらしているのですか。
(A) 好ましくない評価を受けたからです。
(B) はい，彼は驚くような知らせを受けました。
(C) 販売報告書を再検討する必要がありました。

【解説】冒頭の疑問詞 Why を正確に聞き取ることがカギ。

Why で始まる疑問文なので，'理由' が問われている。annoy は「～（人）をいらいらさせる，悩ます」という意味。(A) because という '理由' を表す語を用い，「好ましくない評価を受けたから」とはっきり理由を示している。よって，これが正解。(B) Wh- 疑問文は Yes/No では返答できない。また，質問文の主語は女性(Ms. Lind)であるが，これを he で受けているので不適切。(C) 内容が質問に対応していないので不適切。

11
正答率　(A)7%　(B)6%　(C)87%
Target 500

ポイント　特殊表現：依頼する

【正解】(C)

【スクリプト】
Would you mind changing seats?
(A) The sheets were washed yesterday.
(B) Yes, I changed some money.
(C) Not at all. I'll sit over here.

【訳】
席を替わっていただけませんか。
(A) シーツは昨日洗いました。
(B) ええ，いくらか両替しました。
(C) 構いませんよ。こちらに座りますから。

【解説】頻出の依頼表現と応答例を覚えておこう。

Would you mind …ing? は「…していただけませんか」という意味の丁寧な依頼表現。mind には「～を気にする，～を迷惑だと思う」という否定的な意味合いがあるため，答え方には注意が必要。Yes が拒否，No が承諾の意味になる。(A) sheets（シーツ）が依頼文の seats（座席）に対するひっかけとなっているが，内容的にまったく無関係。(B) 質問文と同じ語 change が，ここでは「～を両替する」という別の意味で用いられており，やり取りが成立しない。(C) Not at all.（構いませんよ。）は Would you mind …ing? に対しては承諾の意味になるので，これが正解。　P.31【攻略ポイント】へ

12
正答率　(A)15%　(B)64%　(C)21%
Target 600～700

ポイント　Wh- 疑問文：内容を尋ねる

【正解】(B)

【スクリプト】
What are the government's plans for economic recovery?
(A) The officials were planning a farewell party.
(B) They haven't finalized anything yet.
(C) Economics was his weakest subject.

【訳】
経済回復のための政府の計画はどのようなものですか。
(A) 役人たちは送別会を計画していました。
(B) まだ何もまとまっていません。
(C) 経済学は彼の最も苦手な科目でした。

【解説】質問文にある単語と似た音に惑わされないよう注意。

What で始まる疑問文なので，'事柄' が問われている。(A) 質問文の plan（名詞）を動詞として使っている。内容がかみ合っていないし，過去形であるので，不適切。(B)「計画はまだ出来上がっていない」ということで，質問文に対する受け答えとして適切。よって，これが正解。なお，ここでの They は「（ある特定のことに）関係のある人たち」という意味で，計画を立てている政治家たちのこと。(C) 質問文の economic は「経済の」という意味の形容詞であるのに対して economics は「経済学」という意味の名詞であり，内容がまったくかみ合っていない。　P.31【攻略ポイント】へ

13

正答率 (A)7%　(B)34%　(C)59%

Target 600〜700

ポイント Yes/No 疑問文：行動を尋ねる

【正解】(C)

【スクリプト】
Did you attend the morning training session?
(A) The trains are very crowded in the morning.
(B) Yes, I'll attend the meeting today.
(C) I overslept and couldn't make it.

【訳】
今朝の研修には出席しましたか。
(A) その電車は朝とても混んでいます。
(B) はい，今日会議に出席します。
(C) 寝坊して出席できませんでした。

【解説】選択肢の一部を聞いて早合点するのは危険！

過去の行動について尋ねている。training session は「研修，講習会」という意味。(A) training と発音が似ている train（電車）がひっかけとして使われている。内容がかみ合っておらず，不適切。(B) Yes とは言っているが，過去の行動について尋ねられているのに対し，未来表現を用いてこれからの予定を述べているので，不適切。全体的な内容はよさそうに思えても，このように時制など細部が異なる場合があるので注意。(C) No とは言っていないが，「寝坊して出席できなかった」ということで，質問に対して適当な応答をしているといえる。よって，これが正解。make it は「間に合う；うまくやる」という意味。

P.31【攻略ポイント】へ

14

正答率 (A)8%　(B)84%　(C)8%

Target 500

ポイント 選択疑問文：都合を尋ねる

【正解】(B)

【スクリプト】
Are you able to work on either Saturday or Sunday?
(A) I like to go for a walk on weeknights.
(B) I'm available both days.
(C) I wasn't able to finish the report today.

【訳】
土曜日か日曜日のどちらか勤務することは可能ですか。
(A) 平日の夜に散歩に出かけるのが好きです。
(B) どちらの日も大丈夫です。
(C) 今日レポートを終わらせることができませんでした。

【解説】どちらか一方を単純に選ぶ返答とは限らない。

相手の週末の都合を尋ねている。either A or B で「A か B のどちらか」という意味。(A) work と発音が紛らわしい walk（散歩）がひっかけとなっている。質問は勤務が可能な曜日を尋ねるものであり，内容的にまったくかみ合っていない。(B) どちらの日も空いていると答えており，適切な応答となっている。よって，これが正解。(C) 質問文と同じ be able to という表現が使われているが，「レポートを終える」という内容も，過去時制であることも，質問文に対応していないので不適切。

P.31【攻略ポイント】へ

15

正答率 (A)76%　(B)12%　(C)12%

Target 500

ポイント Wh- 疑問文：人物を尋ねる

【正解】(A)

【スクリプト】
Who told you the news?
(A) I happened to hear someone talking about it.
(B) He is a very talented person, I think.
(C) The news is I bought a new car last week!

【訳】
誰がその情報を教えてくれたのですか。
(A) 誰かが話しているのを小耳にはさんだのです。
(B) 彼はとても有能な人物だと思います。
(C) 先週新しい車を買ったんです！

【解説】Who に対し間接的に答えている点に注意。

冒頭の Who から，人物が問われていることを理解する。(A) happen to do で「偶然…する」という意味。具体的な人物は答えていないが，どのように情報を入手したのかを答えており質問への返答として妥当なので，これが正解。(B) talented は「有能な，才能のある」という意味。質問と，内容や時制が一致していない。(C) 質問文に出てくる news という単語が使われているが，The news is (that) ...（…という新しいこと〔おもしろいこと・変わったこと等〕があった）という返答は質問とかみ合っていない。

25

16

正答率 (A)12% (B)5% (C)83%

ポイント 平叙文：推測状況を述べる

【正解】(C)

【スクリプト】
The taxi should be arriving any time now.
(A) I think the taxes are too high.
(B) It's time that we started something new.
(C) Well, I hope it doesn't take much longer.

【訳】
タクシーはそろそろ到着するはずです。
(A) 税金は高すぎると思います。
(B) 何か新しいことを始める時期です。
(C) そうですね，そんなに長くかからないといいのですが。

【解説】**似た音にだまされず，内容を正しくつかもう。**
any time now は「すぐに，間もなく」の意味。(A) 質問文の語 taxi と音の似た taxes（税金）がひっかけとなっている。内容がまったくかみ合わないので，不適切。(B) It's time ... は「…する頃合いだ」の意味を表す定型表現。内容的に質問文とはつながらないので，不適切。(C) it takes ... は「(時間が)かかる」の意味を表す。初めの発言の内容を受けて，それに対する希望を述べる発言となっているので，これが正解。

Target 500

17

正答率 (A)18% (B)71% (C)11%

ポイント How 疑問文：理由を尋ねる

【正解】(B)

【スクリプト】
How come you decided to study abroad?
(A) I'll be leaving next month.
(B) Because I want to get an MBA.
(C) I came here by bus.

【訳】
なぜ海外に留学することに決めたのですか。
(A) 私は来月出発します。
(B) MBAを取得したいからです。
(C) バスでここに来ました。

【解説】**理由を尋ねる How come ...? を覚えておこう。**
How come ...? は「どうして，なぜ」と理由を尋ねる場合に使われる。TOEIC ではしばしば出題されるので注意。(A) 時期を答えており，内容がかみ合わない。(B) MBA とは Master of Business Administration（経営学修士）のこと。冒頭に理由を示す because を使いはっきりと理由を答えているので，これが正解。(C) How（どのように）と come（来る）からのミスを誘っている選択肢。交通手段を答えており，質問にまったく対応していない。

Target 600～700

18

正答率 (A)69% (B)10% (C)21%

ポイント 特殊表現：提案・勧誘する

【正解】(A)

【スクリプト】
What do you say to going to the beach today?
(A) I'm afraid it will be too crowded.
(B) You really should bleach that shirt.
(C) I said, "They are going to buy a beach house."

【訳】
今日海辺に行くのはどう？
(A) 悪いけど，かなり混んでいるんじゃないかな。
(B) 絶対にあのシャツを漂白するべきだよ。
(C) 彼らが海辺の家を買うつもりだと私は言ったんだよ。

【解説】**頻出の提案表現 What do you say to ...ing? に注意。**
What do you say to ...ing? は「…はどうですか」と提案をする時の表現。(A) I'm afraid ... は「悪いけれど…」の意味で，言いにくい内容を和らげる働きをする。「かなり混んでいるだろうから残念だけどやめておこう」という意味合いであり，適切な応答となっている。(B) beach と音の似た語 bleach（漂白する）がひっかけとなっている選択肢。内容的にかみ合っていないので不適切。(C) は What did you say?（何と言ったのですか）という質問だった場合の返事である。質問文が提案表現であることを理解していない人のミスを誘う選択肢。

P.31【攻略ポイント】へ

Target 600～700

19

正答率　(A)59%　(B)14%　(C)27%　Target 600〜700

ポイント 選択疑問文：方向を尋ねる

【正解】(A)

【スクリプト】
Are we supposed to turn right or left at the intersection?
(A) Didn't you write down the directions?
(B) There's a large insect on the window.
(C) I think you are right.

【訳】
その交差点では右に曲がるんですか，それとも左ですか。
(A) 道順を書いておかなかったんですか。
(B) 窓に大きな虫がいます。
(C) その通りだと思います。

【解説】質問に質問で答えるパターンに慣れよう。

be supposed to *do* で「…することになっている」の意味を表す。質問文は道順を尋ねている。(A) directions は通例複数形で「道順，行き先案内」の意味。質問文に対して質問で応じており，直接的には答えていないが，「方向がわからないのは道順を書き記しておかなかったからだ」とほのめかす内容のやり取りが成立するので，これが正解。(B) insect（昆虫）は，質問文の語 intersection（交差点）に対するひっかけとして用いられており，内容的にはまったく無関係。(C) 選択疑問文に対して「その通りだと思います」という応答は不適当。また，質問文の right は「右」を意味しているのに対し，ここでの right は「正しい」の意味。　P.31【攻略ポイント】へ

20

正答率　(A)7%　(B)79%　(C)14%　Target 500

ポイント How 疑問文：量を尋ねる

【正解】(B)

【スクリプト】
How much stationery do we need?
(A) You have to remain in your seat.
(B) We already have enough.
(C) There are two stations near my house.

【訳】
文房具はどのくらい必要ですか。
(A) 席についていないといけません。
(B) もう十分にあります。
(C) 私の家の近くには駅が2つあります。

【解説】質問に対する自然な応答になっているかを考える。

How much ... ? は量を尋ねる表現。stationery は集合的に「文房具」を表す名詞である。(A) 質問文の内容とかみ合っていないので，不適切。質問文の stationery を同音の語 stationary（静止した）と間違えた場合を想定した選択肢になっている。(B) 質問に対して直接的な答えにはなっていないが，「十分にある(ので必要ない)」ということで内容的には適切な応答となっている。よって，これが正解。(C) stationery と音の似た語 stations（駅）がひっかけとして用いられている。内容的にかみ合わないので，不適切。　P.31【攻略ポイント】へ

21

正答率　(A)45%　(B)46%　(C)9%　Target 800

ポイント 付加疑問文：確認する

【正解】(A)

【スクリプト】
You were supposed to be at the restaurant an hour ago, weren't you?
(A) That was the plan, but the meeting ran late.
(B) That's right, it takes about one hour.
(C) Yes, I wanted to be an actor.

【訳】
1時間前にはレストランにいることになっていましたよね？
(A) その予定でしたが，会議が長引いたんです。
(B) その通り，1時間くらいかかります。
(C) ええ，俳優になりたかったんです。

【解説】質問文が長く複雑でも落ち着いて内容を聞き取る。

相手の過去の行動について確認している文。付加疑問に惑わされた人も多いかもしれない。(A) 質問文に対し，直接的には答えていないが，レストランに1時間前に行くはずであったのに行けなくなった理由が述べられており，適切な応答となっている。よって，これが正解。(B) 質問文の an hour と同じ長さの one hour という語が用いられているが，it takes 〜でかかる時間を述べており，内容がかみ合っていない。(C) to be という同じ表現が用いられているが，内容的にまったくかみ合っていない。

27

LISTENING SECTION Part 2

22
正答率 (A)5% (B)31% (C)64%
Target 600～700

ポイント Wh- 疑問文：人物を尋ねる

CD24 豪 英

【正解】(C)

【スクリプト】
Who is in charge of this project?
(A) The project will need two months to be completed.
(B) My boss suddenly changed the schedule.
(C) We haven't decided yet.

【訳】
このプロジェクトの責任者は誰ですか。
(A) プロジェクトは完了までに2カ月かかるでしょう。
(B) 上司が突然スケジュールを変更しました。
(C) まだ決まっていません。

【解説】**単語単位で判断せず、全体の内容をとらえよう。**
質問文冒頭の Who から、人物が問われていることを理解する。in charge of ～は「～を担当して」という意味の頻出表現。(A) 期間を答えているので、不適切。(B) 主語に My boss という人物を表す語を用いており、また質問文に出てくる charge と音の似た change を使ったひっかけ。返答内容が質問文とかみ合っていない。(C) 具体的な人物は答えていないが、会話としては成立するので、これが正解。

P.31【攻略ポイント】へ

23
正答率 (A)5% (B)93% (C)2%
Target 500

ポイント Wh- 疑問文：場所を尋ねる

CD25 カ 米

【正解】(B)

【スクリプト】
Where is the nearest post office?
(A) My office is far from the station.
(B) Just across the street.
(C) I'll put this poster beside the desk.

【訳】
最寄りの郵便局はどこですか。
(A) 私のオフィスは駅から遠いです。
(B) 通りを渡ってすぐです。
(C) このポスターを机の脇に貼るつもりです。

【解説】**冒頭の Where をつかめれば答えやすい問題。**
質問文冒頭の Where から、場所が問われていることを理解する。(A) 質問文で聞いているのは「郵便局(post office)」の場所であり、自分のオフィスの場所ではない。(B) 場所を答えているので、これが正解。(C) ポスターを貼る場所を答えており、内容がまったくかみ合わない。質問文に出てくる post に似た単語 poster を使ったひっかけ。

24
正答率 (A)20% (B)16% (C)64%
Target 600～700

ポイント Yes/No 疑問文：可否を尋ねる

CD26 豪 米

【正解】(C)

【スクリプト】
Is it possible to ship this laptop computer?
(A) Of course. You can buy one at this shop.
(B) He is possibly using his computer now.
(C) Yes, but you need to insure it for any damage.

【訳】
このノートパソコンは輸送できますか。
(A) もちろんです。当店でお買い求めいただけます。
(B) 彼はおそらく、今コンピュータを使っています。
(C) はい、ですが破損に備えて保険をかける必要があります。

【解説】**選択肢の内容全体を正確につかみ判断しよう。**
Is it ...? という形なので、Yes/No での回答が想定される。質問文の it は形式主語で、to ship this laptop computer (このノートパソコンを輸送すること)を指す。(A) Of course. は Yes の意味合いで質問に対応しているが、後半の内容がかみ合わない。ship と似た shop を用いたひっかけに注意。(B) 質問文中の computer や、possible と似た possibly (おそらく) が登場するが、内容がかみ合っていない。(C) Yes で答えており、後半の内容も輸送に関連したものになっているので、これが正解。

28

25

正答率 (A)8%　(B)4%　(C)88%　　Target 500

ポイント 特殊表現：提案する

【正解】(C)

【スクリプト】
How about having a cup of tea?
(A) I don't really like this cup.
(B) I heard she's having a vacation next week.
(C) Sounds great!

【訳】
お茶でもしませんか。
(A) このカップはあまり好きではありません。
(B) 彼女は来週休暇を取ると聞きました。
(C) いいですね！

【解説】提案の頻出表現 How about ...ing? は必修ポイント。

How about ...ing? は「…するのはいかがですか」と提案する場合の表現。(A) 質問文中の cup という単語が出てくるが，内容がかみ合っていない。(B) 質問文中の having を使ったひっかけ。こちらも内容がかみ合っていない。(C) Sounds great!(いいですね)は相手の提案や申し出に同意する際の典型的な返答表現。よって，これが正解。提案とそれに対する応答のパターンとして覚えておこう。

P.31【攻略ポイント】へ

26

正答率 (A)68%　(B)8%　(C)24%　　Target 600～700

ポイント Wh- 疑問文：時を尋ねる

【正解】(A)

【スクリプト】
When do you want to discuss the contract?
(A) Whenever you have some free time.
(B) This discussion was complicated.
(C) They contacted her yesterday.

【訳】
その契約について，いつ話し合いたいのですか。
(A) あなたが暇な時ならいつでもいいですよ。
(B) この議論は複雑でした。
(C) 彼らは昨日彼女に連絡しました。

【解説】質問文から連想される単語に惑わされないこと。

冒頭の When をしっかりと聞き取ること。contract は「契約，協定」の意味。(A) Whenever は「…する時はいつでも」の意味を表す接続詞。「暇な時ならいつでもよい」は，具体的ではないが時期を答えているので，適切な応答。(B) discuss の派生語 discussion(議論)が使われているが，過去時制になっており，内容もかみ合わない。(C) contract と音の似ている contact (連絡をとる)がひっかけとして用いられている。時を表す yesterday が入っているが，内容的に不適切。

P.31【攻略ポイント】へ

27

正答率 (A)90%　(B)7%　(C)3%　　Target 500

ポイント 平叙文：状況を伝える

【正解】(A)

【スクリプト】
I'm thinking of changing my job.
(A) Is anything wrong at work?
(B) You changed your hair color, didn't you?
(C) My job is to edit a weekly magazine.

【訳】
仕事を変えようかと考えています。
(A) 仕事で何か問題があるのですか。
(B) 髪の色を変えましたね？
(C) 私の仕事は週刊誌の編集です。

【解説】平叙文は多様な応答の可能性があるので注意。

状況を述べて相手の反応を期待するパターン。(A) 仕事を変えたいと言う相手に対して「何かあるのか」と心配するのは，自然な会話。したがって，これが正解。(B) 初めの発言の中の change を使ったひっかけ。didn't you を付けた付加疑問文で，相手に髪の色を変えたことを確認している。発言に応答していないので不適切。(C) 初めの発言に出てくる job に関連した回答だが，自分の仕事の話をしており会話がかみ合っていないので不正解。

LISTENING SECTION Part2

28
正答率 (A)9% (B)76% (C)15%　Target 500

ポイント 特殊表現：依頼する

【正解】(B)

【スクリプト】
Can you check on the arrival time of the airplane?
(A) I'm afraid he'll be arriving late.
(B) Sure thing. I'll do it right away.
(C) The airplane will leave the airport soon.

【訳】
飛行機の到着時間を確認してくれませんか。
(A) 彼は遅れてくると思います。
(B) いいですよ。すぐに調べます。
(C) この飛行機はまもなく出発します。

【解説】依頼に対する応答のパターンをおさえておこう。

Can you で始まる「依頼」の表現。check on 〜は「〜を確認する」という意味。(A) arriving を使っているが、「彼」の到着時間を答えており、やり取りがかみ合っていない。(B) Sure thing. は「もちろんいいですよ」という、依頼を承諾する時の答え。内容も質問に応答しているので、これが正解。(C) airplane という語が含まれているが、「到着時間」ではなく「出発時間」に関して答えており、不適切。

P.31【攻略ポイント】へ

29
正答率 (A)19% (B)10% (C)71%　Target 600〜700

ポイント How 疑問文：時間を尋ねる

【正解】(C)

【スクリプト】
How much time did it take to walk there?
(A) It cost three dollars, one way.
(B) I worked more than five hours.
(C) About twenty minutes.

【訳】
そこまでは歩いてどれくらい時間がかかりましたか。
(A) 片道3ドルかかりました。
(B) 5時間以上働きました。
(C) 約20分です。

【解説】何が問われているのかを確実につかんで答える。

How much time で始まる疑問文なので、'時間の長さ' が問われている。(A) 運賃を答えているので不適切。How much の部分だけにとらわれると、金額を聞かれていると勘違いしてしまうので注意。(B) 時間の長さは答えているが、働いた時間を答えているので不適切。質問文の walk と発音の似た work を用いたひっかけ。(C) 時間の長さを答えており、適切な応答である。よって、これが正解。

P.31【攻略ポイント】へ

30
正答率 (A)50% (B)27% (C)23%　Target 800

ポイント 否定疑問文：行動を尋ねる

【正解】(A)

【スクリプト】
Weren't the airlines going to raise the fuel tax?
(A) They are planning to do it next month.
(B) All of the pilots got a raise.
(C) No, the taxi didn't overcharge us.

【訳】
航空会社は燃料税を値上げする予定ではありませんでしたか。
(A) 来月にする予定です。
(B) パイロットは全員昇給しました。
(C) いいえ、そのタクシーは過剰請求をしてきませんでした。

【解説】否定疑問文の答え方を整理しておこう。

否定疑問文には Yes/No で答えることができるが、答え方には注意が必要。問われている内容（値上げするか）に肯定の返事をする場合（値上げする）には Yes、否定の返事（値上げしない）ならば No となる。raise は「〜を上げる」の意味の動詞。(A) 冒頭に Yes が省略されていると考えられる応答。do it は raise the fuel tax を指しており、適切な対応となっているので、これが正解。(B) パイロットの給料の話で、内容がかみ合っていない。質問文と同じ語 raise が使われているが、ここでの raise は「昇給」の意味の名詞である。(C) タクシーの話をしており質問文とはまったく無関係なので、不適切。

P.31【攻略ポイント】へ

31

正答率 (A)10%　(B)77%　(C)13%

ポイント 特殊表現：提案する

【正解】(B)

【スクリプト】
Why don't you join the Sunday art class?
(A) I enjoyed the art museum last weekend.
(B) Well, what time does it begin?
(C) I don't usually wear glasses.

【訳】
日曜の美術教室に参加しませんか。
(A) 先週末美術館を満喫しました。
(B) そうですね，何時から始まりますか。
(C) 私は普段はメガネをかけていません。

【解説】会話の中での自然な応答かを意識して聞く。
Why don't you ...? は「…しませんか，…したらどうですか」という提案・勧誘の表現。(A) join に似た音の enjoyed や，質問文中と同じ art という単語が出てくるが，提案に対する返事になっていない。(B) 提案に応じるかどうかを答える前に開始時間を確認するのは会話として自然な流れ。したがって，これが正解。(C) class と似た音の glasses を使ったひっかけ。内容がまったくかみ合っていない。

Part 2 攻略ポイント

【全レベル対象アドバイス】

●発音類似語句の頻出ひっかけパターンをおさえよう。

選択肢に質問文と同じ語句やそれと似た発音の語句が出てくる場合，間違いを誘うひっかけである可能性が高いので，キーワードだけの聞き取りで選択しないように注意。

・Are we supposed to turn right or left at the intersection? ▶19
　(C) I think you are right.
　→質問文と同じ語だが，異なる意味で用いられている。
・Weren't the airlines going to raise the fuel tax? ▶30
　(B) All of the pilots got a raise.
　(C) No, the taxi didn't overcharge us.
　→raise は質問文と同じ語だが (B) では別の意味で用いられている。また，(C) では tax と似た発音の taxi が用いられている。

《発音類似語》
・seats / sheets ▶11
・economic / economics ▶12
・training / train ▶13　・walk / work ▶14, 29
・stationery / station ▶20　・charge / change ▶22
・contract / contact ▶26　・long / wrong
・appoint / disappoint
・assign / design / resign / sign
・boarding / boring　　・contemporary / temporary
・copy / coffee　　　　・present / presentation

《同音異義語》
・way / weigh　・red / read　・wait / weight

《多義語》
・park(公園 / 駐車場 / 駐車する) ▶8
・order(注文 / 順番 / 命令)
・right(右 / 正しい) ▶19　・break(休憩 / 壊す)
・bill(請求書 / 法案)　　・book(本 / 予約する)
・change(変化 / 小銭 / 釣銭)・check(小切手 / 確認する)
・terms(期間 / 学期 / 条件)

【目標レベル別アドバイス】

●典型的な返答表現を覚えよう。 Target 500

Part 2 では提案や依頼の表現が頻出となっている。これに対する典型的な答え方を覚えておくことで，素早く判断ができるようになる。

《提案に賛成する時》
・That's a wonderful idea. ▶8
・Sounds great [good]. ▶25
・Why not?　　　　・I'd love to.

《依頼 / 命令に応じる時》
・Sure (thing). ▶28　・No problem.
・Certainly.
・Not at all. (Do you mind ～? に対して) ▶11

《提案に反対する時，依頼・命令を断る時》
・I'm afraid ... ▶18, 28　・I'd love to, but ...
・I'm sorry, ...

●間接的な回答に注意。 Target 600～700

会話では，質問に対して相手が「わからない」と答えたり，明確な返答をしなかったりというのも自然な流れである。例えば Who ...? ならば人名を答えている選択肢を，Do you ...? ならば Yes / No で答えている選択肢を選ぶのが基本だが，TOEIC の場合，間接的な回答が正解となることも多く，中級レベル以上であってもつまずく受験者がよく見られる。質問と返答のつながりを十分に意識して考えよう。

・Do you know where Mr. Benson visited yesterday? ▶9
　(C) Ask Mary. She might know.
　→自分は質問に答えられないが，別の人物を紹介することで質問に対応している。
・Who is in charge of this project? ▶22
　(C) We haven't decided yet.
　→具体的な人名を挙げてはいないが，質問に答える内容になっている。

LISTENING SECTION Part 3

【スクリプト】
Questions 32 through 34 refer to the following conversation.

W: Hello, this is CC Phone customer center. How can I help you?
M: I lost my cellular phone! I just can't find it. Since confidential information about myself and my clients is stored in the memory, I am extremely worried about someone making bad use of it.
W: You may set your mind at ease, sir. We can remotely lock your phone and disable any operations right away. Can I have your phone number and your name, please?
M: OK. My name is William Greens, and the number is 886-921-435685.

【訳】
問題 32 〜 34 は次の会話に関するものです。

W：もしもし，CC フォンカスタマーセンターでございます。どうされましたか。
M：携帯電話をなくしてしまったんです！ 見つからないんです。私と顧客の機密情報がメモリーに保存されているので，誰かがそれを悪用するんじゃないかととても心配で。
W：ご安心ください，お客様。私どもですぐにお客様の電話を遠隔ロックし，どんな操作も無効にすることができます。電話番号とお名前をお伺いできますか。
M：わかりました。ウィリアム・グリーンズといいます。番号は 886-921-435685 です。

32

正答率 (A)3% (B)2% (C)2% (D)93%　Target 500

ポイント 職業を問う

【正解】(D)

【設問】
Who most likely is the woman?
(A) The man's acquaintance
(B) A mechanic
(C) The man's supervisor
(D) A telephone operator

【訳】
この女性は誰だと考えられますか。
(A) 男性の知り合い
(B) 修理工
(C) 男性の上司
(D) テレフォンオペレーター

【解説】最初の発言に意識を集中する。

質問文のキーワードは Who と the woman。女性の職業を尋ねている。女性は最初に Hello, this is CC Phone customer center. と電話に応対していることから，CC フォンという会社のテレフォンオペレーターだと考えるのが自然。　P.45【攻略ポイント】へ

33

正答率 (A)3% (B)84% (C)2% (D)11%　Target 500

ポイント 問題点を問う

【正解】(B)

【設問】
What is the man's problem?
(A) He is late for the conference.
(B) He lost his mobile phone.
(C) He can't find the way home.
(D) His mobile became out of order.

【訳】
男性の問題は何ですか。
(A) 会議に遅れている。
(B) 携帯電話をなくした。
(C) 帰り道がわからない。
(D) 携帯電話が故障した。

【解説】先読みにより聞くべきことを把握！

質問文のキーワードは What と the man's problem。先読みによって男性が抱えている問題が述べられるとわかれば，内容を追いやすくなる。男性は最初に I lost my cellular phone! I just can't find it. と発言しているので，携帯電話をなくしたことがわかる。よって，(B) が正解。(A) および (C) については言及がない。(D) 男性の問題は，携帯電話が「故障したこと」ではなく，「なくなったこと」。

34

正答率 (A)69% (B)13% (C)17% (D)1%　Target 600〜700

ポイント 今後の行動を問う

【正解】(A)

【設問】
What will the woman most probably do for the man?
(A) Make the device unusable
(B) Make a call to his company
(C) Ask for her subordinate's assistance
(D) Pick him up at the station

【訳】
女性は男性のために何をすると思われますか。
(A) 携帯を使えなくする
(B) 彼の会社に電話をかける
(C) 彼女の部下に援助を頼む
(D) 彼を駅に迎えに行く

【解説】今後の行動は後半から判断。

質問文のキーワードは What, the woman, do。女性がこの後とる行動について尋ねている。女性は 2 回目の発言で ... remotely lock your phone and disable any operations ... と話していることから，電話を使えなくするということがわかる。したがって，disable を make 〜 unusable と言い換えた (A) が正解。(B), (C) および (D) については言及がない。　P.45【攻略ポイント】へ

語句
- confidential「秘密の；腹心の」
- make use of 〜「〜を使う；〜を利用する」
- remotely「遠隔で」
- disable「〜(機能など)を無効にする」
- right away「すぐに，直ちに」

【スクリプト】

Questions 35 through 37 refer to the following conversation.

M: How many seminar rooms did you reserve for the international financial conference this year?
W: Well, the hotel had limited space due to another convention being held at the same time. I was only able to book one large conference hall, and three smaller seminar rooms.
M: Do you think that will be enough, considering the number of participants who attended last year?
W: It should be fine. Remember, the Madrid sales team will be unable to attend, and we aren't inviting so many clients this time.

【訳】

問題35～37は次の会話に関するものです。

M：今年の国際金融会議のためのセミナールームは何部屋予約したの？
W：ええと，同時期に別の会議が予定されていて，ホテルには限られた部屋しかなかったの。だから大きな会議室を1室と，それよりも小さいセミナールームを3部屋しか予約できなかったわ。
M：昨年の参加者の数を考えるとそれで十分だと思う？
W：大丈夫なはずよ。ほら，マドリードの販売チームは出席できないだろうし，今回はそれほどたくさんのクライアントを招待する予定じゃないから。

35　正答率：(A)5% (B)84% (C)9% (D)2%　Target 500

ポイント 話題を問う

【正解】(B)

【設問】
What are the speakers mainly discussing?
(A) The cost of an international call
(B) The number of rooms booked
(C) The host city of the event
(D) The restaurant reservation

【訳】
話し手たちは主に何について話し合っていますか。
(A) 国際電話の費用
(B) 予約した部屋の数
(C) イベントの開催都市
(D) レストランの予約

【解説】 会話冒頭でトピックをつかむ。
質問文のキーワードはWhatとdiscussing。男性がまず予約したセミナールームの数を尋ね，女性はI was only able to book one large conference hall ...と予約した部屋を具体的に答えている。その後も「会議の参加者の数と部屋数」について会話が進んでいるので，正解は(B)。(A) hallとcallの混同を狙ったもの。(C) 開催都市への言及はない。(D) 予約したのはホテルの会議室。

36　正答率：(A)83% (B)7% (C)4% (D)6%　Target 500

ポイント 理由を問う

【正解】(A)

【設問】
Why is the man worried?
(A) Because many people attended last year
(B) Because an important client will be absent
(C) Because the transportation system is bad
(D) Because the cost exceeded the budget

【訳】
男性はなぜ心配しているのですか。
(A) 昨年はたくさんの人が参加したから
(B) 大事なクライアントが欠席するから
(C) 交通システムが悪いから
(D) 費用が予算を超えたから

【解説】 相手への問いかけ内容から考えよう。
質問文のキーワードはWhy, the man, worried。男性の発言に注意すると，2回目の発言から「昨年の参加者の数を考えると，予約した部屋だけで十分か」ということを懸念しているのがわかるので，正解は(A)。(B) 会話の最後で女性がマドリードの販売チームの出席に言及しているが，このチームが大事なクライアントかどうかはわからないので不適切。(C), (D)については言及がない。

37　正答率：(A)17% (B)10% (C)5% (D)68%　Target 600～700

ポイント 示唆内容を問う

【正解】(D)

【設問】
What does the woman imply about the situation?
(A) They should reserve a different place.
(B) She hasn't invited any guests yet.
(C) They can get a discount.
(D) The rooms will be sufficient.

【訳】
この状況について女性は何を言おうとしていますか。
(A) 他の場所を予約すべきである。
(B) まだ一人もゲストを招待していない。
(C) 割引を受けられる。
(D) 部屋の数は十分である。

【解説】 会話の流れに沿って判断する。
質問文のキーワードはWhat, the woman, imply。男性が部屋は足りるのかを確認しているのに対し，女性はIt should be fine.（大丈夫なはず）と答えているので，正解は(D)。(A) 部屋数に不足はないと言っており他の場所を予約する必要はなさそうなので不適切。(B)「今回はそれほど多く招待しない」とあるが，「まだ一人も招待していない」とは言っていない。

語句
- reserve「～（席・部屋など）を予約する」
- participant「参加者」
- client「（弁護士などへの）依頼人,（商店などの）顧客」
- invite「～（人）を招く」

LISTENING SECTION Part 3

【スクリプト】

Questions 38 through 40 refer to the following conversation.

M: Liz, do you think it is too late to reschedule my flight[39] from New York to Los Angeles on the 10th to visit the International Flower Fair?
W: Is there a problem with your schedule, Mr. Dean?
M: Actually, yes. [38] The Washington branch manager of Millbank invited me to the yearly symphony concert of their bank on the same day as my flight, and I couldn't refuse. We attended their show in Montreal last year together.
W: Well, then I'll see what I can do for you, sir. [40] I'll call the agent at once. We're lucky the fair runs throughout the week.

【訳】

問題 38 〜 40 は次の会話に関するものです。

M: リズ，国際フラワーフェアへ行く 10 日のニューヨーク発ロサンゼルス行きの便を変更するのはもう手遅れかな。
W: スケジュールに問題でもあるのですか，ディーンさん。
M: 実はそうなんだ。ミルバンクのワシントン支店長が，フライトと同じ日に行われる彼らの銀行の年度のオーケストラコンサートに私を招待してくれて，断れなかったんだよ。去年モントリオールで行われたものに一緒に参加したんだ。
W: なるほど，でしたらお任せください。すぐに代理店に電話をいたします。幸い，フェアはその週はずっと開催していますので。

38

正答率 (A)28% **(B)57%** (C)9% (D)6%

ポイント 状況を問う

【正解】(B)

【設問】
What is Mr. Dean's situation?

(A) His flight was canceled.
(B) He has a double booking.
(C) He needs an official invitation letter.
(D) His proposal was turned down.

【訳】
ディーンさんはどのような状況にありますか。

(A) 彼の乗る便がキャンセルされた。
(B) 予定が重なってしまった。
(C) 正式な招待状が必要である。
(D) 彼の提案が却下された。

【解説】選択肢での言い換えに注意！
質問文のキーワードは What と Mr. Dean's situation。男性の 2 回目の発言にある The Washington branch manager of Millbank invited me ... on the same day as my flight の部分から，フライト予定日に別の予定が入ってしまったことがわかる。この状況を double booking と表現した (B) が正解。(A) 男性の都合による便の変更の話であり，キャンセルされたわけではない。

39

正答率 (A)29% **(B)41%** (C)13% (D)17%

ポイント 場所を問う

【正解】(B)

【設問】
Where is the flower fair being held?

(A) Washington
(B) Los Angeles
(C) New York
(D) Montreal

【訳】
フラワーフェアはどこで開催されますか。

(A) ワシントン
(B) ロサンゼルス
(C) ニューヨーク
(D) モントリオール

【解説】地名を整理しながら聞こう。
質問文のキーワードは Where と the flower fair。場所が問われているので，地名に注意して聞く。男性が冒頭で my flight ... to Los Angeles ... to visit the International Flower Fair と述べていることから，開催地はロサンゼルスと考えるのが自然。よって，正解は (B)。(A) は男性をコンサートに誘った人物が勤める銀行の支店の所在地，(C) は飛行機の出発地，(D) は昨年のコンサートの開催地。

P.45【攻略ポイント】へ

40

正答率 **(A)80%** (B)12% (C)5% (D)3%

ポイント 今後の行動を問う

【正解】(A)

【設問】
What will the woman most likely do next?

(A) Call the travel agent
(B) Board an airplane
(C) Go to the bank
(D) Run to the post office

【訳】
女性はこの後何をすると考えられますか。

(A) 旅行代理店へ電話をかける
(B) 飛行機に搭乗する
(C) 銀行へ行く
(D) 急いで郵便局へ行く

【解説】女性の最後の発言に注意。
質問文のキーワードは What, the woman, do next。女性は最後に I'll call the agent at once. と発言していることから，飛行機の便の変更を頼むために旅行代理店に電話をかけると推測できる。したがって，正解は (A)。(B) 飛行機の便の話はしているが，女性が乗るわけではないので不適切。(C), (D) については言及がない。

語句

□ reschedule「〜の予定を変更する」
□ branch「支店」
□ refuse「〜を断る；〜を拒絶する」
□ agent「代理人，代理店」

【スクリプト】

Questions 41 through 43 refer to the following conversation.

M: We need better information about how our stock changes day by day.
W: That's the great thing about our new cash registers. They can provide an amazing variety of sales pattern data!
M: Oh, yeah? Can they? I'm interested in learning more about that then.
W: Shall I bring you some samples of the reports these machines turn out? Maybe, this Friday afternoon?
M: Sure, that's fine with me. Come around three. And, I'll have some store managers join us at the meeting.

【訳】

問題41～43は次の会話に関するものです。

M: 当社では、毎日の在庫の変化についてもっとよい情報が必要でしてね。
W: それこそが私どもの新しいレジの素晴らしいところです。驚くほどいろいろな種類の売り上げパターンのデータを出すことができます。
M: 本当に？ そんなことができるんですか。でしたらそれについてもっと知りたいですね。
W: これらの機器が打ち出す報告書のサンプルをお持ちしましょうか。今週の金曜日の午後はいかがでしょう。
M: いいですよ、私のほうは大丈夫です。3時頃に来てください。打ち合わせには店長を何人か参加させましょう。

41
正答率 (A)34% (B)36% (C)26% (D)4%
ポイント 詳細事項を問う

【正解】(B)

【設問】
What does the woman's company do?
(A) Lease banking equipment
(B) Produce sales scanners
(C) Operate convenience stores
(D) Design package tours

【訳】
女性の会社は何を扱っていますか。
(A) 銀行の機器を貸し出すこと
(B) 売上管理スキャナーを生産すること
(C) コンビニエンスストアを経営すること
(D) パッケージツアーを考案すること

【解説】情報を整理して聞き取ろう。
質問文のキーワードは、What, the woman's company, do。女性の会社の業務を尋ねている。女性は最初の発言で our new cash registers と言っており、その機械が sales pattern data を出すことができると言っているので、(B)が正解。その他の選択肢については言及がない。

42
正答率 (A)47% (B)21% (C)13% (D)19%
ポイント 発言の意図を問う

【正解】(A)

【設問】
What does the man mean when he says, "Can they?"
(A) He is impressed by the machines' abilities.
(B) He suggests a demonstration would be useful.
(C) He is wondering if the store managers can come.
(D) He doubts the machines work well.

【訳】
男性が "Can they?" と言う際、何を意図していますか。
(A) 機器の能力に感銘を受けている。
(B) 実演は有益であると示唆している。
(C) 店長たちが来られるかどうか疑問に思っている。
(D) 機器がしっかり機能するかどうか疑っている。

【解説】発言の前後の内容から判断！
男性の言う they は女性の会社の製品である新しいレジを指す。「そんなことができるんですか」と感心している状況をつかめれば、(A)が正解とわかる。(B) 男性はそのようなことは言っていない。(C) 店長たちについては会話の終わりに出てくるので、ここで they で受けるのは不適切。(D) 機器の性能を疑っているとすると、その先の「興味がある」につながらない。

43
正答率 (A)16% (B)29% (C)23% (D)32%
ポイント 詳細事項を問う

【正解】(D)

【設問】
What will the reports explain?
(A) Daily money rates
(B) Stocks for investing
(C) Local business figures
(D) The goods in stock

【訳】
その報告書は何を説明しますか。
(A) 日々の通貨レート
(B) 投資用株式
(C) 地元経済人
(D) 在庫の商品

【解説】会話の主旨を掴むことがカギ。
質問文のキーワードは What, reports, explain。会話の流れを理解し、ポイントとなる部分をしっかり聞き取る。女性はレジを紹介しており、さまざまな売上パターンのデータを出せると言っている。質問文の the reports はこの売上データのことを指すので、(D)が正解。他の選択肢の紛らわしい単語に惑わされないよう注意。

語句
- stock「在庫；株式」
- day by day「毎日、一日一日、日ごとに」
- provide「～を提供する、～を出す」
- turn out ～「～を作り出す」

LISTENING SECTION Part 3

【スクリプト】
Questions 44 through 46 refer to the following conversation.

M: Good afternoon, and welcome to Small Business Talk. I'm your host Bill Slater. On today's show I'm talking to Kirstein Rowland, the CEO of Balloon Mania, an enormously successful children's toy store chain in the downtown area. Thanks for coming in, Kirstein.

W: Thank you, Bill. It's my pleasure to be here today.

M: Kirstein, please tell our listeners about the keys to your profitability.

W: Well Bill, it really comes down to two points. First, we studied the market and established that there was a huge potential for the products we were offering. Then we priced the goods in such a way that was especially affordable to parents.

【訳】
問題 44 ～ 46 は次の会話に関するものです。

M：こんにちは，スモールビジネストークへようこそ。私は司会のビル・スレイターです。本日の番組では，都心で大成功を収めている子供向け玩具店チェーン，バルーンマニアの最高経営責任者カースタイン・ローランドさんにお話を伺います。カースタインさん，お越しいただきありがとうございます。

W：ありがとう，ビル。今日はここに来ることができ光栄です。

M：カースタインさん，あなたが収益を上げている秘訣についてリスナーにお話しいただけますか。

W：そうね，ビル。結局2つのことに集約されると思うの。まず，市場を調査して，私たちが提供している商品が非常に大きな可能性を秘めていることを立証したこと。そして，商品を特に親御さんにとって手頃な価格に設定したことね。

44

正答率 (A)47% (B)25% (C)20% (D)8% Target 800

ポイント 人物を問う

【正解】(A)

【設問】
Who is Ms. Rowland?
(A) The head of a company
(B) The host of a talk show
(C) A shop clerk of a toy store
(D) A member of the research team

【訳】
ローランドさんはどのような人ですか。
(A) 会社のトップ
(B) トークショーの司会者
(C) 玩具店の店員
(D) 調査チームの一員

【解説】**人物紹介は会話冒頭に注意。**
質問文のキーワードは Who, Ms. Rowland。男性が最初の発言で，I'm talking to Kirstein Rowland, the CEO of Balloon Mania ... と言っている。CEO とは最高経営責任者のことなので，正解は (A)。(B) トークショーの司会者は男性のほう。(C) ローランドさんは「店員(clerk)」ではない。(D) ローランドさん自身が調査チームの一員だとは言っていない。
P.45【攻略ポイント】へ

45

正答率 (A)13% (B)32% (C)51% (D)4% Target 800

要注意

ポイント 示唆内容を問う

【正解】(B)

【設問】
What does the man imply about the company?
(A) That it is unprofitable
(B) That it is lucrative
(C) That it is newly established
(D) That it is bankrupt

【訳】
男性は会社について何と言っていますか。
(A) 収益性が悪い
(B) 儲かっている
(C) 最近設立された
(D) 破産した

【解説】**情報を待ち伏せして聞き取る。**
質問文のキーワードは What, the man, imply, the company。男性の発言に注目すると，女性の会社のことを enormously successful（大成功の）と言っている。これを lucrative（儲かる）と表した (B) が正解。(A) 前述から，まったく逆の意味になるので不適切。(C) 女性の2回目の発言の establish は「～（事実など）を立証する」という意味で使われている。惑わされないよう注意。

46

正答率 (A)15% (B)68% (C)10% (D)7% Target 600～700

ポイント 推測情報を問う

【正解】(B)

【設問】
What can be inferred about the products?
(A) They are fashionable.
(B) They are reasonably priced.
(C) They are poorly made.
(D) They are fragile.

【訳】
商品についてどのようなことが推測できますか。
(A) 流行に乗っている。
(B) 価格が手頃である。
(C) 出来がよくない。
(D) 壊れやすい。

【解説】**言い換えに注意し内容を掴む。**
質問文のキーワードは What, inferred, the products。(B) 女性の2回目の発言 we priced the goods ... が手がかり。affordable は「（金額的に）入手できる」という意味で，選択肢の reasonably（無理なく，適度に）priced（値段が設定されている）と一致する。よって，これが正解。

語句
□ profitability「収益性」　　□ potential「可能性, 潜在力」

【スクリプト】

Questions 47 through 49 refer to the following conversation.

M: Do you have any suggestions about the design from a professional point of view?

W: Well, the showroom will become more attractive with a two-tone exterior, or you could emphasize the window frames to make it look more impressive.

M: Sounds like a fantastic idea. But isn't it going to be more time-consuming than with a single color? Any delay in the completion is inconvenient for us.

W: Don't worry. As for the time factor, it won't affect the original plan.

【訳】

問題 47 ～ 49 は次の会話に関するものです。

M：専門家の観点から，デザインについて何かご提案はありますか。

W：そうですね，このショールームはツートーンカラーの外壁だとさらに魅力的になるでしょうし，より印象的に見せるために窓枠を強調するのもいいと思います。

M：それは素晴らしい考えですね。でも，一色にするよりももっと時間がかかるのではないですか。完成の遅れは困るんです。

W：ご心配なく。時間に関しては，当初の計画に影響はありませんよ。

47

正答率 (A)45% (B)47% (C)5% (D)3%

ポイント 職業を問う

【正解】(B)

【設問】
What type of business does the woman most likely have?
(A) Garments designing
(B) External decoration
(C) Financial assessment
(D) Laundry service

【訳】
この女性はどのような職業についている可能性が高いですか。
(A) 衣装デザイン
(B) 外観装飾
(C) 財務評価
(D) クリーニング業

【解説】**全体から情報を統合する。**
質問文のキーワードは What type of business と the woman。男性が冒頭で Do you have any suggestions about ～？と専門家としての彼女の意見を求めたのに対し，女性が a two-tone exterior や the window frames などに言及していることから，彼女の職業は (B) 外観装飾に関するものだと判断できる。(A) デザインの話をしてはいるが，garment (衣装，衣服) についてではない。

48

正答率 (A)9% (B)6% (C)76% (D)9%

ポイント 提案内容を問う

【正解】(C)

【設問】
What does the woman suggest?
(A) Negotiating with consumers
(B) Enlarging the space
(C) Changing the appearance
(D) Postponing the plan

【訳】
女性は何を提案していますか。
(A) 消費者との交渉
(B) スペースの拡大
(C) 外観を変えること
(D) 計画の延期

【解説】**発言の主旨を確実に聞き取る。**
質問文のキーワードは What, the woman, suggest。女性は最初の発言で，外装を変えることによって建物をより魅力的に見せる方法を述べているので，正解は (C)。(A) 会話に出てくる time-consuming (時間がかかる) と consumers (消費者) との混同を狙ったもの。(D) 女性が最後に「時間に関しては当初の計画に影響しない」と言っており不適切。

49

正答率 (A)18% (B)32% (C)23% (D)27%

ポイント 詳細事項を問う

【正解】(B)

【設問】
What is the man concerned about?
(A) The increase in price
(B) The duration of the work
(C) The width of the windows
(D) The harmony with the area

【訳】
男性は何を心配していますか。
(A) 金額の増加
(B) 作業期間
(C) 窓の幅
(D) 地域との調和

【解説】**男性の意見を正確につかもう。**
質問文のキーワードは What, the man, concerned。男性は 2 回目の発言の中で isn't it going to be more time-consuming ...? や Any delay in the completion is inconvenient と工事の遅れを危惧していることから，この内容を言い換えた (B) が正解。duration とは「継続期間；持続時間」という意味。(A), (D) については言及がない。(C) 窓については女性の提案の中に出てくるが，男性は何も述べていない。

語句

- point of view「考え方；観点」
- attractive「魅力のある」
- exterior「外壁，外装」
- emphasize「～を強調する」
- completion「完成」
- as for ～「～に関しては；～はどうかというと」

LISTENING SECTION Part 3

【スクリプト】
Questions 50 through 52 refer to the following conversation.
M: Is that the ferry for Ludington? I was afraid we were going to miss it.
W: Yes, that's the Ludington ferry. Unfortunately, the ramp for driving on-board is already up.
M: You mean, that we can't take our car onto the ferry?
W: You can board the ferry if you leave your car here and ride over as walk-on passengers.
M: No way! We have to have our car after we cross the lake. When is the next sailing?
W: Fifty minutes from now.
M: That's fine with us. We'll take a vehicle ticket for the next sailing.

【訳】
問題 50 ～ 52 は次の会話に関するものです。
M: あれはルディントンに行くフェリーですか。乗れないのではないかと心配していたんです。
W: ええ，ルディントン行きのフェリーですよ。ただ申し訳ないのですが，車両乗船スロープはもう引き上げてしまいました。
M: つまり，車はフェリーには載せられないってことですか。
W: お車をここに置いて，徒歩で行かれるのでしたら，フェリーに乗船していただけます。
M: それはダメですよ！ 湖を渡った後で車がないとだめなんです。次の出港はいつですか。
W: 50 分後です。
M: だったら大丈夫です。次の船の車両切符を買います。

50
正答率 (A)12% (B)54% (C)7% (D)27%　Target 600～700
ポイント 場所を問う

【正解】(B)

【設問】
Where are the speakers now?
(A) At a car dealership
(B) Across the lake from Ludington
(C) On an expressway off-ramp
(D) On board a sailing boat

【訳】
話し手たちは今どこにいますか。
(A) 車の販売店
(B) ルディントンから見て湖の対岸
(C) 高速道路の出口
(D) 帆船の上

【解説】会話全体から状況を読み取ろう。
質問文のキーワードは Where, the speakers。男性はこれからフェリーで湖を渡ってルディントンに行こうとしているので，今はまだルディントンから見て対岸にいることになる。したがって (B) が正解。(A) 車の話はしているが，売買の話はしていない。(C) は会話と無関係。船にはまだ乗っていないので，(D) も不適切。

51
正答率 (A)17% (B)9% (C)65% (C)9%　Target 600～700
ポイント 人物を問う

【正解】(C)

【設問】
Who is the man talking with?
(A) A sailing instructor
(B) A car salesperson
(C) A ticket agent
(D) The person leading the walk

【訳】
男性は誰と話をしていますか。
(A) セーリングのインストラクター
(B) 自動車販売員
(C) チケット販売員
(D) ウォーキングの先導者

【解説】2 人の関係を示す情報を掴む。
質問文のキーワードは, Who, the man talking with。男性はフェリーで湖を渡ろうとしており，女性はフェリーについての情報を伝えている。したがって, (C) が正解。(A) sailing という語が使われているが，会話での sailing は「船便，出港」のことなので内容が合わない。

52
正答率 (A)10% (B)38% (C)44% (D)8%　Target 800
ポイント 発言の意図を問う

【正解】(B)

【設問】
What does the man mean when he says, "No way!"?
(A) He does not want to walk.
(B) He will need a car across the lake.
(C) He cannot take their car onto the ferry.
(D) He finds no way to get on board the ship.

【訳】
男性が "No way!" と言う際，何を意図していますか。
(A) 彼は歩きたくない。
(B) 彼は湖の対岸で車が必要だ。
(C) 彼はフェリーに車を持ち込めない。
(D) 彼には船に乗るすべが見つからない。

【解説】話の流れから意味を解釈する。
質問文のキーワードは, What, mean, "No way!"。No way! という表現は「無理だ」，「とんでもない」という意味で，会話でよく使われる表現。(D)「方法がない」の no way とは使われ方が違う。女性が「車を置いていけば船に乗れる」と言ったことに対する発言なので，「車が必要なので置いていくことはできない」という意味。よって, (B) が正解。

語句
□ ramp「スロープ，傾斜路；(高速道路への)出入り道路」
□ vehicle「車両」
□ walk-on「通行人；通行人の」

【スクリプト】

Questions 53 through 55 refer to the following conversation.

W: We have too many documents piled up here. We definitely need more office space.
M: Do you know the container rental service three blocks ahead? As we won't need those files until the next audit anyway, we could leave them in there. Don't you think it would enable us to make a lot of spare space here?
W: That's a brilliant idea. Let me find their contact number and check right away how much they charge by the month.

【訳】

問題 53 ～ 55 は次の会話に関するものです。

W：ここは書類が積み重なりすぎているわね。絶対にもっと事務所のスペースが必要よ。
M：3ブロック先のコンテナレンタルサービスを知っているかい。どうせ次の監査までこれらのファイルは必要ないんだし、そこに預けるのもいいね。そうしたらここにもっとたくさん空きスペースができると思わないかい。
W：それはとてもいいアイディアね。連絡先を調べて、1カ月にいくらかかるかすぐに確認してみるわ。

53

正答率 (A)8% (B)18% (C)61% (D)13%

ポイント 場所を問う

【正解】(C)

【設問】
Where most likely are the speakers?
(A) At the construction site
(B) At the real estate agency
(C) At the office
(D) At the container rental company

【訳】
話し手たちはどこにいると考えられますか。
(A) 建設現場
(B) 不動産屋
(C) 事務所
(D) コンテナレンタルサービス会社

【解説】**冒頭の基本情報に注意！**
質問文のキーワードは Where, the speakers。女性の最初の発言の here と office space から、彼らの事務所で会話をしていると考えられる。したがって、(C) が正解。(A), (B) は会話内容に無関係であるため不適切。(D) 男性の発言 Do you know the container rental service three blocks ahead? から、彼らがいる場所ではないとわかる。

54

正答率 (A)12% (B)9% (C)68% (D)11%

ポイント 問題点を問う

【正解】(C)

【設問】
What is the speakers' main problem?
(A) The building is under construction.
(B) A report is missing.
(C) The office is cramped.
(D) The price of goods is outrageous.

【訳】
話し手たちの主な問題は何ですか。
(A) 建物が建設中である。
(B) 報告書が見つからない。
(C) 事務所が手狭である。
(D) 物の値段が法外に高い。

【解説】**何が話題の中心かを意識して聞く。**
質問文のキーワードは What と the speakers' main problem。彼らが抱えている問題を掴むヒントになるのは、女性の最初の発言にある need more office space や男性の to make a lot of spare space here などの箇所。事務所の狭さについて話していることがわかるので、この内容を cramped（窮屈な、狭苦しい）と言い換えた (C) が正解。その他の選択肢は会話中に言及がない。

55

正答率 (A)58% (B)22% (C)9% (D)11%

ポイント 今後の行動を問う

【正解】(A)

【設問】
What will the woman probably do next?
(A) Contact the firm
(B) Move into a new location
(C) Negotiate with government officials
(D) Purchase a couple of racks

【訳】
女性は次に何をすると考えられますか。
(A) その会社に連絡をとる
(B) 新しい場所に引越しをする
(C) 役人と交渉する
(D) いくつか棚を発注する

【解説】**最後の発言から行動を予測！**
質問文のキーワードは What, the woman, do next。女性の最後の発言 Let me find their contact number ... に注目。the container rental service と連絡をとろうとしているのがわかり、これを the firm と言い換えた (A) が正解。(B) 引越しをするのではなく、今の事務所内にスペースを作ろうとしている。(C), (D) は言及がないので、不適切。

P.45【攻略ポイント】へ

語句

- pile up「～を積み上げる」
- definitely「間違いなく、疑いなく」
- audit「会計検査、監査」
- brilliant「(人・考えなどが)素晴らしい、(業績などが)立派な」

LISTENING SECTION　Part 3

【スクリプト】
Questions 56 through 58 refer to the following conversation with three speakers.
W1: Do the merger talks with Fisher Container look promising?
W2: They really don't. And a lot of energy has already gone into just the negotiations.
M: The problem is selecting leadership for the new united company. If they accept our president, everything will progress better.
W2: I hope so. I don't wanna see all of this effort wasted. We don't have any disputes about what the new company should be like.
W1: Right. We have better financing, so we wanna join up with a company that is good at manufacturing. That's what they bring to the merger.
M: Really, their president, Mr. Cox, is already past the normal working age. We might have to give him a good retirement package.

【訳】
問題56～58は3人の話し手による次の会話に関するものです。
W1：フィッシャー・コンテナーとの合併協議はうまくいきそうなの？
W2：そうでもないわね。交渉だけで多くのエネルギーが費やされてしまっているわ。
M：問題は，合併会社のトップを選出することについてなんだよ。先方がうちの社長を受け入れてくれれば，すべてがもっとうまく進むんだけれど。
W2：そうなるといいわよね。この努力が徒労に終わってほしくないわ。こちら側には新会社がどうあるべきかということには異論はないんだし。
W1：そうね。財務状況は我が社のほうがよくて，商品の生産が優れている会社と一緒になるのが狙いなんだから。それが彼らが合併で提供できることなんだものね。
M：実のところ，先方の社長のコックスさんは通常の労働年齢を過ぎているんだ。いい条件の退職金を用意しなければならないかもね。

56
正答率　(A) 20%　(B) 24%　(C) 18%　(D) 38%
ポイント　話題を問う

【正解】(A)

【設問】
What is their company trying to do?
(A) Improve its product line
(B) Change its retirement age
(C) Solve its money shortage
(D) Find a new president

【訳】
彼らの会社は何をしようとしていますか。
(A) 生産ラインを改善する
(B) 退職年齢を変える
(C) 資金不足を解消する
(D) 新しい社長を探す

【解説】冒頭のヒントを確実に掴む！
質問文のキーワードはWhatとtrying to do。同じ会社の同僚3人の会話。冒頭で会社合併の話題だと判断できる。会話の後半のjoin up with a company that is good at manufacturingがカギ。相手先の技術力が加わり，3人の会社の生産力が向上する可能性があるので，(A)が正解。

57
正答率　(A) 25%　(B) 22%　(C) 23%　(D) 30%
ポイント　詳細事項を問う

【正解】(C)

【設問】
What is their company's advantage?
(A) Their president is more experienced.
(B) They have more advanced technology.
(C) They have more money.
(D) Their manufacturing uses less energy.

【訳】
彼らの会社の優れている点は何ですか。
(A) 彼らの社長のほうが経験豊かである。
(B) 彼らにはより高度な技術がある。
(C) 彼らはより資金が多い。
(D) 彼らの製造過程ではエネルギー消費が少ない。

【解説】ヒントを待ち受けて聞く。
質問文のキーワードはWhat, their company's advantage。their companyは，会話の3人の会社を指している。話し手が会話の後半で，自社についてはWe have better financingと，相手方についてはa company that is good at manufacturingと言っていることに注目。better financingをhave more moneyに言い換えた(C)が正解。

58
正答率　(A) 22%　(B) 16%　(C) 25%　(D) 37%
ポイント　今後の行動を問う

【正解】(D)

【設問】
What might their company likely invest some money in?
(A) Developing new products
(B) Conducting leadership training
(C) A new source of energy
(D) An executive's retirement plan

【訳】
彼らの会社は何に資金を投資すると思われますか。
(A) 新製品の開発
(B) 指導者育成研修の実施
(C) 新しいエネルギー源
(D) ある重役の引退プラン

【解説】話の流れから今後を予測する。
質問文のキーワードはWhat, might, invest。mightが使われている場合は，言外の意味や次の行動を問うことが多い。会話の最後のretirement packageというのは「退職金」のこと。これが質問文の指すinvest（～を投資する）に当たるので，退職のことを述べている(D)が正解。presidentをexecutiveと言い換えていることにも気づくこと。

語句
□ promising「見込みのある」　　□ dispute「論争, 争点」

【スクリプト】

Questions 59 through 61 refer to the following conversation.

W: Hello? This is Anita McCartney from MT Broadcasting Corporation. We are planning a documentary on pottery in Wales, and I was wondering whether we could tape an interview with you. Our audience would definitely express a genuine interest in you, the winner of the most prestigious art prize in London!

M: I am honored, madam, and sorry at the same time since my agreement with the Tim Boulder Foundation explicitly prohibits my being interviewed by the media without their permission.

W: Well, you don't have to worry about it. I already contacted them this morning and obtained the necessary documents.

M: Oh, did you? In that case, I will gladly accept your request.

【訳】

問題 59 ～ 61 は次の会話に関するものです。

W：もしもし。私，MT放送のアニータ・マッカートニーと申します。私どもではウェールズ地方の陶器についてのドキュメンタリーを企画しておりまして，インタビューを収録させていただけないかと思っています。視聴者たちは，ロンドンで最も高名な美術賞の受賞者であるあなたに大変な興味を示すに違いありません。

M：それは光栄ですが，残念ながら，ティム・ボールダー財団法人との契約によって，彼らの許可なくしてメディアの取材に応じることははっきりと禁止されているのです。

W：ああ，それについてはご心配いりません。今朝，すでに先方と連絡をとり，必要な書類を入手しておりますので。

M：本当ですか。そういうことでしたら，喜んでお申し出をお受けいたします。

59

正答率 (A)36% (B)12% (C)27% (D)25%

ポイント 職業を問う

【正解】(A)

【設問】
What is the man's occupation?
(A) A craftsman
(B) An opera singer
(C) An interviewer
(D) A TV producer

【訳】
男性の職業は何ですか。
(A) 工芸家
(B) オペラ歌手
(C) インタビュアー
(D) テレビのプロデューサー

【解説】**冒頭をしっかり聞くことが大切。**
最初の女性の発言に出てくる pottery や the winner of the most prestigious art prize から，男性は「陶芸」と「美術賞」に関係のある人物と推測できる。選択肢の中で，この要素を満たすのは(A) のみ。

P.45【攻略ポイント】へ

60

正答率 (A)30% (B)37% (C)29% (D)4%

ポイント 意図を問う

【正解】(B)

【設問】
What is the woman's intention?
(A) To report to a charitable foundation
(B) To make a factual program
(C) To audit the man's business
(D) To buy the man's goods

【訳】
女性の意図は何ですか。
(A) 慈善団体に報告すること
(B) 事実に基づく番組を作ること
(C) 男性の事業を監査すること
(D) 男性の商品を買うこと

【解説】**聞こえた単語に惑わされない。**
質問文のキーワードは What と the woman's intention。女性は We are planning a documentary on pottery in Wales と発言しているので, documentary を factual（事実に基づく）program と言い換えた (B) が正解。(A) 男性の発言に出てくる foundation は男性が契約を結んでいる団体であり，慈善（charitable）団体との関連には言及がない。

61

正答率 (A)7% (B)10% (C)73% (D)10%

ポイント 詳細事項を問う

【正解】(C)

【設問】
What is the man prohibited to do without the foundation's permission?
(A) Selling his masterpieces
(B) Placing an order for merchandise
(C) Appearing in the media
(D) Producing a new piece of work

【訳】
男性が財団の許可なしに行うことを禁じられているのは何ですか。
(A) 彼の作品を販売すること
(B) 商品の注文をすること
(C) メディアに出ること
(D) 新しい作品を作ること

【解説】**キーワードを逃さず聞く。**
質問文のキーワードは What, the man, prohibited。男性の発言から，財団の許可なくメディアのインタビューを受けてはいけないということがわかるので, (C) が正解。(A) masterpieces は「名作；最高傑作」, (B) place an order は「注文する；発注する」, (D) work はここでは「作品」の意味で，ともにそのようなことを禁じられているという言及はない。

語句

- pottery「陶器；窯元」
- genuine「本物の；正真正銘の」
- prestigious「一流の；高名な」
- prohibit「～を禁止する」

LISTENING SECTION Part 3

【スクリプト】

Questions 62 through 64 refer to the following conversation and list.

M: I'd like to rent a car, just for the day.
W: Sure. What size?
M: We're a family of five, so the smallest car may not be for us. Maybe a big one.
W: Then, let me show you the list of car rental fees. Look here for daily rates. The others are weekly rates.
M: Yeah, I just need it for one day. All right. Maybe, uh, this full-size car for $80. That should be comfortable. By the way, does it have car navigation?
W: No, sir. I'm afraid that's an extra 10 dollars.
M: Oh, I see. Then, we'll be over our budget. Make it one size category smaller.

【訳】

問題 62 ～ 64 は次の会話とリストに関するものです。

M: 車を借りたいのですが。1日だけ。
W: かしこまりました。車の大きさは？
M: 家族5人なので，一番小さい車は合わないかもしれない。大きいのがよさそうです。
W: それでしたら，レンタカー料金の表をご覧ください。こちらの1日の料金のところです。他は週単位の料金です。
M: ええ，私が必要なのは1日ですから。わかりました。たぶん，ええと，この80ドルの大型車ですね。それだったら快適でしょう。ところで，カーナビはついていますか。
W: いいえ。10ドルの別料金となってしまうのですが。
M: ああ，なるほど。それだと予算オーバーだな。1サイズ小さいものにしてください。

62

正答率 (A)23% (B)33% (C)11% (D)33%   Target 800

ポイント 行動を問う

【正解】(B)

【設問】
What did the man ask for with the rental?
(A) The smallest-sized car
(B) Showing the route
(C) A discount for an extended rental
(D) An upgrade to a larger car

【訳】
男性はレンタルにあたり何を求めましたか。
(A) 最も小さいサイズの車
(B) 道案内
(C) 延長レンタルの割引
(D) より大きい車へのアップグレード

【解説】**抽象的な表現に惑わされない。**
質問文のキーワードは，What, ask for with the rental。質問文だけでは答えを絞り込みにくいので，選択肢とあわせて判断する。男性はレンタカーを借りに来ており，要望を述べている。選択肢のうち，要望として挙がっているのはカーナビで，これを抽象的に言い換えている (B) が正解。(A) は男性の2番目の発言と矛盾するので不適切。

63

正答率 (A)80% (B)5% (C)12% (D)3%   Target 500

ポイント 詳細事項を問う

【正解】(A)

【設問】
When does the man plan to return the car?
(A) Within twenty-four hours
(B) Five days later
(C) One week later
(D) After ten days

【訳】
男性はいつ車を返却する予定ですか。
(A) 24時間以内に
(B) 5日後に
(C) 1週間後に
(D) 10日後に

【解説】**数字の情報を丁寧に聞き取る。**
質問文のキーワードは，When, return car。数字を表す表現をしっかり聞き取って車を返却するタイミングを判断する。男性はレンタル期間を just for the day（1日だけ）と言っている。これを「24時間以内に」と言い換えた (A) が正解。(B) five は家族の人数。(D) ten はカーナビにかかる追加料金。→ P.45【攻略ポイント】へ

64

正答率 (A)3% (B)14% (C)75% (D)8%   Target 500

ポイント 会話と図表の統合問題 [新形式]

【正解】(C)

【設問】
Look at the graphic. What type of car will the man rent?
(A) Subcompact
(B) Compact
(C) Intermediate
(D) Full-size

【訳】
図表を見てください。男性はどのタイプの車を借りるでしょうか。
(A) サブコンパクト車
(B) 小型車
(C) 中型車
(D) 大型車

レンタカー　1日料金
サブコンパクト車：50ドル
小型車：60ドル
中型車：70ドル
大型車：80ドル

【解説】**会話と表の情報を統合して考える。**
質問文のキーワードは What type of car, rent。図表参照問題は，必ず会話と図表の情報を組み合わせて判断する。男性は最初大型車を希望したが，カーナビが別料金で10ドルかかると聞き，その分を節約するためにワンランク下の車に変えている。表から，Full-Size の1つ下のものを探すと intermediate とわかるので，(C) が正解。

語句

☐ fee「料金」　　　　　　　　　　　　　　　☐ extend「～を延長する」

【スクリプト】
Questions 65 through 67 refer to the following conversation and note.
M: Our four-day summer sale is next month. It's a major event for us, but every year, it just doesn't generate much revenue.
W: Ms. Watson was telling me that, too, the other day. I've thought about it, and here are some ideas I've written down.
M: I understand your idea, but I don't think this order will work very well. It may need rearranging.
W: You think so? Why? We can get a large margin with furniture. So, I put furniture on Day 1.
M: That's true, but few people buy furniture, so that would not attract many shoppers. The first day should be a gala in every section.
W: I see your point. In that case, let's switch furniture and discount items.

【訳】
問題 65 ～ 67 は次の会話とメモに関するものです。
M: うちの4日間サマーセールは来月だよね。大きなイベントだけど，毎年そんなに利益があがらないんだよね。
W: この間ワトソンさんもそうおっしゃっていました。私，考えてみたんですけど，これがそのアイディアを書き出してみたものです。
M: 君の考えは理解できるけど，この順序ではあまりうまくいかないと思うよ。アレンジが必要だね。
W: そう思われます？ なぜですか。家具は大きなマージンが取れますよ。ですから，初日に家具を持ってきたんです。
M: それはそうだけど，家具を買う人はほとんどいないよ。だから，それだと多くのお客様を惹きつけられない。初日はすべての部門で大にぎわいにしないと。
W: おっしゃることはわかります。でしたら，家具と値下げ品を入れ替えましょう。

65

正答率 (A)19% (B)69% (C)4% (D)8%

ポイント 話題を問う

【正解】(B)

【設問】
What are the speakers talking about?
(A) Arranging the furniture
(B) Planning a sale
(C) Ordering a delivery
(D) Changing the store's sections

【訳】
話し手たちは何について話し合っていると思われますか。
(A) 家具の配置
(B) セールの計画
(C) 配達の注文
(D) 店の部署の変更

【解説】会話全体の流れから判断しよう。
質問文のキーワードは，What, talking about。デパートなどの大型店での販売担当者同士の会話。サマーセールの計画について女性が出したアイディアに男性が異議を唱え，変更するという流れである。よって (B) が正解。(A) arranging も furniture も会話に出てくる語なので紛らわしいが，家具の配置の話はしていない。

66

正答率 (A)8% (B)19% (C)25% (D)48%

ポイント 考えを問う

【正解】(D)

【設問】
What does the man think of the woman's ideas?
(A) They are the same as Ms. Watson's.
(B) None of them will attract customers.
(C) They may generate a lot of revenue.
(D) The order needs some improvement.

【訳】
男性は女性の考えについてどう思っていますか。
(A) ワトソンさんの考えと同じである。
(B) どれも客を惹きつけない。
(C) 多くの収益をあげるかもしれない。
(D) 順序に改良の必要がある。

【解説】話し手の意図を正しく掴もう。
質問文のキーワードは，What, think, the woman's ideas。女性が出した案に対して男性は I understand your idea, but ... と意見を述べている。日程の順序を変える必要があると言っているので，rearranging を improvement と言い換えている (D) が正解。(B) が紛らわしいが，None of them が誤り。「全部」が悪いとは言っていない。

67

正答率 (A)40% (B)5% (C)7% (D)48%

ポイント 会話と図表の統合問題

【新形式】

【正解】(D)

【設問】
Look at the graphic. When will the speakers focus on furniture?
(A) Day 1
(B) Day 2
(C) Day 3
(D) Day 4

【訳】
図表を見てください。話し手たちはいつ家具を取り上げますか。
(A) 1日目
(B) 2日目
(C) 3日目
(D) 4日目

サマーセールの日別の販売テーマ
1日目　家具セット
2日目　婦人服
3日目　紳士服
4日目　値下げ品トップ10

【解説】一方の情報だけで判断しない！
質問文のキーワードは，When, focus, furniture。メモでは (A) 1日目に家具が挙がっているが，会話の最後で女性が「家具と値下げ品を入れ替えましょう」と言っているので，4日目に挙がっている値下げ品と家具を逆にすることになる。よって，(D) が正解。メモの情報だけで早合点しないこと。

LISTENING SECTION Part 3

【スクリプト】
Questions 68 through 70 refer to the following conversation and list.
M: Karen, the meeting seems to be running right through lunch. Can you take care of the lunch?
W: Sure, we often get sandwiches from King Street, and Party Selection has salads to share. What should I order?
M: A few choices, ready cooked[70], preferably with a side dish. I heard one woman from Abbott's Shoes will need a meatless option.[68]
W: Got it. I'll get everyone their own pizza. And when do you want to eat?
M: Have it all ready at 12:30. So, plan the delivery for then or use our kitchen here for reheating.[69,70]
W: OK. And each person gets a mini-salad, too. Those come standard along with each boxed pizza.

【訳】
問題 68 ~ 70 は次の会話とリストに関するものです。
M: カレン，会議はお昼を通してやることになりそうなんだ。ランチの用意をしてくれないか。
W: いいですよ。キング・ストリートからはサンドイッチをよく取りますし，パーティー・セレクションには取り分けできるサラダがありますよ。何を注文しましょうか。
M: いくつか選択肢があるんだけど，調理済みで，できればサイドディッシュつきのもので。アボット・シューズから来る女性は肉類を抜く必要があるそうだ。
W: 了解です。一人ずつのピザにしましょう。それで，いつ召し上がりますか。
M: 全部 12 時半に準備して。だから，その時間に配達してもらうか，あるいはここのキッチンを使って温めなおして。
W: わかりました。それと，お一人ずつに小さいサラダがつきます。ボックスピザには普通についてくるんですよ。

68
正答率 (A)32% (B)13% **(C)35%** (D)20%   Target 800
ポイント 詳細事項を問う

【正解】**(C)**

【設問】
How is one attendee different from the others?
(A) She will prepare the food herself.
(B) She will skip lunch.
(C) She has a restricted diet.
(D) She is expected to arrive late.

【訳】
出席者の一人は他の人たちとどう違いますか。
(A) 自分で食べ物を用意してくる。
(B) 昼食を抜く。
(C) 食事制限をしている。
(D) 遅れてくる予定である。

【解説】**情報を待ち伏せして解く。**
質問文のキーワードは How, one attendee, different。詳細情報を拾う必要があるので，質問文を先読みしておき，聞き取るべきことに集中しよう。one woman from Abbot's Shoes が one attendee に該当する。a meatless option と言っているのを，a restricted diet と言い換えた (C) が正解。ここでの diet は「食事のとり方」のこと。

69
正答率 (A)15% **(B)44%** (C)16% (D)25%   Target 600 ~ 700
ポイント 考えを問う

【正解】**(B)**

【設問】
What does the man want all of the foods to be?
(A) Ready at noon
(B) Served hot
(C) Vegetarian
(D) A one-dish meal

【訳】
男性は食事はすべてどうあってほしいと思っていますか。
(A) 正午に準備ができている
(B) 熱い状態で出てくる
(C) ベジタリアン向けである
(D) 一皿にすべてまとまっている

【解説】**話し手の希望を整理して選ぶ。**
質問文のキーワードは，What, the man, want, the foods to be。男性は Have it all ready at 12:30. と希望時間を述べ，その後食事が温かい状態であることを求めているので，(B) が正解。(C) は出席者の女性一人にだけ必要で，すべてについてではない。

---

70 ★新形式
正答率 **(A)50%** (B)15% (C)28% (D)7%   Target 600 ~ 700
ポイント 会話と図表の統合問題

【正解】**(A)**

【設問】
Look at the graphic. Which caterer would the speakers probably choose?
(A) Mazzori's
(B) Party Selection
(C) King Street
(D) Asian Kitchen

【訳】
図表を見てください。話し手たちはどのケータリング業者を選ぶと思われますか。
(A) マツォーリズ
(B) パーティー・セレクション
(C) キング・ストリート
(D) アジアン・キッチン

ケータリング業者	料理
マツォーリズ	焼き料理
パーティー・セレクション	冷製大皿料理
キング・ストリート	サンドウィッチ
アジアン・キッチン	スープ麺

【解説】**会話で示された条件をもとに考える。**
質問文のキーワードは，Which caterer, choose。このタイプの問題では，必ず図表と会話を関連づけて考えること。ready cooked, reheat という条件から考えると，(A) baked foods を注文すると考えられる。(B) mini-salad がピザについてくるので注文は不要。(C) は女性が例として挙げたもので，今回注文するとは言っていない。

語句
□ preferably「できれば，望ましくは」
□ reheat「~を温めなおす」

✓ Part 3 攻略ポイント

【全レベル対象アドバイス】

●発言の意図を問う問題は前後の文脈から判断する。

新形式問題として加わった，話し手の発言の意図を問う問題では，**その発言がどのような文脈の中で述べられたのか**という点を踏まえて解答することが重要。会話の相手のどんな発言を受けて出た一言なのかをしっかり聞き取ろう。そのためには，質問文をあらかじめ先読みし，問われている一言を待ち構えるようにして会話を聞いていくとよい。

●図表参照問題は音声を聞く前に目を通しておく。

同じく新形式の問題である，会話の情報と図表(graphic)とを関連づけて答える問題では，**音声が流れる前に図表にざっと目を通しておく**のがポイント。これにより，どんな話題の会話が流れてくるのかをある程度予測することもできる。

【目標レベル別アドバイス】

●冒頭に意識を集中して聞く！ Target 500

会話の冒頭には，会話の場面，話題，話し手2人の関係といった基本情報が盛り込まれていることが多いので，意識を集中して確実に聞き取ろう。
- W: Hello, this is CC Phone customer center. How can I help you?
  M: I lost my cellular phone!(テレフォンオペレーターと顧客) ▶ 32

- M: I'm talking to Kirstein Rowland, the CEO of Balloon Mania...(司会者による人物紹介) ▶ 44

●今後の行動は会話の後半の情報がカギ。 Target 600〜700

話し手のこれからの行動については，会話の後半で話題にあがることが多い。ヒントとなる内容を自らが述べている場合と，相手のコメントに対する回答内容から判断すべき場合がある。
- W: We can remotely lock your phone and disable any operations right away. ▶ 34
- W: Let me find their contact number and ... ▶ 55

●数字，地名，人物に関する情報の聞き取りに注意。 Target 800

設問の中に数字や地名などの固有名詞を問うものがあったら，先読みの段階で質問文だけでなく選択肢にも目を通しておく。選択肢に並ぶ具体的な数字や地名などを意識しながら聞き，正解の該当箇所が出てきたらすぐに解答を選ぶ。
- 場所(the flower fair の開催地) ▶ 39
- 人物(Ms. Rowland について) ▶ 44
- 職業(男性の職業) ▶ 59
- 日数，時間(車を借りる期間) ▶ 63

LISTENING SECTION Part 4

【スクリプト】
Questions 71 through 73 refer to the following speech.

Our marketing division has come up with a follow-up to the on-going, successful cell-phone promotion campaign. Now I'd like to explain the main points. First, we make a TV commercial featuring a family. An attractive story will be developed. Lots of life events will be shown along with our products. We can give an image that mobiles will make our lives enjoyable and successful. Popular TV stars will perform for us. In the meantime, we will expand the current phone model's color range. It will present prospective buyers with a fresh look and allow for more time to develop new models.

【訳】
問題 71～73 は次のスピーチに関するものです。

我々マーケティング部では，現在進行中で成果を上げている携帯電話販促キャンペーンの第2弾を考えました。今からその要点についてご説明いたします。まず，家族にスポットをあてたテレビコマーシャルを制作します。魅力的なストーリーを展開させ，生活の中のさまざまな出来事をわが社の商品とともに流します。そうすれば，携帯電話によって生活が楽しくうまくいくものになるだろうという印象を与えることができます。CMには人気テレビタレントが出演する予定です。一方で，現在の機種のカラーバリエーションを広げていきます。こうすることで，見込み顧客の目には新鮮に映りますので，新型機種の開発により多くの時間を費やすことができます。

71
正答率 (A)47% (B)15% (C)23% (D)15% Target 800
ポイント 言及内容を問う

【正解】(A)

【設問】
What is said about the campaign?
(A) It will continue.
(B) It was praised by the CEO.
(C) It didn't revitalize the company.
(D) It required an excessive amount of money.

【訳】
キャンペーンについてどんなことが述べられていますか。
(A) 継続していく。
(B) 最高経営責任者に褒められた。
(C) 会社に新しい活力を与えることができなかった。
(D) とてつもなくお金がかかった。

【解説】**キーワードに注意して聞こう。**
質問文のキーワードは What, said, the campaign。the campaign という語に注意して聞くと，最初に ... has come up with a follow-up to ... promotion campaign. とある。follow-up は「引き続き行われるもの」という意味なので，今進行中のことの後に続くキャンペーンを考えていることがわかる。よって，正解は (A)。 P.56【攻略ポイント】へ

72
正答率 (A)5% (B)87% (C)5% (D)3% Target 500
ポイント 言及内容を問う

【正解】(B)

【設問】
What does the speaker mention about the marketing division's proposal?
(A) Employing a new marketing director
(B) Creating a TV commercial
(C) Hiring eminent singers
(D) Changing the name of the company

【訳】
話し手はどのようなマーケティング部の提案に触れていますか。
(A) 新しいマーケティング部長を雇うこと
(B) テレビコマーシャルを制作すること
(C) 有名歌手を雇うこと
(D) 社名を変更すること

【解説】**詳細情報を確実に聞き取る。**
質問文のキーワードは What と the marketing division's proposal。マーケティング部の提案について，その具体的な内容に注意して聞こう。すると，the main points の1点目として make a TV commercial featuring a family を挙げているので，(B) が正解。(C) テレビタレントを使うとはあるが，歌手を使うとは言っていない。

---

73 要注意
正答率 (A)45% (B)4% (C)31% (D)20% Target 800
ポイント 目的を問う

【正解】(C)

【設問】
What is one of the purposes of adding colors?
(A) To attract customers using the current model
(B) To create a standard for processing
(C) To allow time to develop new products
(D) To make the advertisement more outstanding

【訳】
色を加える目的の一つは何ですか。
(A) 現在の機種を使っている客を引きつけること
(B) 加工処理の基準をつくること
(C) 新製品の開発のための時間を稼ぐこと
(D) 広告をより目立たせること

【解説】**表現の言い換えに注意。**
質問文のキーワードは What, the purposes, adding colors。最後に It will ... and allow for more time to develop new models. と，色を加える目的を説明している。allow for ... new models を言い換えて表している (C) が正解。(A) 現在の機種を使用している人ではなく，prospective buyers（見込み顧客）を引きつけられるだろうと言っているので不適切。(D) の「広告」はカラーバリエーションを広げることと関連づけられていない。outstanding は「目立つ，顕著な」という意味。

語句
□ in the meantime「その間に」　　□ prospective「将来の；見込みのある」

【スクリプト】

Questions 74 through 76 refer to the following announcement.

Good morning, ladies and gentlemen. I'm David, a staff member for today's event. We are sorry to announce that APX Inc.'s yearly outdoor event and the concert will be canceled due to inclement weather. All tickets are refundable at the information counter on the first floor of our office. I hope that everyone will understand that it was a hard decision to make, and accept our sincere apologies. As a token of apology, free drink tickets at the cafeteria will be distributed. We are sorry for any inconvenience this might cause, but wish to stress that the decision has been taken to guarantee everyone's safety.

【訳】

問題 74 ～ 76 は次のお知らせに関するものです。

皆様、おはようございます。私は本日のイベントのスタッフ、ディビッドと申します。残念ではありますが、APX 社の毎年恒例の野外イベントおよびコンサートは、悪天候のため中止にさせていただきます。本事務所 1 階のインフォメーション窓口にてすべてのチケットの払い戻しをいたします。苦渋の決断であったことをご理解の上、ご容赦いただけましたら幸いです。お詫びのしるしといたしまして、カフェテリアでの無料ドリンク券を配布したいと思います。今回の件につきましてご迷惑をおかけしましたことをお詫びすると同時に、皆様の安全を第一に考えての決断であったことを重ねて申し上げたいと思います。

74

正答率 (A)15% (B)11% (C)10% (D)64%

ポイント 行動を問う

【正解】(D)

【設問】
What were they planning to do?
(A) Organize an international exhibition
(B) Inaugurate a new facility
(C) Attend a talk show
(D) **Hold an outdoor event**

【訳】
彼らは何を行う予定でしたか。
(A) 国際展示会を開催する
(B) 新しい施設の開所式を行う
(C) トークショーに出席する
(D) **屋外イベントを開催する**

【解説】話題の中心は冒頭からつかむ。

質問文のキーワードは What と planning。冒頭部分の APX Inc.'s yearly outdoor event and the concert から、野外イベントとコンサートが行われることがわかる。よって、正解は (D)。それ以外の選択肢の内容については言及がないので不適切。inaugurate は「(施設の)開所式[落成式]を行う；(人)を就任させる」という意味。

Target 600～700

75

正答率 (A)7% (B)73% (C)13% (D)7%

ポイント 理由を問う

【正解】(B)

【設問】
Why is the gathering called off?
(A) The tickets did not sell well.
(B) **The weather is unfavorable.**
(C) The keynote speaker got an emergency business.
(D) Official authorization was not obtained.

【訳】
なぜ集まりは中止になるのですか。
(A) チケットがあまり売れなかった。
(B) **天気がよくない。**
(C) 基調演説者に急用ができた。
(D) 公的許可が得られなかった。

【解説】選択肢での言い換えに注意。

質問文のキーワードは Why と called off。前半に ... will be canceled due to inclement weather とある。inclement は「荒天の」という意味なので、正解は (B)。unfavorable は「好ましくない」という意味。(A) チケットが「売れなかった」とは言っていない。(C) および (D) については言及がない。

Target 600～700

76

正答率 (A)29% (B)15% (C)51% (D)5%

ポイント 推測情報を問う

要注意

【正解】(A)

【設問】
What is inferred about the cancellation?
(A) **They made the well-being of participants the priority.**
(B) The musical performance will be rescheduled.
(C) A party will be held at the cafeteria instead.
(D) The decision was made by the government.

【訳】
中止についてどんなことが推測できますか。
(A) **参加者の安全を優先した。**
(B) 演奏の予定が変更される。
(C) 代わりにカフェテリアでパーティーが行われる。
(D) その決定は政府が下した。

【解説】手がかりを確実に聞き取り判断しよう。

質問文のキーワードは What, inferred, about the cancellation。最後に the decision has been taken to guarantee everyone's safety とある。したがって、safety が well-being に言い換えられている (A) が正解。well-being は「福利、健康」、priority は「優先、優先事項」という意味。(B) the concert will be canceled とあるので、変更ではなく中止である。

P.56【攻略ポイント】へ

Target 800

語句
- refundable「払い戻しできる」
- sincere「誠実な、心からの」
- as a token of ～「～のしるしとして」
- distribute「分配する；分布させる」

LISTENING SECTION Part 4

CD 51 英

【スクリプト】
Questions 77 through 79 refer to the following advertisement.
Don't you have problems with batteries? The power supplied by common batteries runs out rapidly, you might think. Well, we have a solution to your problem: rechargeable A to AAA-size batteries for your devices, which retain their original power even after 1,000 charges. They are more powerful and economical than the usual products. All purchases of a set of four within this year include our original charger for free. Don't miss this chance!

【訳】
問題 77 ～ 79 は次の広告に関するものです。

電池のことでお困りではないですか。一般的な電池で供給される電力はすぐになくなると思われるかもしれません。そこで、我々があなたの問題を解決しましょう。お持ちの機器に、1000 回の充電後も最初の電力を保つ A から AAA サイズの充電式電池をどうぞ。通常の製品よりももっと強力で経済的です。年内に 4 個セットでお買い上げいただいた方には、オリジナル充電器を無料で差し上げます。このチャンスをお見逃しなく！

77

正答率 (A)28% (B)51% (C)16% (D)5%
ポイント 話題を問う
Target 600～700

【正解】(B)

【設問】
What is the advertised product related to?
(A) Repairing an electronic device
(B) Supplying electricity
(C) Establishing a power plant
(D) Launching a lucrative business

【訳】
広告の製品は何に関するものですか。
(A) 電子機器の修理
(B) 電力の供給
(C) 発電所の設立
(D) 儲かるビジネスの開始

【解説】冒頭に示される情報を意識。
質問文のキーワードは What, the advertised product, related to。冒頭部分に The power supplied by common batteries や rechargeable A to AAA-size batteries for your devices とあることから、この広告は充電式電池のものであり、電力の供給に関する製品であることがわかる。したがって、正解は (B)。選択肢での表現の言い換えには注意が必要。(A) your device は出てくるが、修理については言及がない。(C) power や powerful は出てくるが、発電所については言及がない。

78

正答率 (A)18% (B)19% (C)49% (D)14%
ポイント 問題点を問う
Target 800

【正解】(C)

【設問】
What problem is mentioned about common products?
(A) Safety
(B) Disposal
(C) Durability
(D) Size

【訳】
一般的な製品についてどのような問題が述べられていますか。
(A) 安全性
(B) 処分
(C) 耐久性
(D) 大きさ

【解説】詳細情報を逃さず聞き取る。
質問文のキーワードは What problem と about common products。冒頭に The power supplied by common batteries runs out rapidly とある。run out は「尽きる、なくなる」の意味。したがって、正解は (C)。(D) rechargeable A to AAA-size batteries は広告の製品についての特徴であり、問題点として述べられているのではない。P.56【攻略ポイント】へ

79

正答率 (A)29% (B)14% (C)26% (D)31%
ポイント 詳細事項を問う
Target 800

要注意

【正解】(A)

【設問】
What kind of benefit is provided to the specific customers?
(A) A device is offered for nothing.
(B) The voucher will be issued.
(C) The price becomes 10% off.
(D) The warranty period is extended.

【訳】
特定の顧客にはどんな特典が与えられますか。
(A) ある機器が無料で提供される。
(B) クーポン券が発行される。
(C) 値段が 10 パーセント引きになる。
(D) 保証期間が延長される。

【解説】抽象的な言い換えに注意。
質問文のキーワードは What kind of benefit と provided。後半に All purchases of a set of four within this year ... for free. とある。「年内に 4 個セットで買う」が specific に該当する内容。したがって、charger が device に、for free が for nothing に言い換えられている (A) が正解。(B) voucher は「クーポン券、割引券」、(D) warranty は「保証、保証書」という意味で、(C) を含めいずれも言及がない。

語句
- solution「(困難などの)解決策」
- rechargeable「再充電できる」
- device「装置、機器」
- retain「～を保持する」
- purchase「購入；購入品」
- for free「無料で (= for nothing)」

【スクリプト】

Questions 80 through 82 refer to the following telephone message.

This is Mark from Atlanta Gym. I'd like you to send your engineer to repair the vending machine in the lobby. Some of our customers complained that one of the rows with sports drinks seems to be clogged. The cans don't fall into the tray, and the money is not returned. I had a look in the machine, but couldn't do anything. Is it possible for you to come here and fix it tomorrow before 9:00 A.M.? We open at 10:00, but the staff entrance at the rear opens at 8:30. We'll be in the staff room. Please call us back for confirmation at your earliest convenience. Thank you.

【訳】

問題80〜82は次の電話のメッセージに関するものです。

アトランタ・ジムのマークです。ロビーにある自動販売機の修理のため，技術者の方に来ていただきたいのですが。スポーツドリンクの1列が詰まっているようだという苦情がお客様から何件か寄せられました。缶がトレーに落ちず，お金も戻りません。私自身も機械を調べてみましたが，対処できませんでした。明朝9時までにこちらに来て修理していただくわけにはいかないでしょうか。開館は10時ですが，裏の従業員入口は8時半に開きます。従業員室にてお待ちしております。ご都合がつき次第，折り返し確認のお電話をください。よろしくお願いいたします。

80

正答率 (A)15% (B)2% (C)25% (D)58%

ポイント 職業を問う

【正解】(D)

【設問】
Who most likely is the speaker?
(A) A beverage salesperson
(B) A financial advisor
(C) A mechanical engineer
(D) A gym staff member

【訳】
話し手はどのような人ですか。
(A) 飲料販売員
(B) 財務顧問
(C) 機械技師
(D) スポーツジムの職員

【解説】最初の自己紹介が重要なヒント。
質問文のキーワードは Who と the speaker。ここでは，冒頭の This is Mark from Atlanta Gym. から，(D) gym staff member が正解とわかる。(A) vending machine や sports drinks など飲料に関する語が出てくるが，飲料販売員は無関係。(B) に関する言及はない。(C) 話し手は修理のために engineer を呼んでいる側である。

P.56【攻略ポイント】へ

81

正答率 (A)9% (B)13% (C)56% (D)22%

ポイント 詳細事項を問う

【正解】(C)

【設問】
What does the speaker want the listener to do?
(A) Deliver some drinks
(B) Join an exercise
(C) Have a machine repaired
(D) Refund the payment

【訳】
話し手は聞き手に何をしてほしいと言っていますか。
(A) 飲み物の配達
(B) エクササイズへの参加
(C) 機械の修理
(D) 支払金の返金

【解説】要望を述べる表現に注目。
質問文のキーワードは What, want, the listener, to do。要望を伝える表現が使われていることに注目する。名乗った後に I'd like you to send your engineer … と言っているので，(C) が正解。〈have＋目的語＋過去分詞〉は「〜を…してもらう，〜を…させる」という使役を表す表現であることを押さえておこう。(A), (B) に関する言及はない。(D) 中盤に money や returned という語が出てくるが，それは故障の症状に関するものであり，返金の要求ではない。

82

正答率 (A)66% (B)13% (C)9% (D)12%

ポイント 詳細事項を問う

【正解】(A)

【設問】
What time does the rear entrance open?
(A) 8:30 A.M.
(B) 9:00 A.M.
(C) 9:30 A.M.
(D) 10:00 A.M.

【訳】
裏口は何時に開きますか。
(A) 午前8時30分
(B) 午前9時
(C) 午前9時30分
(D) 午前10時

【解説】先読みで待ち伏せする！
質問文のキーワードは What time, the rear entrance, open。あらかじめ選択肢にまで目を通しておくとよい。キーワード the rear entrance と時間に関するコメントに注意しながら聞いていくと，後半部分に the staff entrance at the rear opens at 8:30 とあるので，(A) が正解。(B) は修理を済ませてほしい時間。(D) はジムの開館時間である。

P.56【攻略ポイント】へ

語句

- row「列，並び」
- clog「詰まらせる；阻害する」
- rear「後ろ，後部」
- confirmation「確認；承認」

LISTENING SECTION　Part4

【スクリプト】
Questions 83 through 85 refer to the following announcement.

For an hour and a half this afternoon, this office will not have a copier. [83]We're upgrading our capacity by installing a new machine. Until it's done, use the machine upstairs. Tell Susan up there your name, section and the number of copies you need. [84]If you have over 100 copies to make, please wait for the new machine to be installed. The new machine will use our current copy cards. At 3:00, Jonah will lead a demonstration on how to use the new machine. [85]The new machine will make copies three times faster. Isn't it amazing? If you can't attend the demonstration, Jonah can explain the machine to you individually.

【訳】
問題 83 ～ 85 は次のアナウンスに関するものです。

本日午後，1時間半にわたり，このオフィスではコピー機が使えなくなります。新しい機械を設置して作業量をアップグレードします。作業終了までは，2階の機械を使用してください。あちらでスーザンに名前，部署名，そしてとりたいコピーの枚数を伝えてください。コピー枚数が100枚を超える場合は，新しい機械が設置されるまで待ってください。新しい機械では現在のコピーカードが使えます。3時から，ジョナが新しい機械の使い方について説明会を開きます。新しい機械では，古い機械の3倍速くコピーができます。すごいと思いませんか。説明会に出席できない場合は，ジョナが別の機会に個別にコピー機について説明します。

83
正答率　(A)67%　(B)22%　(C)7%　(D)4%
Target 600～700

ポイント 話題を問う

【正解】(A)

【設問】
What is this office doing this afternoon?
(A) Replacing equipment
(B) Upgrading copy cards
(C) Moving to the second floor
(D) Getting a new employee

【訳】
このオフィスでは今日の午後に何が行われますか。
(A) 機器の取り替え
(B) コピーカードの更新
(C) 2階への引っ越し
(D) 新社員の入社

【解説】トピックは冒頭に示される。
質問文のキーワードは，What, office, doing。冒頭部分で We are upgrading ... by installing a new machine. と言っている。これを言い換えて表現している (A) が正解。equipment（機器）は不可算名詞。(B) カードは現在のものが使えるので不適切。(C) 2階に行くのは臨時にコピーをとりに行く場合で，引っ越しではない。

84
正答率　(A)15%　(B)43%　(C)28%　(D)14%
Target 600～700

ポイント 行動を問う

【正解】(B)

【設問】
What should workers with large jobs do?
(A) Get help from Susan
(B) Wait until mid-afternoon
(C) Go to the second floor
(D) Skip the orientation

【訳】
大量の仕事がある人はどうしなければなりませんか。
(A) スーザンに手伝ってもらう
(B) 午後の半ばまで待つ
(C) 2階に行く
(D) 説明会を休む

【解説】large jobs の内容を掴む。
質問文のキーワードは，What, workers with large job, do。後半の over 100 copies to make が large jobs に該当する。100部を超えるコピーの場合は, please wait for the new machine to be installed と言っている。At 3:00, Jonah will lead a demonstration ... から，コピー機の設置が終わるのは3時頃と考えられ，これは (B)「午後の半ば」に相当する。(A), (C) は100部までのコピーの場合。

---

85 ★新形式
正答率　(A)9%　(B)7%　(C)77%　(D)7%
Target 500

ポイント 発言の意図を問う

【正解】(C)

【設問】
What does the woman mean when she says, "Isn't it amazing?"
(A) She means copy cards can work everywhere.
(B) She hopes office use less paper.
(C) She believes the new machine is impressive.
(D) She thinks workers will protest.

【訳】
女性が "Isn't it amazing?" と言う際，何を意図していますか。
(A) コピーカードはどこでも使えると言っている。
(B) オフィスで使う紙が少なくなると期待している。
(C) 新しい機械は素晴らしいと信じている。
(D) 従業員たちが抵抗すると思っている。

【解説】発言の直前の内容がカギ！
質問文のキーワードは，What, mean, "Isn't it amazing"。質問文の先読みで該当する発言を把握して確実に聞き取り，その直前で何と述べているかに関連づけて考える。この Isn't it amazing? は，アナウンス後半で「古い機械の3倍のスピードでコピーできる」と話した後の発言。つまり，性能が素晴らしいのだから, (C) が正解。(A) 現在のカードが使えるとは言っているが，どこでも使えるとは言っていない。

語句
□ upgrade「～を改良する」
□ install「～を設置する」
□ current「現在の」
□ individually「個々に」

【スクリプト】
Questions 86 through 88 refer to the following report.

A new study shows that office workers who are subjected to 4 or more hours of continuous computer usage are more susceptible to severe eye strain and headaches. According to the Journal of Medicine, employers should limit employee's long hours of constant PC operation, due to the significant amount of radiation the monitors can emit. To counter the harmful effects, protective screens should be installed on all units and workers should be provided with more frequent break times.

【訳】
問題 86 ～ 88 は次の報告に関するものです。

新たな調査で，4時間以上続けてコンピュータを使用する事務職員は激しい眼精疲労と頭痛に見舞われやすい，ということがわかりました。『医学ジャーナル』誌によれば，モニターから放射線が大量に放出される可能性があるため，雇用主は従業員の長時間にわたるパソコンの使用を制限する必要がある，とのことです。この悪影響に対処するため，すべてのパソコンに保護機能の付いたスクリーンを取り付けるとともに，従業員の休憩の回数を増やすようにしなければなりません。

86
正答率 (A)23% (B)67% (C)7% (D)3%
ポイント 話題を問う

【正解】(B)

【設問】
What is the report mainly about?
(A) The potential benefits of PCs in medical research
(B) **The possible consequences of frequent computer usage**
(C) The advantages of using laptop computers
(D) The convenience of subscribing to a PC magazine

【訳】
この報告は主に何についてのものですか。
(A) 医学研究におけるパソコンの潜在的利益
(B) **コンピュータの多用によって起こり得る結果**
(C) ノートパソコンを使用することの利点
(D) パソコン雑誌を定期購読することの利便性

【解説】**トピックは冒頭に注意！**
質問文のキーワードは What, the report, about。冒頭で「長時間パソコンを使用している社員は体に悪影響を受けやすい」という研究結果を紹介しているので，正解は(B)。(A) パソコンの利点については述べられていない。(D) この報告の情報元として医学雑誌には言及しているが，パソコン雑誌の話題は出てこない。

P.56【攻略ポイント】へ

87
正答率 (A)5% (B)16% (C)76% (D)3%
ポイント 詳細事項を問う

【正解】(C)

【設問】
What side effects does the speaker mention?
(A) Nosebleed
(B) Backache
(C) **Sore eyes**
(D) Stiff legs

【訳】
話し手はどのような副作用について述べていますか。
(A) 鼻血
(B) 背中の痛み
(C) **目の痛み**
(D) 脚のこり

【解説】**先読みで情報を待ち伏せしよう。**
質問文のキーワードは What side effects。side effect は「副作用」の意味。コンピュータの長時間使用による影響については冒頭で more susceptible to severe eye strain and headaches と述べられている。したがって，eye strain（眼精疲労）を sore eye（目の痛み）と言い換えている (C) が正解。

88
正答率 (A)75% (B)10% (C)8% (D)7%
ポイント 提案内容を問う

【正解】(A)

【設問】
What does the speaker recommend?
(A) **Workers should have more time off during the day.**
(B) Employers should make office hours longer.
(C) Employees should regularly eat meals three times daily.
(D) Companies should hire more diligent staff.

【訳】
話し手は何を勧めていますか。
(A) **労働者は日中に休みをもっと多く取るべきである。**
(B) 雇用者は勤務時間を長くするべきである。
(C) 従業員は1日3回規則的に食事を取るべきである。
(D) 会社はもっと勤勉な社員を採用するべきである。

【解説】**提案の should を手がかりに。**
質問文のキーワードは What と recommend。提案表現に注意しながら聞くと，employers should limit employee's long hours of constant PC operation, protective screens should be installed, workers should be provided with more frequent break times が挙げられている。(A) が最後の提案事項の内容と一致するので，これが正解。(B) 雇用者は従業員の長時間のパソコンの使用を制限する必要があると報告しているので不適切。

語句
- be subjected to ～「～を受ける，～を被りやすい」
- continuous「連続的な，継続する」
- susceptible「影響を受けやすい，感染しやすい」
- strain「緊張，負担」
- emit「～を放出する」
- counter「～に対抗する，～に反論する」

LISTENING SECTION Part 4

【スクリプト】
Questions 89 through 91 refer to the following talk.
How about selling our used cars on the Internet? So far, cash on delivery transactions through ads in specialist magazines constitute 65% of overall turnover. I believe the online shop will allow us to expand our territory, our customer base, and increase sales by 25% in the first year without the fuss of having to rent costly retail space. As we already have a Web site that has been running for two years, all we have to do is to rent the hosting space of a dedicated server, introduce security software to secure payment by credit card, and ask a Web designer to draft the outline so we can update the site ourselves.

【訳】
問題 89 ～ 91 は次の話に関するものです。

わが社の中古車をインターネットで販売してはいかがでしょうか。これまでのところ，専門誌の広告を介した代金引換払いの取引が総売上高の 65 パーセントを占めています。オンラインショップを立ち上げれば，コストのかかる小売スペースを借りる手間をかけずに，わが社の販売区域や顧客基盤を広げ，最初の 1 年で売り上げを 25 パーセント増やすことができると確信しております。すでにこれまで 2 年間運営してきたウェブサイトがありますので，必要となるのは，専用サーバーのホスティング・スペースを借り，クレジットカードによる支払いを安全にするためのセキュリティソフトを導入し，ウェブデザイナーに依頼して私たち自身でサイトを更新できるようなアウトラインを作成してもらうことだけです。

89
正答率　(A)14%　(B)44%　(C)37%　(D)5%
ポイント：職業を問う

【正解】(C)

【設問】
Who most likely is the speaker?
(A) A magazine editor
(B) A Web designer
(C) A car dealer
(D) A bank clerk

【訳】
話し手はどのような人ですか。
(A) 雑誌編集者
(B) ウェブデザイナー
(C) 自動車売買業者
(D) 銀行員

【解説】基本情報を逃さずキャッチ！
冒頭の selling our used cars から，話し手が車の売買に携わっていることがわかるので，正解は (C)。(A) 話の中に specialist magazines という語が出てくるが，雑誌広告を介して車を売買していることが述べられているだけ。(B) 後半では Web designer に依頼してサイトを作成してもらうと述べているので，これも不適切。
P.56【攻略ポイント】へ

90
正答率　(A)12%　(B)19%　(C)41%　(D)28%
ポイント：詳細事項を問う

【正解】(C)

【設問】
What is suggested as an advantage?
(A) The consumption tax will be exempted.
(B) A detailed manual will be provided.
(C) Renting a showroom will be unnecessary.
(D) Special coupons will be presented online.

【訳】
利点として何が示唆されていますか。
(A) 消費税が免除される。
(B) 詳しいマニュアルが用意される。
(C) ショールームを借りる必要がない。
(D) インターネットで特別優待券が入手できる。

【解説】全体の概要をつかんで検討する。
質問文のキーワードは What と an advantage。利点とはっきり述べられていないので，話の概略をつかみ，消去法で考える。(A), (B) に関してはまったく言及されていない。(D) インターネットを利用した売買について詳しく述べられてはいるが，優待券については言及がない。(C) は without the fuss of having to rent costly retail space の言い換えとなっているので，これが正解。

91
正答率　(A)48%　(B)24%　(C)19%　(D)9%
ポイント：詳細事項を問う

【正解】(A)

【設問】
According to the speaker, what is required to carry out the plan?
(A) To establish a safe purchasing environment
(B) To make a down payment
(C) To do a market research
(D) To borrow money from a financial institution

【訳】
話し手によると，その計画を実行するのに何が必要ですか。
(A) 安全な購入環境を作ること
(B) 頭金を支払うこと
(C) 市場調査をすること
(D) 金融機関からお金を借りること

【解説】All we have to do がカギ！
質問文のキーワードは what, required, to carry out the plan。中古車のインターネット販売を始めるにあたり必要なことは，最後の all we have to do is ... 以降に 3 点述べられている。2 点目に挙げられている introduce security software ... by credit card は，要するに「安全な購入環境を作ること」なので，(A) が正解。(C) 市場調査はすでにした上での提案だと考えられるので不適切。

語句
- cash on delivery「代金引換で」
- transaction「取引, 売買；業務」
- turnover「総売上高，総取引高」
- draft「～を作成する」

【スクリプト】
Questions 92 through 94 refer to the following announcement.

Ladies and Gentlemen, we are now nearing the Gulf Bay terminal. The crossing time has been approximately 75 minutes. All passengers with vehicles please proceed to the car deck and prepare to disembark. Safety regulations prohibit smoking on the car deck. Please refrain from turning on your ignition before the vessel has docked. A further reminder: according to government legislation, seatbelts must be worn at all times in the state. All foot passengers should exit from the aft end of the ferry adjacent to the newsstand on level one. Thank you for sailing with Eagle Island Ferries. We wish you a pleasant and safe journey and we hope to serve you again soon.

【訳】
問題 92 ～ 94 は次のアナウンスに関するものです。

皆様，この船はまもなくガルフベイターミナルに到着します。これまでの横断時間は約 75 分です。お車をお持ちのお客様は，どうぞカーデッキに移動し下船の準備をしてください。安全規約によりカーデッキでは禁煙になっております。船が埠頭に着くまで車のエンジンをおかけにならないようお願いいたします。もう 1 点ご注意していただきたいことがございます。法律により，州内では常時シートベルトの着用が義務付けられております。また，お車のないお客様は 1 階の売店に隣接する船尾から退出してください。イーグルアイランドフェリーをご利用いただきましてありがとうございました。楽しく安全な旅になりますことをお祈りすると同時に，皆様のまたのご利用をお待ちしております。

---

92 正答率 (A)19% (B)58% (C)6% (D)17%
ポイント 場所を問う

【正解】(B)

【設問】
Where is the announcement most likely being made?
(A) In the terminal building
(B) On the ship
(C) In the parking lot
(D) In the airport

【訳】
このアナウンスはどこで流れていると考えられますか。
(A) ターミナルビル
(B) 船内
(C) 駐車場
(D) 空港

【解説】関連する単語に惑わされない。
質問文のキーワードは Where, the announcement, being made。proceed to the car deck, before the vessel has docked, exit from the aft end of the ferry などの表現から，船内アナウンスだと判断できる。よって，正解は (B)。(A) 冒頭に we are now nearing ... terminal とあるので，まだターミナルビルには着いていない。(D) sail, the ferry などの語句から「空港」ではないことは明らか。

---

93 正答率 (A)12% (B)19% (C)12% (D)57%
ポイント 目的を問う

【正解】(D)

【設問】
What is the purpose of the announcement?
(A) To inform passengers of a flight delay
(B) To inform passengers about bus transfers
(C) To inform passengers about inclement weather
(D) To inform passengers of the end of the voyage

【訳】
このアナウンスの目的は何ですか。
(A) 乗客に飛行機の遅れを知らせること
(B) 乗客にバスの乗り換えについて知らせること
(C) 乗客に悪天候について知らせること
(D) 乗客に船旅の終わりを知らせること

【解説】広範囲にヒントがある場合も。
質問文のキーワードは What と the purpose。we are now nearing the Gulf Bay terminal, prepare to disembark, should exit from the aft end of the ferry などの表現から，「船がもうすぐ港に着くので乗客は降りる準備をしなければならない」という内容であることがわかる。したがって，正解は (D)。(A), (B), (C) についてはまったく言及がない。

---

94 正答率 (A)15% (B)9% (C)13% (D)63%
ポイント 詳細事項を問う

【正解】(D)

【設問】
What are motorists not permitted to do?
(A) Use electronic devices
(B) Wear seatbelts
(C) Run down the stairs
(D) Smoke on the car level

【訳】
車の運転手が許可されていないことは何ですか。
(A) 電子機器を使うこと
(B) シートベルトを着用すること
(C) 階段を走って降りること
(D) カーデッキでタバコを吸うこと

【解説】先読みして情報を待ち構える。
質問文のキーワードは What, motorists, not permitted。車を持つ乗客への指示は前半の All passengers with vehicles 以降にある。(D) Safety regulations prohibit smoking on the car deck. と述べているので，これが正解。(B) seatbelts must be worn at all times から，シートベルトは着用しなければならない。

語句
- disembark「(船・飛行機から) ～を降ろす，～が降りる」
- prohibit「～を禁止する」
- refrain「～を差し控える，慎む」
- vessel「容器；(大型の)船」
- dock「(船が)埠頭に着く」

LISTENING SECTION Part4

【スクリプト】

Questions 95 through 97 refer to the following talk and map.

We've long wanted to put one of our convenience stores at the corner of Lake Street and Third Avenue. Here is a map. New developments, Boxer Heights on the northwest and Lake View Tower on the northeast, were our main possibilities. However, those are permanent rentals. Also they face south and get a lot of sunlight. It's not very good for a convenience store. But now, everything has changed! I talked with the southeast corner building owner. He might reconstruct the building within two years into a high-rise. Until then, we could rent the first floor cheaply. We may renew the contract when the development is finished. Until then, let's try to raise our name recognition.

【訳】

問題 95 ～ 97 は次の話と地図に関するものです。

レイク通りとサードアベニューの角にコンビニエンスストアをもう 1 店出したいとずっと考えてきました。ここに地図があります。新開発物件である北西のボクサー・ハイツと北東のビュータワーが，我々にとっては一番の有力候補でした。しかし，どちらも永久的賃貸物件なのです。また，南向きなので日差しが多く入ります。これはコンビニエンスストアにとってはあまりよくありません。ですが今，全部が変わったのです！南東角のビルのオーナーと話をしました。彼は2年以内にその古い建物を高層ビルに建て替えることを考えているというのです。それまでは 1 階を安く借りることができます。開発が終わったら契約を更新するかもしれません。それまでの間，我々の知名度を上げる努力をしましょう。

95

正答率 (A)47% (B)14% (C)28% (D)12% Target 600～700

ポイント 行動を問う

【正解】(A)

【設問】
What will this company probably do?
(A) Open another store
(B) Reconstruct one of their buildings
(C) Move its office
(D) Expand into new business

【訳】
この会社は何をすると思われますか。
(A) もう 1 つ店舗を開設する
(B) ビルの 1 つを建て替える
(C) オフィスを移転する
(D) 新規事業に進出する

【解説】多様な情報に惑わされないこと。

次々と情報が流れてくるが，質問文のキーワードは，What, this company, do。冒頭で「コンビニエンスストアをもう 1 店出したい」と言っているので，(A) が正解。別の新規事業を始めようとしているわけではないので，(D) は不適切。(B) ビルを建て替えるのは南東角のビルのオーナー。

96

正答率 (A)35% (B)27% (C)32% (D)6% Target 800

ポイント 考えを問う

【正解】(C)

【設問】
What does the speaker think is the best idea?
(A) Getting into the newest building
(B) Acquiring a permanent location
(C) Using an outdated building first
(D) Building their own building

【訳】
話し手は何が最もよい考えだと思っていますか。
(A) 最も新しいビルに入ること
(B) 恒久的な場所を確保すること
(C) まず古いビルを使うこと
(D) 自前のビルを建てること

【解説】全体の流れを正しくとらえる。

質問文のキーワードは What, the speaker, the best idea。トーク全体の内容は，「コンビニエンスストアを出したい。新築ビルは賃料が高く，南向きで不都合だが，別の古いビルを安く借りられそうだ」といった流れである。したがって (C) が適当であり，(A) は不適切。古いビルを短期間借りると言っているので，(B) も不適切。

P.56【攻略ポイント】へ

97

正答率 (A)15% (B)21% (C)32% (D)32% Target 800

ポイント トークと図表の統合問題

【新形式】

【正解】(D)

【設問】
Look at the graphic. Which building might they rent?
(A) Boxer Heights
(B) 480 Third Avenue
(C) Lake View Tower
(D) 520 Third Avenue

【訳】
図を見てください。彼らはどのビルを借りると思われますか。
(A) ボクサー・ハイツ
(B) 480 サードアベニュー
(C) レイクビュー・タワー
(D) 520 サードアベニュー

地図
ボクサー・ハイツ　レイクビュー・タワー
480 サードアベニュー
520 サードアベニュー

【解説】話を聞き位置を追って考える。

質問文のキーワードは，Which building, rent。地図を見ながら，話のどの部分が関連するのかを判断する。(A) ボクサー・ハイツと，(C) レイクビュー・タワーは賃料が高く日差しが強いから不向きであると言っているので除外する。南東角のビルを借りることになるかもしれないと言っており，「南東の角」は地図の右下なので，(D) 520 Third Avenue というビルが相当する。(B)「南西の角」である 480 Third Avenue は何にも該当しない。

語句

☐ reconstruct「～を建て替える」
☐ high-rise「高層ビル」
☐ contract「契約」
☐ name recognition「知名度」

CD 58

【スクリプト】
Questions 98 through 100 refer to the following announcement and list.
The Oceanside Rapid to Sydney will arrive soon. Please look at the platform screens. For premium-price ticket passengers, your reserved seats are in Car Six. For all customers, we have the café car and lounge car. Starting this month, we have a fully-revised menu, with cocktails, coffee service and soft drinks. There are many more menu choices. The lounge car is equipped with computers available for a fee. Use requires a credit card. Oh, that's the only car where private phones can be used. All seven cars have bulletin screens for news and information about each car. Lavatories are in even-numbered cars.

【訳】
問題 97 〜 100 は次のアナウンスと表に関する問題です。

シドニー行きオーシャンサイド急行がまもなく到着いたします。ホームのスクリーンをご覧ください。プレミアム料金の切符をお持ちのお客様は，ご予約のお座席が6号車にございます。すべての乗客の皆様に，カフェカーとラウンジカーを用意してございます。今月からメニューを一新しまして，カクテル，コーヒー，ソフトドリンクがご利用になれます。ほかにも多くのお料理が増えました。ラウンジカーには，有料でお使いになれるコンピュータが備えてございます。ご利用にはクレジットカードが必要です。ああ，私用電話がお使いになれるのはその車輌だけでございます。7 両の車輌すべてに，ニュースや各車輌のご案内の掲示板画面がございます。お手洗いは偶数車輌にございます。

98

正答率 (A)13% (B)60% (C)18% (D)9%

ポイント 場所を問う

【正解】(B)

【設問】
Where is this announcement most likely being given?
(A) In a travel agency
(B) On a station platform
(C) At a car rental office
(D) At an airport

【訳】
このアナウンスはどこで行われていると思われますか。
(A) 旅行代理店で
(B) 駅のホームで
(C) レンタカー店で
(D) 空港で

【解説】場所を示す語に注意。
質問文のキーワードは, Where, announcement, given。場面をイメージすれば答えやすい問題。The Oceanside Rapid, platform などの語から，列車に関する話であると判断できるだろう。よって (B) が正解。(D) passengers, tickets などは空港でも使うが，惑わされないように。(C) car という語が何度も出てくるが，レンタカーの話ではない。

99

正答率 (A)28% (B)7% (C)57% (D)8%

ポイント 詳細事項を問う

【正解】(C)

【設問】
What does the speaker say about the food service?
(A) It has moved Car Four.
(B) It has closed for the day.
(C) It has got a new menu.
(D) It has stopped serving alcohol.

【訳】
話し手は食べ物のサービスについてどう言っていますか。
(A) 4号車に移動した。
(B) その日の営業は終了した。
(C) メニューを変えた。
(D) アルコールの提供をやめた。

【解説】food service の情報を待ち構える。
質問文のキーワードは, What, food service, done。前半で café car について説明があり, a fully-revised menu や many more dishes から, メニューが変わり，種類が増えたことがわかる。revised を changed と言い換えて表現している (C) が正解。(D) cocktails とあり, アルコールは提供される。

---

100 【新形式】

正答率 (A)51% (B)12% (C)22% (D)15%

ポイント トークと図表の統合問題

【正解】(A)

【設問】
Look at the graphic. Where can a passenger rent a computer?

(A) Car Two
(B) Car Four
(C) Car Six
(D) In every car

【訳】
図を見てください。乗客はどこでコンピュータを借りることができますか。

(A) 2号車で
(B) 4号車で
(C) 6号車で
(D) 各車両で

オーシャンサイド急行の車輌位置	
ラウンジカー	2号車
フードサービス	4号車
ファーストクラス	6号車
掲示板画面	各車輌前方

【解説】設問先読みで得点源にできる！
設問文の rent という動詞は「お金を出して使う，借りる」ということ。アナウンスではラウンジカーにコンピュータが設置されていると述べており, computers available for a fee と言っている。for a fee は「有料で」ということなので，質問文の rent a computer と符合する。図を見るとラウンジカーの位置は2号車になっているので, (A) が正解となる。

P.56【攻略ポイント】へ

語句
□ fully-revised「完全に作り直した」
□ lavatory「(飛行機内や列車内の)トイレ」

| LISTENING SECTION | Part4 |

✓ Part 4 攻略ポイント

【全レベル対象アドバイス】

●発言の意図を問う問題は前後の文脈から判断する。

Part 3 と同様，新形式問題として加わった，話し手の発言の意図を問う問題では，**その発言がどのような文脈の中で述べられたのかという点を踏まえて解答することが重要**。Part 4 は 1 人の話し手によるトークなので，話の展開をつかみにくく感じる人もいるかもしれない。日頃の学習の際にはスクリプトを確認し，展開を意識しながら聞くトレーニングを積もう。

●図表参照問題は音声を聞く前に目を通しておく。

同じく新形式の問題である，トークの情報と図表（graphic）とを関連づけて答える問題では，**音声が流れる前に図表にざっと目を通しておくのがポイント**。Part 4 では，導入文の refer to the following ... の内容とあわせて考えると，どんな内容が聞こえてくるのかをある程度予測することもできる。

【目標レベル別アドバイス】

●質問文を先読みして情報を待ち受ける。聞き逃した情報を予想する。 _{Target 600〜700}

詳細情報に関する設問も確実に正解して高得点をねらうには，質問文を先に読み，あらかじめキーワードを意識しながら聞くことが重要なのは，言うまでもない。また，重要な情報が，質問文に印刷されているキーワードが聞こえるよりも前に読まれる場合もある。もし聞き逃しても後半の情報から論理的に推測できることがあるので落ち着いて聞き取ろう。

・What problems is mentioned <u>about common products</u>? ▶ 78
　→スクリプトの The power supplied by common batteries ... を聞き逃しても，話題の要点（充電式電池，1000 回の充電後も最初の電力を保つ）を理解できれば，従来の製品の問題点も把握できる。
・What is the report <u>mainly about</u>? ▶ 86
　→質問文は報告の要点を問うもの。トピックは冒頭に示されることが多いので，冒頭の A new study shows that ... 以降を注意して聞き取る。

・Look at the graphic. <u>Where can a passenger rent a computer?</u> ▶ 100
　→ computers という語を待たずに，コンピュータに関する説明が述べられると予想する。

●数字，地名，人物に関する情報の聞き取りに注意。 _{Target 600〜700}

設問の中に数字や地名などの固有名詞を問うものがあったら，先読みの段階で質問文だけでなく選択肢にも目を通しておく。選択肢に並ぶ具体的な数字や地名などを意識しながら聞き，正解の該当箇所が出てきたらすぐに解答を選ぶ。
・人物（話し手の職業）▶ 80, 89
・時刻（建物の裏口が開く時間）▶ 82

●提案 / 話し手の意図 / 依頼 / 命令の表現を覚えよう。 _{Target 800}

提案 / 話し手の意図を伝える / 依頼 / 命令 をする時の典型的な表現を覚えておけば，注意して聞き取るべき箇所が把握しやすい。典型的な表現は以下の通り。
・Now, <u>I'd like to explain</u> the main points. ▶ 71
・We are sorry ... <u>but wish to stress</u> that ... ▶ 76
・<u>we could</u> rent the first floor ... ▶ 96
・Could you ...?　　　　　・have to ...
・be sure to　　　　　　　・be required to ...
・be advised to ...　　　　・be recommended to ...
・need to ...　　　　　　　・Please ...
・Will you ...?　　　　　　・Why don't you do ...?
・How about 〜?

101

正答率 (A)9% (B)83% (C)6% (D)2%

Target 500

ポイント 品詞の区別

【正解】(B)

【設問】
The new design specifications are completely different from the **original** ones we received from the client.
(A) originally
(B) original
(C) originality
(D) originate

【訳】
新しい設計仕様書は，我々が**最初に**クライアントから受け取ったものとはまったく異なっている。

【解説】空所に入る品詞をすばやく特定できるかがカギ。
選択肢には original の派生語が並んでいるので，空所の前後を見て入れるべき品詞を判断する。〈冠詞（the）＋（　　）＋名詞（ones）〉という構造から，この部分はひとまとまりで名詞句となり，空所には ones を修飾する形容詞が入ることがわかる。よって，正解は形容詞の (B)「最初の，もとの」。(A) は「もとは，初めは」の意味の副詞，(C) は「独創性，独創力」という意味の名詞，(D) は「始める，起こす；創設する」という意味の動詞で，いずれも不適切。

P.67【攻略ポイント】へ

語句
□ specification「（通例複数形で）仕様書，明細書，設計書」　□ completely「完全に，すっかり」

102

正答率 (A)10% (B)67% (C)16% (D)7%

Target 600〜700

ポイント 語彙の意味（名詞）

【正解】(B)

【設問】
If you are not satisfied with the purchased item, you can return it within 14 days for a **refund**.
(A) designation
(B) refund
(C) restriction
(D) conflict

【訳】
ご購入の商品にご満足いただけない場合，14日以内の返品であれば**ご返金**いたします。

【解説】空所に入れて自然に文意が通るものを選ぶ。
選択肢にはすべて名詞が並んでいるので，意味で判断しなければならない。主節である you can return ...を直訳すると「（　　）のために，それを14日以内に返却してもよい」となる。各選択肢の意味は，(A)「（役職などへの）指名」，(B)「払い戻し」，(C)「制限」，(D)「衝突」。この中で（　　）に入って文意が成り立つのは (B) であり，これが正解。

語句
□ be satisfied with 〜「〜に満足する」　□ purchase「〜を購入する」

103

正答率 (A)7% (B)8% (C)81% (D)4%

Target 500

ポイント 品詞の区別

【正解】(C)

【設問】
The **reliability** of our reported results has been questioned by some independent observers in the media.
(A) rely
(B) reliable
(C) reliability
(D) reliably

【訳】
我々の報告結果の**信頼性**はメディアの独立オブザーバーから疑問視されている。

【解説】空所の直前直後の構造に注目する。
〈冠詞（The）＋（　　）＋of〉という形から，空所には名詞が入ることがわかる。よって，正解は (C)「信頼性，信憑性」。(A) は「頼る，当てにする」という意味の動詞，(B) は「信頼できる，当てにできる」という意味の形容詞，(D) は「確実に，信頼できる筋から」という意味の副詞でいずれも不適切。

語句
□ question「〜を疑う，〜を疑問に思う」　□ observer「オブザーバー，観察者」
□ independent「独立した」

READING SECTION　Part5

104
正答率　(A)90%　(B)8%　(C)1%　(D)1%
Target 500

ポイント 相関接続詞

【正解】(A)

【設問】
Gold pass members can take advantage of the free use of **both** the swimming pool and the gym.
(A) both
(B) either
(C) neither
(D) that

【訳】
ゴールド・パス会員は，特典としてプールとジムの**双方**をご自由にお使いいただけます。

【解説】**代表的な相関接続詞を覚えて得点源に。**
選択肢には，特定の接続詞とセットになって「相関接続詞」となる語句が並んでいるので，空所前後の語からヒントを探す。空所の後ろには the swimming pool と the gym が接続詞 and で並列されている。接続詞 and と結びつくのは (A) both。both A and B の形で「A と B の両方」の意味を表すので，これが正解。(B) は either A or B (A か B のどちらか) の形。(C) は neither A nor B で「A も B も〜でない」の否定の意味を表す。(D) that には代名詞・接続詞・関係代名詞などさまざまな用法があるが，ここでは文意が通らない。

語句
□ take advantage of 〜「〜を利用する」

105
正答率　(A)3%　(B)21%　(C)7%　(D)69%
Target 600〜700

ポイント 比較

【正解】(D)

【設問】
The Skyhigh Airline offered lower fares and **more frequent** service than the other regional carriers.
(A) most frequently
(B) more frequently
(C) most frequent
(D) more frequent

【訳】
スカイハイ航空は，同地域の他のどの航空会社**よりも**運賃が安く，また便数も**多か**った。

【解説】**空所の後ろにも注意して，品詞判断を確実に。**
選択肢には比較級や最上級が並んでいるが，空所の後ろに than があることから，比較級が入ると考えられる。選択肢の中で比較級は，(B) と (D) であるが，空所は service という名詞を修飾していることから，形容詞が入ることがわかる。よって，正解は (D)。frequently は「しばしば，頻繁に」という意味の副詞。ちなみに，ここでの service とは「飛行機の運行」のことで，それが他の会社よりも frequent (頻繁) であるというのは，つまり便数が多いということである。

語句
□ offer「〜を提供する」　□ regional「地域の，地方の」
□ fare「運賃」　□ carrier「運送・運輸業者 (鉄道・汽船・航空会社などを含む)」

106
正答率　(A)11%　(B)75%　(C)4%　(D)10%
Target 500

ポイント 品詞の区別

【正解】(B)

【設問】
It was announced that the share price was projected to rise **significantly** over the next quarter.
(A) significant
(B) significantly
(C) signify
(D) significance

【訳】
次の四半期に株価が**著しく**上昇することが予測されると発表された。

【解説】**空所が直前の動詞を修飾していることに注目。**
〈the share price was projected to rise ＋ (　　)〉という構造から，空所には直前の動詞 rise を修飾する副詞が入ると考えられる。選択肢のうち副詞は (B)「著しく」のみ。よって，正解は (B)。(A) は「重大な；意味のある」という意味の形容詞，(C) は「〜を意味する；〜を示す」という意味の動詞，(D) は「意義，意味；重要性」という意味の名詞で，いずれも形の上で不適切。
P.67【攻略ポイント】へ

語句
□ announce「〜を公表する；〜を知らせる」　□ be projected to do「…すると予測される」
□ share「分け前；シェア；株」share price：株価　□ quarter「4 分の 1；四半期；15 分；25 セント」

58

107

正答率 (A)59% (B)9% (C)29% (D)3%　Target 600〜700

ポイント 動詞の形

【正解】(A)

【設問】
Our department **is supposed** to recruit between ten and twenty new analysts for our Asia division next year.
(A) is supposed
(B) supposes
(C) will suppose
(D) supposed

【訳】
我々の部署では，来年アジア部門のアナリストを 10 から 20 人新しく採用する**ことになっている**。

【解説】文中の手がかりを見逃さずに判断。
選択肢には，動詞 suppose のさまざまな時制・態が挙げられている。したがって，まず時制を判断できる語句を探せばよい。問題文の文末に時を表す副詞句 next year があり，未来のことであると判断できるが，suppose「〜と思う；考える」には，後ろに to 不定詞をとる用法はないので，(C) は不適切。一方，suppose には be supposed to do という受け身の形で「…することになっている；…のはずである」と未来の予定を表す用法があるので，(A) が正解となる。

P.67【攻略ポイント】へ

語句
- recruit「〜を採用する」
- analyst「アナリスト，分析者」
- division「区分；部門，課」

108

正答率 (A)16% (B)10% (C)71% (D)3%　Target 600〜700

ポイント 品詞の区別，語彙の意味（名詞）

【正解】(C)

【設問】
The article on VX Metal Inc. in the business magazine says that physics is one of the new CEO's **specialties**.
(A) specialists
(B) specializes
(C) specialties
(D) special

【訳】
ビジネス誌に掲載された VX メタル社関連の記事によると，物理学は新しい CEO の**専門分野**のひとつであるということだ。

【解説】適する品詞だけでなく，意味も正確にとらえる。
空所の直前に CEO's という所有格が置かれていることと，one of 〜 に続く部分であることから，空所には名詞の複数形が入ると考えられる。選択肢の中で名詞なのは，(A)「専門家」と (C)「専門，専攻」であるが，文意に合うのは (C)。よってこれが正解。(A) の語に見られる -ist は '人' を示す接尾辞であることを覚えておこう。(B)「専門にする，専攻する」という意味の動詞に三単現の -s が付いている。(D)「特別の；専門の」という意味の形容詞。

P.67【攻略ポイント】へ

語句
- physics「物理学」

109

正答率 (A)2% (B)54% (C)40% (D)4%　Target 800

要注意

ポイント 品詞の区別，動詞の形

【正解】(C)

【設問】
The minute details of the labor contract would be **confusing** to anyone other than the lawyers.
(A) confusedly
(B) confused
(C) confusing
(D) confuse

【訳】
労働契約の細目は，弁護士以外の人には**紛らわしい**ものである。

【解説】文全体が示す状況から意味を考えて選ぶ。
選択肢はすべて confuse（〜を困惑させる）の派生語や活用形。空所直前が would be となっているので，形の面から (B) と (C) が候補として絞り込める。(B) は「混乱した，困惑した」という意味の過去分詞，(C) は「困惑させる，混乱させる」という意味の現在分詞である。この文の主語 details は「困惑させる」側であるので，正解は (C)。(A) は「乱雑に；途方に暮れて」という意味の副詞。(D) は動詞の原形。

P.67【攻略ポイント】へ

語句
- minute「詳細な，綿密な」
- detail「項目，細目；詳細」
- contract「契約；契約書」 labor contract：労働契約
- other than 〜「〜以外の」

READING SECTION　Part 5

110
正答率　(A)28%　(B)14%　(C)51%　(D)7%　Target 600〜700

ポイント 機能語

【正解】(C)

【設問】
Each time Natural Health Corporation developed nutritional food, it sold well in the market.
(A) Much
(B) Many
(C) Each
(D) Few

【訳】
ナチュラル・ヘルス社が栄養食品を開発するたびに，それは市場でよく売れた。

【解説】どのような語と結びつけて用いるかをしっかり区別！
空所の後ろに単数名詞 time が続いていることから，(B) Many, (D) Few は不適切だと判断される。(C) Each は後ろに単数形を伴う語句であるし，〈each time ＋主語＋動詞〉で「〜が…するごとに，〜が…すれば必ず」という意味を表すので，これが正解。each や every の後には名詞の単数形がくることに注意する。(A) Much も単数形（不可算名詞）とともに用いるが，その後に〈主語＋動詞〉が続く用法はないので不適切。

【語句】
□ develop「〜（資源・新製品など）を開発する」
□ sell「売れる，売られている；（商品の）売れ行きが〜である」
□ nutritional「栄養の，栄養に関する」 nutritional food：栄養食品

111
正答率　(A)25%　(B)67%　(C)2%　(D)6%　Target 600〜700

ポイント 動詞の形

【正解】(B)

【設問】
The newly appointed committee completed reviewing the applications and will begin the interview process shortly.
(A) appointing
(B) appointed
(C) appoint
(D) being appointed

【訳】
新たに任命された委員会は，応募書類を検討し終えたので，すぐに面接の段階に入るだろう。

【解説】文構造をすばやく見抜き，文意を考えて選ぶ。
〈冠詞(the) ＋ 副詞(newly) ＋ ( ) ＋ 名詞(committee)〉のひとまとまりで名詞句を成していると考えられるので，空所には committee を修飾する語が入ると考えられる。選択肢の中で名詞を修飾できるのは，(A)「指名する，任命する」の意味の現在分詞と (B)「指名された，任命された」の意味の過去分詞である。ここでは，「新たに任命された委員会」という意味になるので，(B) が正解。(C) は「指名する，任命する」という意味の動詞。(D) は being が不要。　P.67【攻略ポイント】へ

【語句】
□ committee「委員会」
□ process「過程；処理，作業」
□ application「申込み，申請；申請書，出願書類」
□ shortly「まもなく，すぐに」

112
正答率　(A)4%　(B)2%　(C)2%　(D)92%　Target 500

ポイント 品詞の区別

【正解】(D)

【設問】
The company trip this year was cancelled immediately before its departure due to rough weather.
(A) immediate
(B) immediacy
(C) immediateness
(D) immediately

【訳】
今年の社員旅行は，荒天のため出発直前に中止となった。

【解説】空所がどの語を修飾しているかを考える。
選択肢には immediate の派生語が並んでいる。空所は was cancelled という受動態の直後にあるので，空所に入ることができるのは副詞のみ。よって，「（時間的・場所的に）すぐ近くで；直接に，じかに」の意味を表す (D) が正解。(A) は形容詞で「即座の」，(B) は名詞で「直接(性)，即時(性)，緊急に必要なもの」，(C) は名詞で「即時性」の意味。

【語句】
□ due to 〜「〜のために」
□ rough「荒れた，荒天の」

60

113

正答率 (A)7% (B)17% (C)65% (D)11%　　Target 600〜700

ポイント 語彙の意味（動詞）

【正解】(C)

【設問】
Effective on April 10, a governmental tax will be **imposed** on merchandise which is not reproducible.
(A) violated
(B) compiled
(C) imposed
(D) dissolved

【訳】
4月10日施行で，再生不可能な商品には政府の税が**課**されることになる。

【解説】**前後の文脈を吟味して適する語を選ぶ。**
選択肢の語句はどれも動詞の過去分詞であるため，前後の語との関係から意味を考えて判断することになる。(A) violate は「〜（法律・規則など）を破る；違反する」，(B) compile は「〜を編集する」，(C) impose は「〜（税金・義務など）を課す」，(D) dissolve は「〜を溶かす；〜（議会など）を解散する」という意味。impose a tax で「税を課す」の意味になるので，問題文の a governmental tax と結びつく (C) が正解。他の選択肢は意味の上で不適切。

語句
□ effective「実施されて；効力のある」
□ governmental「政府の」
□ merchandise「商品」
□ reproducible「再生可能な；再生産できる」

114

正答率 (A)85% (B)2% (C)2% (D)11%　　Target 500

ポイント 品詞の区別

【正解】(A)

【設問】
The managing partner was willing to **compromise** the integrity of the company if it meant a higher short-term profit margin.
(A) compromise
(B) compromiser
(C) compromisingly
(D) compromising

【訳】
業務執行責任者は，短期間により高い利潤が得られるのであれば，会社の品位**を損なう**こともいとわなかった。

【解説】**be willing to do の形を見抜ければ攻略できる！**
was willing to に続いていることから，空所には動詞の原形が入り to 不定詞を作ることがわかる。よって，正解は (A)「〜を損なう；危うくする」。(A) には「妥協，和解」という意味の名詞の働きもあるが，ここでは動詞としてとらえる。(B) は「調停員」という意味の名詞，(C) は「名声を危うくして，名誉を傷つけて」という意味の副詞，(D) は「名声を危うくする，名誉を傷つけるような」という意味の形容詞で，いずれも形の点で不適切。 P.67【攻略ポイント】へ

語句
□ managing partner「業務執行責任者，業務担当社員」
□ be willing to do「…するのをいとわない，快く…する」
□ integrity「誠実；高潔」
□ profit「利益，収益」profit margin：利潤；利益幅

115

正答率 (A)64% (B)8% (C)19% (D)9%　　Target 600〜700

ポイント 品詞の区別，語彙の意味（名詞）

【正解】(A)

【設問】
Stephan Milford is considered a potential **successor** to the CEO.
(A) successor
(B) successive
(C) succession
(D) succeed

【訳】
ステファン・ミルフォードは**後任**の CEO になる可能性があると考えられている。

【解説】**同じ品詞の選択肢が複数あったら意味で判断する。**
空所を含む構造が〈冠詞＋形容詞＋（　）〉となっているので，（　）には名詞が入るとわかる。選択肢のうち名詞であるのは (A)「後継者」と (C)「連続；継承」。主語の人物が「CEO への（　）になる可能性がある」ということなので，'人' を表す (A) が正解。successor to 〜で「〜の後任」という意味であり，to を使うことに注意。(B) は形容詞で「連続する」，(D) は動詞で「成功する；続く」という意味。

語句
□ consider「〜をよく考える；〜を…とみなす；〜を考慮に入れる」

READING SECTION Part5

116
正答率 (A)10% (B)15% (C)69% (D)6%
Target 600〜700

ポイント 語彙の意味(名詞)

【正解】(C)

【設問】
The managing director's sudden **resignation** came as a complete surprise to everyone in the company.
(A) enlargement
(B) equivalence
(C) resignation
(D) sanitation

【訳】
常務の突然の辞任は社内全員にとって大変な驚きであった。

【解説】語彙を問う問題はスピーディに判断する。
選択肢はすべて名詞なので，意味で判断しなければならない。文意に合うものをすばやく選びたい。「常務の突然の（　）が全員を驚かせた」の（　）にどのような言葉が入ればよいかを考える。各選択肢の意味は，(A)「拡大」，(B)「等価，同量」，(C)「辞任」，(D)「公衆衛生」。この中で（　）に入って文意が成り立つのは(C)のみなので，これが正解。

語句
□ managing director「常務取締役」
□ sudden「突然の，思いがけない」

117
正答率 (A)83% (B)4% (C)8% (D)5%
Target 500

ポイント 語彙の意味(動詞)

【正解】(A)

【設問】
With the consent of the board, the development project was **launched** on October 10.
(A) launched
(B) confused
(C) suspected
(D) breached

【訳】
取締役会の同意を得て，その開発プロジェクトは10月10日に始まった。

【解説】頻出の動詞の意味をしっかりおさえておこう。
選択肢の語はすべて動詞の過去・過去分詞形なので，前後関係や文意からの判断が必要となる。選択肢はそれぞれ (A) launch（〜を開始する；〜に着手する），(B) confuse（〜を困惑させる），(C) suspect（…ではないかと疑う），(D) breach（〜（規則など）を破る）。文の主語は the development project なので，受動態で「開発プロジェクトが着手された」とすれば文意が通る。したがって，(A) が正解。他の選択肢の語では意味がつながらない。

語句
□ consent「同意；承諾」
□ board「取締役会；委員会」

118
正答率 (A)4% (B)6% (C)1% (D)89%
Target 500

ポイント 代名詞

【正解】(D)

【設問】
It seems that she underestimates **herself** too much considering her achievements over three years in this company.
(A) hers
(B) her
(C) she
(D) herself

【訳】
この会社での3年間の業績を考えると，彼女は自分自身を過小評価しすぎているように思われる。

【解説】代名詞の指示対象が何であるかを確認する。
空所の前にあるのが他動詞であることから，空所には目的語が入るとわかる。「〜を考えると，彼女は（　）を過小評価しすぎている」という文意から，目的語は that 節内の主語である she と同一人物を表すものになる。文法上，主語と目的語が同一の場合，その目的語には再帰代名詞を用いる。したがって，正解は (D)。(A) は所有代名詞で「彼女のもの」という意味。(B) は目的格および所有格。(C) は主格。

語句
□ underestimate「〜を過小評価する」
□ achievement「業績，偉業」

119

正答率 (A)11% (B)50% (C)29% (D)10%
Target 600〜700

ポイント 品詞の区別, 語彙の意味（名詞）

【正解】(B)

【設問】
The Crest View Hotel provides all the amenities the business travelers need, including a spacious room with **access** to the Internet.
(A) accessibly
(B) access
(C) accessible
(D) accessory

【訳】
クレストビューホテルには，インターネットに接続できる広々とした部屋を含め，出張客に必要な設備がすべてそろっている。

【解説】意味に惑わされず，空所前後の構造から答えを考える。

with と to という前置詞に挟まれているので，空所には名詞が入る。選択肢のうち名詞は (B) と (D)。(B) は「(〜の)入手〔利用〕の権利」，(D) は「付属品，装飾品」という意味。「インターネットへの(　　)が備わった」という文の空所に入れて文意が成り立つのは (B) なので，これが正解。(A) は副詞で「近づきやすく，利用しやすく」。(C) は「接近できる，利用可能な」という意味の形容詞で紛らわしいが，文構造の点で不適切。

語句
□ amenities「生活を快適にするもの，便利な設備」
□ spacious「広々とした」
□ access to 〜「〜への接続」

120

正答率 (A)10% (B)78% (C)6% (D)6%
Target 500

ポイント 前置詞(句)

【正解】(B)

【設問】
Regardless of age, all visitors to the Space Museum were served soft drinks for nothing on the 10th anniversary.
(A) Without
(B) Regardless of
(C) Prior to
(D) Apart from

【訳】
10 周年記念日には，年齢にかかわらず，宇宙博物館の来館者すべてにソフトドリンクが無料でふるまわれた。

【解説】頻出の前置詞句はしっかり覚えておこう。

選択肢には前置詞句が並んでいる。選択肢の意味はそれぞれ，(A) Without（〜なしで），(B) Regardless of 〜（〜にかかわらず，〜に関係なく），(C) Prior to 〜（〜より前に），(D) Apart from 〜（〜は別にして）。(B) を選べば「年齢にかかわらず」の意味になり，all visitors にも無理なくつながる。したがって，(B) が正解。選択肢はどれもよく使われる前置詞句なので，しっかりおさえておきたい。

語句
□ for nothing「無料で」
□ anniversary「記念日」

121

正答率 (A)42% (B)19% (C)17% (D)22%
Target 800

ポイント 語彙の意味（名詞）

【正解】(A)

【設問】
As far as the **observance** of security regulations is concerned, CEO allows no exceptions.
(A) observance
(B) perseverance
(C) reluctance
(D) conductance

【訳】
秘密保持規定の遵守に関する限り，最高経営責任者は例外を一切認めない。

【解説】知らない語彙の場合には時間をかけすぎない。

選択肢に並ぶ語はすべて名詞なので，文脈から判断することになる。選択肢の意味は，(A) observance（(法律・規則などを)守ること，遵守），(B) perseverance（忍耐，根気），(C) reluctance（気がすすまないこと，不本意），(D) conductance（電気伝導力〔性，度〕）。空所に続く security regulations と意味の上で結びつく (A) が正解となる。

語句
□ allow「〜を許す；〜を認める」
□ exception「例外」

122

正答率 (A)16% (B)10% (C)71% (D)3%

ポイント 機能語

【正解】 (C)

【設問】
Although the bill had been passed, **a few** members of the legislature were still against it.
(A) every
(B) each
(C) a few
(D) none

【解説】 空所の後の語と結びつくものを見極める。

空所の後に members という名詞の複数形が続いていることから，(A), (B) は不適切。(D) none は「何ひとつ…ない，だれひとり…ない」という意味の代名詞なので，none members という形にはならない。よって，(C)「少数の，いくつかの」が正解。

【訳】
その法案は通過したが，**何人かの**議員はなお反対していた。

語句
□ bill「法案；請求書，勘定」
□ legislature「立法府，議会」

123

正答率 (A)13% (B)36% (C)11% (D)40%

ポイント 語彙の意味（名詞）

要注意

【正解】 (D)

【設問】
If you fail to get a car **inspection**, you will be responsible for all the costs of repairs.
(A) integration
(B) compensation
(C) consumption
(D) inspection

【解説】 文意のつながりを意識して判断しよう。

選択肢はすべて名詞なので，意味で判断しなければならない。文意は「車の（　）を受けなければ，修理費は全額自分の負担になる」である。各選択肢の意味は，(A)「統合」，(B)「補償」，(C)「消費」，(D)「検査，点検」。この中で car と結びつき，（　）に入って文意が成り立つのは (D) なので，これが正解。

【訳】
車**検**を受けておかなければ，修理費は全額自己負担になる。

語句
□ fail to do「…しない，…し損ねる」
□ be responsible for ～「～に対して責任がある」
□ repair「修理」

124

正答率 (A)95% (B)2% (C)2% (D)1%

ポイント 動詞の形

【正解】 (A)

【設問】
A week ago, Ted Williams **notified** the clients of his sudden transfer to Toronto.
(A) notified
(B) is notifying
(C) will notify
(D) notifying

【解説】 時制を示す手がかりを見逃さない！

選択肢には動詞 notify のさまざまな形が並んでいる。文頭に A week ago という過去を明示する語句があるので，この文の動詞は過去形でなければならない。したがって，正解は (A)。〈notify ＋人＋ of ～〉で「人に～を知らせる」という意味。その他の選択肢は，(B) 現在進行形，(C) 未来表現，(D) 現在分詞で，いずれも不適切。

P.67【攻略ポイント】へ

【訳】
1週間前，テッド・ウィリアムスは，急遽トロントに転勤することになったことを顧客**に伝えた**。

語句
□ transfer「移転；転任」

125

正答率 (A)15% (B)15% (C)63% (D)7% Target 600〜700

ポイント 品詞の区別

【正解】(C)

【設問】
Chen Precision International Inc. is going to collaborate with QMC Corporation to **strengthen** its global competitiveness.
(A) strong
(B) strength
(C) strengthen
(D) strongly

【訳】
チェン精機インターナショナル社は，国際的な競争力を**強化する**ためにQMC社と協力するつもりである。

【解説】空所の文中での位置づけを正確に把握する。

選択肢には strong の派生語が並んでいるので，空所前後を見て適切な品詞を判断する。空所直前に to, 直後に名詞句が続いていることから，空所には動詞が入り to 不定詞をつくると考えられる。よって，動詞である (C)「強める」が正解。(A) は形容詞，(B) は名詞，(D) は副詞。

語句
- collaborate「協力する，協同して取り組む」
- competitiveness「競争，競争力」

126

正答率 (A)17% (B)39% (C)17% (D)27% Target 800

ポイント 語彙の意味（形容詞）

【正解】(B)

【設問】
These documents are partially **illegible** as the printer is not working properly these days.
(A) illegal
(B) illegible
(C) incredible
(D) inactive

【訳】
最近プリンターが正常に作動していないため，これらの書類は部分的に**判読できない**。

【解説】適切な意味を判断する上での手がかりをすばやく見つける。

選択肢には形容詞が並んでいるので文意から判断することになるが，その際には理由を表す節 as 以降の内容がヒントとなる。「プリンターが正常に作動しない」ことから推測できるのは (B) illegible（判読できない）である。したがって，これが正解。他の選択肢はそれぞれ (A) illegal（違法の），(C) incredible（信じられない），(D) inactive（不活発な；動いていない）の意味であり，いずれも文意にはそぐわない。

語句
- document「書類」
- partially「部分的に；一部分」

127

正答率 (A)20% (B)29% (C)45% (D)6% Target 800

ポイント 品詞の区別

【正解】(C)

【設問】
All managers are responsible for **regularly** reviewing reports and notices posted on-line from employees at stores.
(A) regularity
(B) regular
(C) regularly
(D) regularize

【訳】
全支店長は，各店舗の従業員がネット上に掲載した報告書やお知らせを**定期的に**見直す責任がある。

【解説】空所前後だけ見て早合点するとミスをする！

〈be responsible for ＋（　）＋動名詞〉の構造に注目。空所部分が review（見直す）という動作を修飾しており，これがなくても文が成立することから，空所には副詞が入ると考えられる。よって正解は (C) regularly（定期的に）。前置詞 for の後にある空所なので名詞が入ると思いがちだが，しっかり構造を見抜こう。(A) は「規則正しさ」という意味の名詞，(B) は「いつもの；規則正しい」という意味の形容詞，(D) は「規則正しくする；調整する」という意味の動詞で，いずれも形の点で不適切。

語句
- review「〜を見直す，〜を再検討する；〜を調査する」

READING SECTION Part 5

128
正答率 (A)9% (B)72% (C)16% (D)3%
Target 600〜700

ポイント 接続語句

要注意

【正解】(B)

【設問】
Since the hotel which I reserved for the last night was overbooked, I was forced to stay at another hotel.
(A) With
(B) Since
(C) Therefore
(D) During

【訳】
昨晩予約していたホテルがオーバーブッキングだったため、他のホテルに宿泊せざるを得なかった。

【解説】接続詞と前置詞の働きをしっかり整理しておこう。

選択肢には接続語や前置詞が並んでいる。文脈や空所直後の形から正答を判断する。空所の後ろからコンマまでは the hotel（主語）was overbooked（動詞）という文構造になっているので、空所には接続詞が入ると考えられる。(A) With と (D) During は前置詞であり、接続詞の働きはないため除外する。(B) Since は接続詞。「〜以来」という意味もあるが、ここでは理由（…なので）の意味でぴったり文意に当てはまる。よって、これが正解。(C) Therefore は「それゆえに、したがって」の意味で、結論を導く。副詞なので文と文をつなぐ働きはない。

語句
□ overbook「〜に定員以上の予約をとる」

129
正答率 (A)76% (B)7% (C)8% (D)9%
Target 500

ポイント 語彙の意味（動詞）

【正解】(A)

【設問】
The impact of the drop in currency value has immensely **affected** investors' psychology.
(A) affected
(B) persevered
(C) assessed
(D) distributed

【訳】
通貨価値下落の衝撃は、投資家心理に甚大な影響を与えた。

【解説】動詞に対応する主語がどれかを確認する。

選択肢はすべて動詞の過去分詞であるため、文脈から意味的にふさわしい語を判断する。選択肢の動詞の意味は、(A) affect（〜に影響を与える）、(B) persevere（努力し続ける）、(C) assess（〜を評価する）、(D) distribute（〜を分配する）。問題文の主部 the impact (of the drop in currency value) と結びついて意味が通るものは (A) である。他の選択肢では文意が通らない。したがって、(A) が正解。

P.67【攻略ポイント】へ

語句
□ impact「影響；衝撃」impact on 〜：〜への影響
□ currency「通貨」currency value：通貨価値
□ immensely「非常に、大いに」
□ investor「投資家」investors' psychology：投資家心理

130
正答率 (A)12% (B)12% (C)73% (D)3%
Target 600〜700

ポイント 前置詞

【正解】(C)

【設問】
The ticketless reservation service is gaining popularity **among** business travelers due to its quick check-in process at the airport.
(A) into
(B) through
(C) among
(D) between

【訳】
空港でのチェックイン手続きが速いため、ビジネス目的の旅行者の間では、チケットレス予約サービスが好評である。

【解説】前置詞の示す状況をイメージして考えよう。

選択肢には前置詞が並んでいるので、空所前後の関係からの判断となる。ここでは直前の語 popularity が解答のヒントとなる。gain popularity は「人気が出る」の意味。popularity は後ろに前置詞 among や with を伴って「（〜の間での）人気；流行」の意味を表すことが多い。したがって、(C) among が正解となる。(D) between は「二者の間」の意味なので不適切。(A)(B) では意味を成さない。

語句
□ popularity「人気；流行」

✓ Part 5 攻略ポイント

【目標レベル別アドバイス】

●**頻出イディオムを覚えておこう。** (Target 500)

TOEICではイディオム・慣用表現に使われる前置詞を問う問題が多く出題されるので、頻出イディオムを覚えておくとよい。
- be supposed to *do*(…することになっている) ► 107
- be willing to *do*(進んで…する) ► 114
- be responsible for ～(～の責任を負う)
- in accordance with ～(～に従って)
- abide by ～(～を守る)
- on behalf of ～(～に代わって)

●**品詞の位置を確認しよう。** (Target 500) (Target 600～700)

選択肢に品詞の異なる語が並んでいたら、空所前後の構造を見て、どの品詞を入れるべきかを判断しよう。

《名詞》
○動詞の前：
- The retailer <u>acted</u> with caution

○冠詞 / 所有格(＋形容詞)の後：
- the new CEO's <u>specialties</u> ► 108

○前置詞の後：with <u>access</u> to the Internet ► 119

《形容詞》
○ be 動詞の後：... which <u>is</u> not **reproducible**
○副詞の後：... are <u>completely</u> **different**
○名詞の前：the **original** <u>ones</u> ► 101

《動詞》
○名詞の後：
- <u>Ted Williams</u> **notified** the clients ► 124

○助動詞の後：
- the brand name <u>would</u> **contribute**

○ to の後(不定詞)：
- ... willing <u>to</u> **compromise** the integrity ► 114

《副詞》
○修飾する動詞 / 形容詞 / 副詞の前：
- The **newly** <u>appointed</u> committee ► 111

○修飾する動詞 / 形容詞の後：
- to <u>rise</u> **significantly** ► 106

○助動詞と動詞 / 分詞の間：
- ... <u>has</u> **immensely** <u>affected</u> ► 129

●**動詞の形の判断は主語に注目。** (Target 800)

動詞の形を選ぶ問題の場合、能動態 / 受動態、単数形 / 複数形の判断が必要になることが多い。主語をしっかりと確認し、適切なものを選ぼう。

・<u>The minute details</u> ... would be **confusing** ► 109
→ The minute details は「困惑させる」ものなので能動態(現在分詞)を選ぶ。
主体が行う動作(能動的)ならば**現在分詞**、主体が影響を受ける動作(受動的)ならば**過去分詞**。

・<u>Every decision</u> made on important matters in the meetings **has** to be remembered by all the board members.
→主語が単数なので、動詞は have ではなく has になる。

READING SECTION　Part 6

【パッセージ】
Questions 131-134 refer to the following letter.

Ms. Nancy O'Connor
Box 3558
1430 NE Campus Parkway
Seattle, WA 98195-5852

Dear Ms. O'Connor,

I heard that you are writing a book **describing** the early history of Lyon County. If you need old photos and documents, my family may be able to help you.

My family was one of the first in the area. It seems they had some pretty rough times. All families worked to help **each other** survive.

My sister has some photos in Topeka. I have asked her to look **around** and see if she can find them. I would be happy to talk with you on this subject. Please call me on my cell phone at (620)443-3872 any evening or weekend. **If I happen to be unavailable, please leave a message.** I will get back to you quickly.

Mary Lou Close

【訳】
問題 131-134 は，次の手紙に関するものです。

ナンシー・オコナー様
私書箱 3558 番
NE キャンパス・パークウェイ 1430 番地
ワシントン州シアトル市　98195-5852

オコナー様

あなたがライアン郡の初期の歴史を**描写した**本を書いていると聞きました。古い写真や資料が必要でしたら，私の家族がお手伝いできるかもしれません。

私の家族はその地域に最初に入植した家族の1つです。彼らはかなり大変な時期を過ごしたようです。各家族は**お互い**助け合い生き延びたのでした。

姉がトピーカに写真を持っています。写真を見つけられるかどうか**探す**ように，彼女に頼みました。この件についてあなたとお話しできれば幸いです。私の携帯電話，(620)443-3872 まで，夕方か週末にお電話ください。**もし通じないようでしたら，ご伝言をお残しください**。すぐに折り返しお電話を差し上げます。

メアリー・ルー・クロース

語句
- describe「～を描写する，～を説明する」
- county「郡」state(州)の下位の行政区画。
- rough times「厳しい時代，困難な時代」
- survive「生き残る」

131

正答率　(A)16%　(B)7%　(C)14%　(D)63%
Target 600〜700

ポイント 適切な品詞を問う

【正解】(D)

【設問】
(A) descriptively
(B) descriptive
(C) description
(D) describing

【解説】**文の構造を適切に捉える。**

空所の直前は a book という名詞であり，空所の後ろは the early history of Lyon County と名詞句が続いている。空所に〈目的格の関係詞＋動詞〉を当てはめれば前後がつながることになるが，選択肢を見ても関係詞を含んだものはない。そこで，分詞を用いた後置修飾の形を用いればよいと考える。動詞 describe の現在分詞形である (D) が正解。「〜を描写する本」という意味になる。(A) は副詞で「記述的に」，(B) は形容詞で「記述的な，説明的な」，(C) は名詞で「描写」という意味。

P.76【攻略ポイント】へ

132

正答率　(A)62%　(B)19%　(C)17%　(D)2%
Target 600〜700

ポイント 適切な代名詞を問う

【正解】(A)

【設問】
(A) each other
(B) the other
(C) another
(D) one other

【解説】**前後の文脈から適切な選択肢を選ぶ。**

この問題は，該当する文だけで考えても正解を出しにくい。前の文の意味もしっかり考慮すること。こうした解答法が，Part 5 と大きく違う点である。前の文の「困難な時代だった」という内容から，「相互に助け合う」という意味になる (A) の each other が適切である。(B) と (C) はある一方だけを助けることになり文意に合わない。(D) は「もう一つの〜」という意味になる。ちなみに，help は〈help ＋目的語＋動詞の原形〉で，「〜が…するのを助ける」という意味。

P.76【攻略ポイント】へ

133

正答率　(A)32%　(B)38%　(C)11%　(D)19%
Target 800

ポイント 適切な副詞を問う

【正解】(B)

【設問】
(A) over
(B) around
(C) through
(D) up

【解説】**Part 6 では句動詞の知識も重要。**

選択肢には副詞が並んでいるので，空所の前の look と結合して適切な意味を表す句動詞を考える。この問題でも，前の文の意味を考慮すること。「姉が写真を持っている」と述べ，「探すように頼んだ」と言っている。したがって，「〜を見回す」という意味になる (B) look around が適切である。(A) look over は「書類などに目を通す」という意味で，何かを探すために見て回ることではない。(C) look through も「書類などをしっかり調べる」ことを表す。(D) look up は「辞書などを調べる」や「人を訪問する」という意味で，いずれも文脈に合わない。

134

正答率　(A)5%　(B)4%　(C)88%　(D)3%
Target 500

ポイント 空所に当てはまる適切な文を問う

【新形式】

【正解】(C)

【設問】
(A) That's the time I plan to call you.
(B) A text message is actually better than a phone call.
(C) If I happen to be unavailable, please leave a message.
(D) Sorry that you couldn't get hold of me.

【訳】
(A) その時間に私はお電話するつもりです。
(B) 携帯電話のメールのほうが，実は電話よりもよいのです。
(C) 通じなかったら伝言を残してください。
(D) お電話を受けられなくてすみませんでした。

【解説】**文脈を精査した上で最も自然に内容がつながる選択肢を選ぶ。**

手紙の最後の部分で，この件について話したいと述べている。「携帯電話に電話をください」と述べ，番号を記した後の流れとして適切なものを選ぶ。選択肢の文をそれぞれ精査していくと，(A) は立場が逆である。(B) 「電話をください」と述べているので，「携帯電話のメールのほうがよい」という内容は矛盾する。(C) 「通じなかったら伝言を残してください」は，「電話をほしい」と述べている内容に続けるものとして適切なので，これが正解。(D) は，すでに電話をもらっていることが前提の内容なので，これも不適切。

P.76【攻略ポイント】へ

READING SECTION　Part6

【パッセージ】
Questions 135-138 refer to the following e-mail.

TO: Jason Watts <jasonclarkwatts@horizonsupply.com>
FROM: Sylvia Becker <beckersyl@bestoffice.com>
SUBJECT: Shipment error

On May 21st, we received the shipment for order 439700921. It arrived in a timely fashion. Upon **checking** the contents against the order form, we found two discrepancies.

First, 17 packages of plastic file folders were shipped, not 7. We can use those file folders. **Please charge us for the over-shipment.** Second, the toner which was shipped was that of a different manufacturer; Continental, not Superior. It does not **fit** our Superior machines. We are, therefore, returning it. Please send eight RD40972 toner cartridges by Superior as ordered. Please credit our account for the **sum** of $17.85, the amount of postage required for returning the toner cartridges to your Dallas facility.

Sincerely,

Sylvia Becker
Purchasing, Best Office

【訳】
問題 135-138 は，次の E メールに関するものです。

受取人：ジェイソン・ワッツ　　　　<jasonclarkwatts@horizonsupply.com>
差出人：シルビア・ベッカー　　　　<beckersyl@bestoffice.com>
用件：　誤発送の件

5月21日に，注文番号 439700921 の商品を受領いたしました。予定通りに届きました。注文書と照らし合わせて注文品**を確認した**ところ，2点の食い違いが判明いたしました。

1点目は，プラスチック製ファイルフォルダーが7個ではなく 17 個入っておりました。これらのファイルフォルダーは私どもで使用できます。**超過発送分については請求してください**。2点目は，送られてきたトナーですが，メーカーが違いました。スペリオールではなくコンチネンタルでした。弊社のスペリオール製の機械**には対応し**ません。ですので，返品いたします。注文どおり，スペリオール製の RD40972 のトナーカートリッジを8本お送りください。貴社のダラス倉庫までのトナーカートリッジ返送の送料**合計** 17 ドル 85 セントを負担くださいますようお願いいたします。

草々

シルビア・ベッカー
ベスト・オフィス購買担当

語句
- shipment「発送品, 発送」
- in a timely fashion「時機を逸せず, 時間通りに」
- content「内容物」
- discrepancy「相違, 食い違い」
- therefore「したがって」
- credit someone's account for ...「…の費用を〜の口座に入金する，…の費用を持つ」
- postage「郵送料, 配送料」
- facility「施設」

135

正答率 (A)12% (B)14% (C)6% (D)68%

Target 600〜700

ポイント 適切な動詞の形を問う

【正解】(D)

【設問】
(A) to check
(B) checked
(C) check
(D) **checking**

【解説】**空所の前後が解答の大きな決め手に。**

選択肢には check の異なる形が並んでいる。空所の前に Upon という前置詞があることがポイント。前置詞は「名詞の前に置かれる語」ということで, 動詞が続く場合は動名詞にする。したがって, (D) の checking が適切である。(A) の to check は不定詞なので名詞の働きはするが, 前置詞の後には続けることができない。(B) の過去形も, (C) の原形もここには合わない。

P.76【攻略ポイント】へ

136 ★新形式

正答率 (A)52% (B)28% (C)9% (D)11%

Target 600〜700

ポイント 空所に当てはまる適切な文を問う

【正解】(A)

【設問】
(A) **Please charge us for the over-shipment.**
(B) Those are not enough folders to cover our needs.
(C) We prefer plastic folders, not paper ones.
(D) We find that the folders were not shipped.

【訳】
(A) 超過発送分については請求してください。
(B) 私どもの要求分を満たすのに十分な数のフォルダーがありません。
(C) 私どもは紙製ではなくプラスチック製ファイルフォルダーのほうがよいのです。
(D) フォルダーが発送されていないことに気づきました。

【解説】**メールで「何を言おうとしているか」の流れを捉えることが重要。**

文を挿入する問題は, 前後の展開, 流れをしっかり読み取ること。「注文した商品が届いたが, 間違いがあった」というメールで, 空所の前には「ファイルフォルダーを 7 個注文したのに 17 個届いた」とある。メールの送り主が多い分のファイルも使えると述べていることから考えると,「超過発送分は購入する」という流れになる (A)「超過発送分については請求してください」が適切である。(B) は紛らわしく思えるが, これは不足して届いた場合の文である。(C), (D) はいずれも文脈に合わない。

P.76【攻略ポイント】へ

137

正答率 (A)5% (B)76% (C)7% (D)12%

Target 500

ポイント 適切な意味の動詞を問う

【正解】(B)

【設問】
(A) hold
(B) **fit**
(C) try
(D) handle

【解説】**動詞の意味を文脈に照らしながら精査する。**

選択肢はすべて動詞なので意味から判断する。空所の文の文頭にある It は, 前の文の the toner を指している。トナーと machine の関係を考えると,「〜に適合する」という意味の (B) fit が適切であると判断できる。(A)「〜を握る」, (C)「〜を試す」, (D)「〜を握る, 〜を操作する」では, いずれも「コピー機」との関係で考えると意味が合わない。

P.76【攻略ポイント】へ

138

正答率 (A)18% (B)19% (C)56% (D)7%

Target 600〜700

ポイント 適切な意味の名詞を問う

【正解】(C)

【設問】
(A) summary
(B) summation
(C) **sum**
(D) summit

【解説】**意味が似た単語について問われる問題。**

つづりが似ていて, ある単語の派生形か変化形かと思ってしまいそうだが, 選択肢はすべて名詞なので意味から判断する。空所の前の credit(〜に入金する)と後の $17.85 の関係から, (C) sum(総額)が適切だと判断する。(A) summary は「要約, 概要」, (B) summation は「合計すること」, (D) summit は「頂点, 首脳」の意味でいずれも文脈に合わない。

P.76【攻略ポイント】へ

READING SECTION　Part6

【パッセージ】
Questions 139-142 refer to the following article.

The old post office here in downtown Minneapolis is **once** again the center of community life, but with a new function. The large stone building on Nicollet Street was built in 1883 and was once the busiest building downtown. **However, post offices lost business little by little as habits changed.** The city began to seek better use of the land.

People wanting to preserve the beautiful stone **architecture** campaigned for the building to be redeveloped. Now, the post office is a collection of lively restaurants and fashionable shops. With its grand reopening this week, large crowds are coming to the renamed Nicollet Center. It seems especially **popular** with families who bring children to the Minnesota Children's Museum, an educational facility for all ages.

【訳】
問題 139-142 は，次の記事に関するものです。

このミネアポリスの中心街にある古い郵便局が，今やまた地域生活の中心になっている。しかし，まったく新しい機能としてである。ニコレット通りにある大きな石造りの建造物は 1883 年に建てられ，かつては中心街で最もにぎわった建物だった。しかし，人々の習慣が変化するにつれ，郵便局の仕事は少しずつ減っていった。市は土地の有効活用を模索し始めたのだった。

その美しい石造の建築物を保存したいと考える人たちは，ビルの再開発のためのキャンペーンを行った。今や，その郵便局は活気のあるレストランやファッショナブルな店が集まるビルとなったのである。今週の華々しいオープニングもあって，大勢の人たちが新ニコレットセンターに足を運んでいる。特に，あらゆる年齢向けの教育施設であるミネソタ子供博物館に子供を連れてきた家族に人気のようである。

語句
- □ here in downtown「この中心街で」
- □ function「機能」
- □ preserve「～を保存する」
- □ redevelop「～を再開発する」
- □ collection of ～「～の集まり」
- □ facility「施設」

139
正答率 (A) 5% (B) 18% (C) 8% (D) 69%　Target 600〜700

ポイント 適切な副詞を問う

【正解】(D)

【設問】
- (A) then
- (B) here
- (C) more
- (D) once

【解説】文脈と語法の両面から正解を判断する。
選択肢には副詞が並んでいるので意味から判断する。何がどういう状況になったのかを理解しないと，正しい語を選べない。文章は，「古い建造物である郵便局が長らく閑散としていたが，再開発で活気を取り戻し，人が戻ってきた」という内容。空所のある文の文頭の The old post office と again the center of community life を対比させて考える。「今一度，またしても」という意味を表す once again となるのが適切なので，(D) の once が正解。

140

正答率 (A)25% (B)17% (C)52% (D)6%

Target 600〜700

ポイント 空所に当てはまる適切な文を問う

【正解】(C)

【設問】
- (A) Therefore, the building grew even busier and more crowded.
- (B) It was the perfect place to build the new downtown post office.
- **(C) However, post offices lost business little by little as habits changed.**
- (D) People were happy because it was a bright new building downtown.

【訳】
- (A) したがって，その建物はさらににぎやかになり，混雑してきた。
- (B) そこは，新しい中心街の郵便局を建設する最適の場所であった。
- **(C) しかし，人々の習慣が変化するにつれ，郵便局の仕事は少しずつ減っていった。**
- (D) 街の中心街に明るくて新しいビルができて，人々はうれしくなった。

【解説】**英文中の流れの変化をしっかり読み取ることが重要。**
文の挿入問題は，パッセージの流れや展開をしっかり理解する必要がある。空所を含む段落の冒頭では，歴史ある古い郵便局が新しい機能を持って再度町の中心となっていると述べられており，次の文で郵便局のかつてのにぎやかな姿が描写されている。流れとしては，そこからどのような変化があったのかについて記述されると考えられるので，(C)「しかし，人々の習慣が変化するにつれ，郵便局の仕事は少しずつ減っていった」が最も適切。空所の後の「市が土地の有効活用を模索し始めた」という内容とも流れが合致する。

P.76【攻略ポイント】へ

141

正答率 (A)14% (B)7% (C)52% (D)27%

Target 600〜700

ポイント 適切な品詞を問う

【正解】(C)

【設問】
- (A) architect
- (B) architectural
- **(C) architecture**
- (D) architecturally

【解説】**派生語の品詞を正しく判断し解答を選ぶ。**
選択肢には architect の派生語が並んでいる。空所を含む文の冒頭で，People の後には wanting が続いており，wanting から空所までの部分が People の修飾部だと考え選択肢を検討する。〈the beautiful stone ＋空所〉のまとまりが preserve の目的語となると考えられるので，空所には名詞が入る。第1段落の2文目に The large stone building という表現があり，この building を言い換えた名詞，(C) の architecture（建造物，建築）が適当。(A) も名詞だが，「建築家」という意味なので stone に続けることはできない。(B) は形容詞で「建築の」，(D) は副詞で「建築学的に」の意味。

P.76【攻略ポイント】へ

142

正答率 (A)73% (B)12% (C)5% (D)10%

Target 500

ポイント 適切な意味の形容詞を問う

【正解】(A)

【設問】
- **(A) popular**
- (B) cautious
- (C) natural
- (D) historic

【解説】**語彙の問題は文脈の読み取りが重要。**
選択肢には形容詞が並んでいるので意味から判断する。文章の最後のほうで，多くの人がこのビルに集まっている状況をつかむ。空所の後に with families とあることから考えると，(A) popular with（〜に人気がある）とするのが適している。(B) cautious（用心深い；控えめな）は子供連れで遊びに来る状況と合わない。(C) natural（自然な），(D) historic（歴史上の）は with を続けることができない。なお，historic は「歴史上有名な，歴史的に重要な」という意味で，「歴史的な」は historical という。

P.76【攻略ポイント】へ

READING SECTION　Part6

【パッセージ】

Questions 143-146 refer to the following notice.

Thank you for dining at the Waterfront Seafood House.

The Waterfront is adding a new second-floor dining room. Afterwards, it will be as large as our first-floor dining room and offer an even more **impressive** view of the surrounding area.

In the past, it could be difficult to reserve one of our tables. Now, we will have enough tables to seat 440 people, making us the largest restaurant in the Monterey area. We expect the additional seating will take care of this problem to a great **extent**.

In addition, a gift shop will open, where our classic sauces will be sold. This should be popular with out-of-town visitors and will also be a place where local **residents** can get products to show off their pride in beautiful Monterey.

【訳】

問題 143-146 は，次のお知らせに関するものです。

長年のウォーターフロント・シーフード・ハウスへのご愛顧を感謝いたします。

ウォーターフロントでは，新しく2階のダイニングルームを増設中です。改修工事後は，1階のダイニングルームとほぼ同じ広さで，より**すばらしい**周辺の景色がご覧になれます。

以前は，テーブルを予約できないことが問題でした。今では，440人分の客席を有することになり，モントレー地区で最大のレストランとなります。座席数が増えることは**大きな**問題解決となるでしょう。

加えて，土産物店がオープンし，私どもの昔ながらのソースも販売する予定です。これらは市外からの多くの観光客の方々に人気になるものと思いますし，美しいモントレーを誇りに思っていることを示すための品々を地元の**住人の方**もお買い求めになれる場所となることでしょう。

語句
- surrounding「まわりの」
- additional「追加の」
- classic「伝統的な，昔ながらの」
- out-of-town「市外からの」
- local「地元の」

143

正答率 (A)6% (B)3% (C)13% (D)78%

Target 500

ポイント 適切な意味の形容詞を問う

【正解】(D)

【設問】
(A) rational
(B) dated
(C) expressive
(D) impressive

【解説】**前半の内容からこれから述べる内容のニュアンスを掴む。**

選択肢に形容詞が並んでいるので，文脈から適切な形容詞を選ぶ。空所を含む文では，改修後の様子を描写しており，「～な周辺の景色を提供します」と述べている。与えられた選択肢の中では「感動的な」という意味である (D) の impressive が適している。(A) rational は「合理的な」，(B) dated は「時代遅れの」，(C) expressive は「表情が豊かな」という意味で，いずれも「景色」を形容する語としては合わない。

P.76【攻略ポイント】へ

144

正答率 (A)18% (B)68% (C)11% (D)3%

Target 600～700

新形式

ポイント 空所に当てはまる適切な文を問う

【正解】(B)

【設問】
(A) Customers drop in anytime knowing a table is always available.
(B) In the past, it could be difficult to reserve one of our tables.
(C) Therefore, we began to offer a more healthy salad bar.
(D) This is why we were forced to drop our daily special lunches.

【訳】
(A) テーブルが空いているのをご存じなので，お客様はいつでも立ち寄ってください。
(B) 以前は，テーブルを予約できないことが問題でした。
(C) ですから，もっと健康的なサラダバーを提供し始めました。
(D) このため私たちは毎日のスペシャルランチを止めざるを得なかったのです。

【解説】**空所を含む段落全体の内容がヒントに。**

前後の関係をしっかりと理解すること。「改修後には席が増える」と述べ，「この問題が大幅に解決するだろう」と付け加えている。空所には，席が増えると解決する問題を述べている内容が適すると判断できる。「以前は，予約が取れないことが問題でした」と表現している (B) が当てはまる。

P.76【攻略ポイント】へ

145

正答率 (A)6% (B)65% (C)25% (D)4%

Target 600～700

ポイント 適切な品詞を問う

【正解】(C)

【設問】
(A) extend
(B) extension
(C) extent
(D) extensive

【解説】**定型表現は確実な得点源に。**

extend の派生語が並んでいる。空所の前に〈不定冠詞 a ＋形容詞〉があることから，空所には名詞がくると考えられる。したがって，(A) の動詞 extend（～を延長する）と (D) の形容詞 extensive（広大な，広範囲な）は当てはまらない。(B) の extension と (C) の extent がどちらも名詞だが，前者は「拡張」，後者は「範囲，程度」の意味なので，(C) が正解。to a great extent で「大いに」の意味。

146

正答率 (A)72% (B)7% (C)12% (D)9%

Target 500

ポイント 適切な意味の名詞を問う

【正解】(A)

【設問】
(A) residents
(B) occupants
(C) passengers
(D) patients

【解説】**意味が似た単語の違いを確認しよう。**

選択肢はすべて名詞なので文脈から適切なものを考える。空所の後は空所を主語とする述部に相当する。local 以下の部分は「地元の～が美しいモントレーを誇りに思っていることを示すための品物を手に入れる」という意味なので，「住民」という意味の (A) residents が適している。(B) occupants も「居住者」という意味だが，アパートやビルの居住者のことで，この文脈では合わない。(C) passengers（乗客），(D) patients（患者）はまったく合わない。

READING SECTION　Part 6

✓ Part 6 攻略ポイント

【全レベル対象アドバイス】

●新形式の文挿入問題の解き方をマスターしよう。

Part 6 では，新形式の問題として，文書の中にある空所に当てはめる適当な文を選ぶというものが加わる。これまでのように単語単位の当てはめとは異なり，文書の内容をよりしっかり把握し，文脈の展開に合う答えを考える必要がある。

つまり，**これまでは設問箇所を含む一文だけを読んで答えを選ぶこともできたが，今後はより広く文書全体に目を通し，文脈を理解して答えることが必須となる。**文書自体はさほど長いものではないので，まず設問をざっと確認した上で，**頭からすばやく内容を把握していこう。**
▶ 134, 136, 140, 144

【目標レベル別アドバイス】

●設問タイプをすばやく見極めよう。 [Target 500] [Target 600〜700]

Part 6 の問題では，①空所前後の狭い範囲を見るだけで答えられる問題と，②空所を含む文の前後の文脈を踏まえて答えるべき問題がある（上に挙げた新形式の文挿入問題は②に分類できる）。①，②どちらに該当する問題であるかをすばやく見抜くことができるかが重要となる。

《空所を含む一文だけ見て答えられるもの》
以下がその例だが，同じ「品詞を選ぶ問題」でも文脈把握が必要なパターンもあるので注意。「動詞の形」「語彙」を選ぶ問題でも同様。
・適切な品詞を選ぶ問題　▶ 131, 141
・適切な動詞の形を選ぶ問題　▶ 135
・語彙問題　▶ 138, 142, 143

《文脈把握が必要なもの》
・代名詞を選ぶ問題　▶ 132
・語彙問題　▶ 137
・適切な時制を判断する問題
・接続表現を選ぶ問題

●文挿入問題の着目点をおさえよう。 [Target 600〜700]

文挿入問題では，与えられた一文に含まれる重要な手がかりを見逃さないようにしよう。

・<u>However</u>, post offices lost business ...　▶ 140
　→接続表現に注目。この一文を挟んで前後の展開が適切になるものを選べばよい。

・<u>In the past</u>, it could be difficult to reserve ...　▶ 144
　→「以前」の内容を述べている。この次の文は Now（今では）で始まり，現在の状況を対比する形で述べている。

76

MEMO

READING SECTION　Part7

【パッセージ】
Questions 147-148 refer to the following advertisement.

HELP WANTED

ICELAND ICE CREAM Co. is looking for a 2-ton truck driver to deliver our products in the greater Orange County area. Drivers with at least 1-year experience may apply. Minimum starting salary from $1500 per month. No overnight travel. Regular shift Monday to Friday, with some Saturday work. We offer competitive compensation, extensive training, and an impressive benefits package; including health and life insurance, safe-driving award, vacation pay.
Call 714-922-1381 for an interview.

【訳】
問題 147 〜 148 は次の広告に関するものです。

求人

アイスランド・アイスクリーム社は，オレンジ郡とその近郊において自社製品を配達する2トン・トラックの運転手を募集しています。応募には最低1年の経験が必要です。最低初任給は月額 1500 ドルです。夜間運送はありません。通常の勤務シフトは月曜日から金曜日で，時に土曜日に出勤となることもあります。他社に負けない報酬，広範囲にわたる研修，さらには，健康・生命保険，安全運転に対する表彰，休暇手当を含む魅力的な福利厚生を提供いたします。
面接をご希望の方は 714-922-1381 までお電話ください。

語句
- deliver「〜を配達する」
- minimum「最低の；最小限の」
- shift「交替；(交替制の)勤務時間」
- competitive「競争の；競争力のある」
- compensation「埋め合わせ；補償；報酬」
- extensive「広範囲にわたる，広範な」
- benefit「利益；恩恵；手当；給付金」
- insurance「保険；保険金」
- award「賞；賞金」

147

正答率 (A) 3% (B) 1% (C) 4% (D) 92%

ポイント 詳細事項を問う

Target 500

【正解】(D)

【設問】
Which day of the week is a usual holiday for the driver?
(A) Monday
(B) Friday
(C) Saturday
(D) Sunday

【訳】
運転手の通常の休日は何曜日ですか。
(A) 月曜日
(B) 金曜日
(C) 土曜日
(D) 日曜日

【解説】 文書全体から曜日に関する記述を拾って考える。

まず，指示文の advertisement と文書の見出し HELP WANTED から，この文書が求人広告であることを把握しよう。質問文のキーワードは Which day と a usual holiday。選択肢には曜日が並んでいるので，全体を流し読みして勤務日（曜日）に関する記述を探そう。すると，5 文目に Regular shift Monday to Friday, with some Saturday work. とある。(A) 月曜日, (B) 金曜日は通常のシフトに入っているので不適切。(C) 土曜日は「出勤になることもある」とあり，いつも休みとは限らないので不適切。よって，正解は (D) の日曜日となる。

148

正答率 (A) 90% (B) 4% (C) 5% (D) 1%

ポイント 詳細事項を問う

Target 500

【正解】(A)

【設問】
According to the advertisement, what benefit will the employees be provided with by the company?
(A) A reward for driving cautiously
(B) Discount on the company products
(C) A company trip abroad
(D) Free meal in the cafeteria

【訳】
広告によると，従業員はこの会社からどのような手当を受けますか。
(A) 慎重な運転に対する報奨金
(B) 自社製品の割引
(C) 海外への社員旅行
(D) 社員食堂での無料の食事

【解説】 該当箇所をすばやく見つけ，詳細を確認する。

質問文のキーワードは what benefit, the employees, be provided。benefit（手当）に関しては，最後から 2 文目に書かれている。セミコロン以下の benefits package（福利厚生）の詳細に safe-driving award とあり，(A) A reward for driving cautiously はそれを言い換えたものなので，これが正解。(B), (D) に関しては広告中に言及がない。(C) 広告中の vacation pay は「休暇手当」のことであり，社員旅行ではない。

READING SECTION　Part7

【パッセージ】
Questions 149-150 refer to the following message chain.

Alan Bates　　　　　　　　　　　　　　　　　　　　　　　　　　　　　　　　　　　2:09 P.M.
I'm in Terminal Two on my way to Gate 47. I wonder if Ms. Potter's flight will be there when I arrive.

Howard Taft　　　　　　　　　　　　　　　　　　　　　　　　　　　　　　　　　　　2:10 P.M.
Her flight, DR498, is in a holding pattern.

Alan Bates　　　　　　　　　　　　　　　　　　　　　　　　　　　　　　　　　　　2:13 P.M.
Then, she'll be late. How about yours? Is your flight leaving on time?

Howard Taft　　　　　　　　　　　　　　　　　　　　　　　　　　　　　　　　　　　2:16 P.M.
I guess so. So far, departure looks normal.

Alan Bates　　　　　　　　　　　　　　　　　　　　　　　　　　　　　　　　　　　2:18 P.M.
See you when you get back.

【訳】
問題 149 〜 150 は次のテキストメッセージのやりとりに関するものです。

アラン・ベイツ　　　　　　　　　　　　　　　　　　　　　　　　　　　　　　　　　　　午後2時9分
今第2ターミナルにいて，47番ゲートに向かっています。僕が着く頃にはポッターさんの便は到着しているかな。

ハワード・タフト　　　　　　　　　　　　　　　　　　　　　　　　　　　　　　　　　　午後2時10分
彼女の便の DR498 は，上空で待機中だよ。

アラン・ベイツ　　　　　　　　　　　　　　　　　　　　　　　　　　　　　　　　　　　午後2時13分
じゃ，彼女は遅れるね。君のフライトはどう？ 定刻通りの出発かい？

ハワード・タフト　　　　　　　　　　　　　　　　　　　　　　　　　　　　　　　　　　午後2時16分
たぶんね。今のところ，出発は変わりないようだよ。

アラン・ベイツ　　　　　　　　　　　　　　　　　　　　　　　　　　　　　　　　　　　午後2時18分
君が帰ってきたら，また会おう。

語句
□ message chain「テキストメッセージのやりとり」　　□ departure「出発」
□ holding pattern「（着陸許可が下りるまでの）空中待機，着陸待ち」

149

正答率 (A)13% (B)74% (C)9% (D)4%

Target 500

ポイント 書き手の意図を問う

【正解】(B)

【設問】
At 2:16 P.M., what does Mr. Taft mean when he writes, "I guess so"?
(A) He is on his way to the gate.
(B) His departure will not change.
(C) His flight will be delayed.
(D) He will see Ms. Potter.

【訳】
午後2時16分に,タフトさんが書いている "I guess so." は何を意味していますか。
(A) 彼はゲートに向かっている。
(B) 彼の出発に変更はない。
(C) 彼の便は遅れている。
(D) 彼はポッターさんに会う。

【解説】やりとりの展開を理解しているかが問われる。

午後2時16分は,最後から2つ目のメッセージである。I guess so. は「(確信はないけれど)そう思うよ」という意味合いで,直前の発言を受けたものとなっている。Is your flight leaving on time? と尋ねられて「そう思うよ」と答えているので,「出発時間に変更はない」という,(B) が正解。ポッターさんに会いにゲートに向かっているのはベイツさんなので,(A) も (D) も不正解。(C) のような言及はない。

150

正答率 (A)29% (B)3% (C)7% (D)61%

Target 600～700

ポイント 今後の行動を問う

【正解】(D)

【設問】
What is Mr. Bates likely to do soon?
(A) Board an airplane
(B) Pick up his checked luggage
(C) Start his work shift at the airport
(D) Wait at an arrival gate

【訳】
ベイツさんはまもなく何をすると思われますか。
(A) 飛行機に乗る
(B) 預けてあった荷物を受け取る
(C) 空港での仕事のシフトに入る
(D) 到着ゲートで待つ

【解説】2人の関係や状況を正しく読み取れるかどうかがカギ。

ポッターさんの便の到着時間を尋ねる書き込みから,ベイツさんはポッターさんを迎えに来ていると想像できる。これから出発しようとしているタフトさんと混同しないこと。タフトさんはすでに空港におり,フライトの情報をベイツさんに伝えているだけである。(A) 飛行機に乗るのはタフトさん。(B), (C) については言及がない。ポッターさんの到着を待つためにゲートに向かっているのだから,(D) が適切。

READING SECTION　Part 7

【パッセージ】
Questions 151-152 refer to the following report.

Here are the latest sales statistics arranged per the types of vehicles. As you will notice, compact cars and luxury vehicles are recently on the right course. On the other hand, the previous trend toward mid-size cars has gradually started to fall since the beginning of the last business year with a short-lived rebound in the 3rd quarter. It can be summarized that people's recent preference is divided into two opposites, either economical or luxurious, but not something in between. A sustained effort in these sectors will have to be devoted for our company's rosy future.

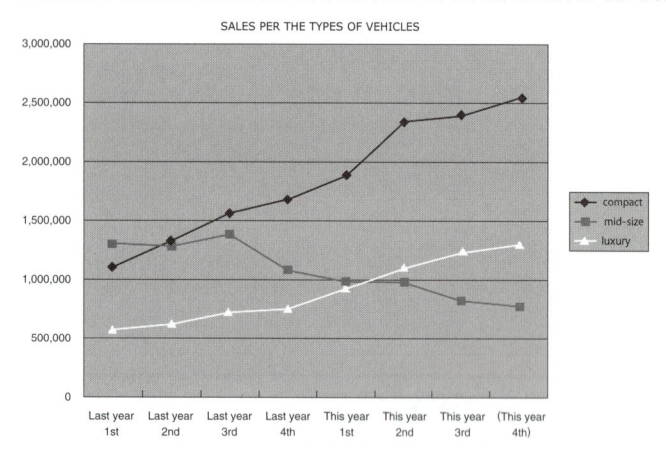

SALES PER THE TYPES OF VEHICLES

(Graph showing compact, mid-size, and luxury vehicle sales from Last year 1st quarter through This year 4th quarter)

Graph A: domestic sales volume per quarter, the latest two fiscal years, the value of the 4th quarter this year is an estimate

---

【訳】
問題 151 〜 152 は次の報告書に関するものです。

下のグラフは車種別の最新販売統計です。お気づきかと思いますが，最近では小型車と高級車が右肩上がりになっています。一方で，従来の中型車志向は，第3四半期に一時的な回復があったものの，前年度の初め以来，徐々に落ち込みつつあります。消費者の最近の好みは経済的か高級かの両極端に分かれ，その中間にはないと言えます。わが社の明るい将来のために，これらの部門においては引き続き努力を続ける必要があるでしょう。

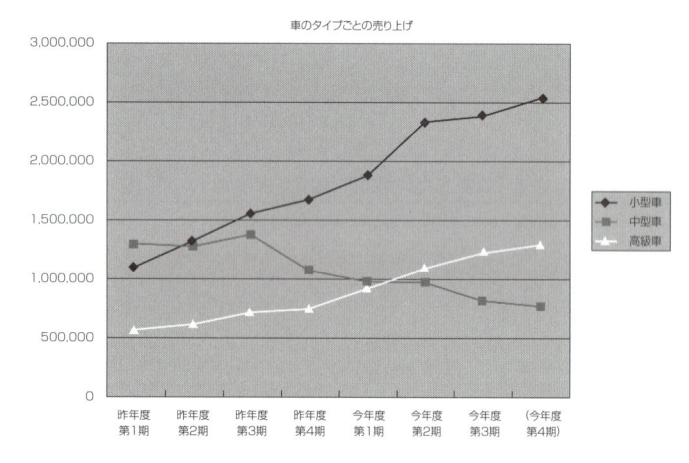

車のタイプごとの売り上げ

(グラフ)

グラフA：最近2年間の四半期ごとの国内販売台数。今年度第4四半期の数値は推定。

語句
- statistics「統計《複数扱い》」
- luxury「ぜいたくな」
- rebound「回復；反動」
- summarize「〜を要約する」
- preference「好み；選択」
- opposite「反対のもの」
- economical「経済的な，安上がりな」
- luxurious「ぜいたくな」
- in between「中間に，合間に；どちらともいえない」
- sustain「〜を持続させる」
- devote「〜をささげる；〜に専念する」
- domestic「国内の」

151

正答率 (A)4% (B)87% (C)8% (D)1%

Target 500

ポイント 詳細事項を問う

【正解】(B)

【設問】
According to the analysis, what kind of car is decreasing in sales volume?
(A) High quality car
(B) Middle class car
(C) Smaller-size car
(D) Ecology car

【訳】
分析によると，どの種類の車の販売台数が減っていますか。
(A) 高級車
(B) 中級車
(C) 小型車
(D) エコカー

【解説】文章の内容とともにグラフをすばやくチェック。

質問文のキーワードは what kind of car, decreasing, sales volume。3文目に the previous trend toward mid-size cars has gradually started to fall とあり，中型車の販売台数が減っていると書かれている。また，グラフは3タイプの車の販売台数を示しているが，販売台数が減っているのは mid-size car（中型車）だと読み取れる。したがって，これが middle class car と言い換えられている (B) が正解となる。(A) 高級車と (C) 小型車については，2文目に売り上げが伸びているとある。(D) は言及されていない。

152

正答率 (A)26% (B)8% (C)55% (D)11%

Target 600〜700

ポイント 推測情報を問う

【正解】(C)

【設問】
What can be inferred from the graph?
(A) The sales volume is counted on four-month basis.
(B) Mid-size cars sold better than luxury cars in the 2nd quarter this year.
(C) This analysis was made during the last quarter of this year.
(D) Only one type of vehicle has increased in popularity recently.

【訳】
グラフからは何が推測されますか。
(A) 販売台数は4カ月ごとに集計されている。
(B) 今年度の第2四半期では中型車が高級車よりもよく売れた。
(C) この分析は今年度の第4四半期中になされた。
(D) 最近人気が上がっているのは，1タイプの車だけである。

【解説】注釈に重要な情報が含まれている場合があるので注意！

質問文のキーワードは What, inferred, from the graph。まず，グラフの縦軸は台数，横軸は時期，3つの折れ線は車種を示していることを理解する。(A) 販売台数は四半期ごと，つまり3カ月ごとの数字となっているので，不適切。(B) グラフから，今年度の第2四半期の販売台数は高級車が中型車を追い抜いていることが読み取れるので，不適切。(C) グラフ下の注釈に注目。今年度第4四半期の数値は推定とあるので，分析は今年度第4四半期になされたと考えられる。したがって，これが正解。選択肢の the last quarter は the 4th quarter のこと。(D) グラフからは高級車と小型車の2種類の人気が高まっていると読み取れるので，不適切。

83

READING SECTION　Part7

【パッセージ】
Questions 153-154 refer to the following poster.

Hudson's Animal Park and Botanical Gardens

Entrance Fees	Standard	Group(20 and over)*
● Animal Park		
Adults	$6.00	$5.40
Children (6-16)	$4.00	$3.60
Children (ages 5 and under) [154]	free	free
● Botanical Gardens [153]		
Adults [153]	$5.00	$4.50
Children (6-16) [153]	$3.00	$2.70
Children (ages 5 and under) [154]	free	free
● Animal Park + Botanical Gardens (Combination ticket)		
Adults	$9.50	$8.60
Children (6-16)	$6.00	$5.40
Children (ages 5 and under) [154]	free	free

*Special discounts for groups of over 100 people offered:
inquire at our office or call 044-11-1111

<u>Tickets valid solely on the day of issue.</u>
<u>Not refundable</u>

Hours of operation: 9:30 A.M. – 4:30 P.M. (Last admission 3:30 P.M.)
Open 7 days a week

【訳】
問題153～154は次のポスターに関するものです。

ハドソン動物園・植物園

入場料	一般	団体（20人以上）*
● 動物園		
大人	6ドル	5ドル40セント
子供（6～16歳）	4ドル	3ドル60セント
子供（5歳以下）	無料	無料
● 植物園		
大人	5ドル	4ドル50セント
子供（6～16歳）	3ドル	2ドル70セント
子供（5歳以下）	無料	無料
● 動物園＋植物園（共通入場券）		
大人	9ドル	8ドル60セント
子供（6～16歳）	6ドル	5ドル40セント
子供（5歳以下）	無料	無料

*100人を超える団体様には特別割引をいたします。
事務所にて，または電話番号044-11-1111までお問い合わせください。

<u>入場券は発売日のみ有効です。</u>
<u>払い戻し不可</u>

営業時間：午前9時30分～午後4時30分（入場は午後3時30分まで）
週7日営業

語句
- □ botanical「植物の；植物学の」
- □ entrance「入り口；入場」
- □ inquire「尋ねる；問い合わせる」
- □ valid「有効な；通用する」
- □ solely「もっぱら；単に」
- □ issue「発行；発券」
- □ admission「入場」

153

正答率 (A)2% (B)87% (C)4% (D)7%　　Target 500

ポイント 金額を問う

【正解】(B)

【設問】
How much do the tickets cost when an adult and a 15-year-old child visit the Botanical Gardens?
(A) $7.20
(B) $8.00
(C) $9.00
(D) $10.00

【訳】
大人1名と15歳の子供1名が植物園を訪れる場合，入場券はいくらですか。
(A) 7ドル20セント
(B) 8ドル
(C) 9ドル
(D) 10ドル

【解説】表から正しく数値を把握できれば得点源に！

まず，タイトルと表の各項目に目を通し，この文書が動物園・植物園の入場料などを知らせるポスターであることを把握する。質問文のキーワードは How much, an adult and a 15-year-old child, Botanical Gardens。料金に関する質問なので，料金表の該当項目から情報を読み取る。Botanical Gardens の入場料は，表の2つ目の項目に書かれている。大人料金は5ドル，子供料金は6〜16歳までは3ドルとなっているので，合計8ドルとなる。したがって，正解は (B)。

154

正答率 (A)4% (B)5% (C)22% (D)69%　　Target 600〜700

要注意

ポイント 推測情報を問う

【正解】(D)

【設問】
What is inferred about admission?
(A) People can enter the Animal Park at 4 P.M.
(B) An unused ticket is good for 5 days after the purchase.
(C) A combination ticket for a party of 150 adults is $8.60 per person.
(D) A 5-year-old child doesn't have to pay an entrance fee.

【訳】
入場に関して，何が推測されますか。
(A) 動物園には午後4時に入場できる。
(B) 未使用の入場券は購入後5日間有効である。
(C) 大人150人の団体の共通入場券は，一人あたり8ドル60セントである。
(D) 5歳の子供は入場料を払う必要がない。

【解説】注釈など細かい情報にも注意して判断しよう。

質問文のキーワードは What, inferred, admission。(A) 最後にある営業時間の表示から，最終入園は午後3時30分だとわかるので，不適切。(B) 同じく表の下に「入場券は発売日のみ有効」とあるので不適切。(C) 100人を超える団体の料金については，料金表の下の＊印部分に「事務所で聞くか電話して問い合わせてください」とある。具体的な金額は書かれていないが，表に示された20人以上の団体料金である8ドル60セントからさらに割り引かれることが推測されるので，不適切。(D) 動物園・植物園，また共通券のいずれも5歳以下の子供は無料と書かれている。したがって，これが正解である。

P.122【攻略ポイント】へ

READING SECTION　　Part7

【パッセージ】
Questions 155-157 refer to the following notice.

METROPOLITAN BUS SERVICE
(202)453-6676, www.m-bus.com　　　　　　　　　　　　　　　　　　　　　　　　　　　　　　September 15

TEMPORARY BUS TIMETABLE CHANGE

Jefferson Ave. will be temporarily closed to traffic for the replacement of the aging water/sewer system, between the following blocks:

Section(1) 23rd through 24th Streets: from Oct. 29 (Mon) to Nov. 6 (Tue)
Section(2) 24th through 25th Streets: from Nov. 7 (Wed) to Nov. 14 (Wed)
Section(3) 25th through 26th Streets: from Nov. 15 (Thu) to Nov. 21 (Wed)
* The above-mentioned schedule is liable to change depending on the progress of the work.

Please note that the routes and time schedules of our bus services in this area will be changed during the period of the work. A bus stop sign and some benches will be set up at each temporary stop. Detours and general traffic congestion may cause delays in service. For a provisional route map and timetable and further information, see the accompanying sheet or check www.m-bus.com.

【訳】
問題 155 ～ 157 は次のお知らせに関するものです。

メトロポリタン・バス・サービス
(202)453-6676, www.m-bus.com　　　　　　　　　　　　　　　　　　　　　　　　　　　　　　9月15日

バス運行時間の一時的な変更について

ジェファーソン通りは，老朽化した上下水道設備の取替え工事のために，次の区間で一時的に通行止めとなります。

区間 (1)　23 ～ 24 番街：10 月 29 日（月）から 11 月 6 日（火）まで
区間 (2)　24 ～ 25 番街：11 月 7 日（水）から 11 月 14 日（水）まで
区間 (3)　25 ～ 26 番街：11 月 15 日（木）から 11 月 21 日（水）まで
＊上記のスケジュールは工事の進行具合によって変更されることがあります。

工事期間中は，この地域における弊社のバス運行ルートおよび運行時間が変更となりますのでご注意ください。各臨時停留所にはバス停の標識とベンチが設置されます。迂回や通常の交通渋滞によって運行に遅れが生じることがあります。臨時ルートマップ，時刻表，および詳細につきましては，付属の別紙をご参照いただくか，www.m-bus.com でご確認ください。

語句
- temporary「一時的な，臨時の」
- replacement「交替，取り替え」
- aging「古くなりつつある」
- sewer「下水道；下水管」
- be liable to do「…しがちである」
- depend on ～「～次第である；～による」
- detour「迂回(路)；回り道」
- congestion「密集，混雑」traffic congestion：交通渋滞
- provisional「臨時の，仮の，暫定的な」
- accompanying「添付の，付随する」

155

正答率 (A)10% (B)80% (C)5% (D)5%

ポイント 理由を問う

【正解】(B)

【設問】
What is the reason for the road closures?
(A) An annual event
(B) Repair jobs
(C) Bad weather
(D) A traffic accident

【訳】
道路の通行止めの理由は何ですか。
(A) 年中行事
(B) 修理工事
(C) 悪天候
(D) 交通事故

【解説】 文書が書かれた理由や目的は冒頭に注目。

タイトル・差出人などから，この文書はバス運行の一時的な変更を知らせるためにバス会社が書いたものだとわかる。質問文のキーワードは What, the reason, the road closures。「道路の通行止め」に関する記述はタイトル直後の段落にある。理由は for the replacement of the aging water/sewer system と説明されており，それを「修理工事」と言い換えた (B) が正解となる。(A), (C) については言及されていない。(D) お知らせの後半部に traffic congestion（交通渋滞）という表現はあるが，traffic accident（交通事故）に関する記述はない。

156

正答率 (A)2% (B)3% (C)94% (D)1%

ポイント 詳細事項を問う

【正解】(C)

【設問】
On which day will traffic be blocked from 24th to 25th Streets?
(A) October 31
(B) November 5
(C) November 10
(D) November 20

【訳】
24〜25 番街が通行止めになるのはどの日ですか。
(A) 10 月 31 日
(B) 11 月 5 日
(C) 11 月 10 日
(D) 11 月 20 日

【解説】 参照箇所をすばやく掴んで答えたい問題。

質問文のキーワードは On which day, be blocked, from 24th to 25th Streets。通行止めとなる通りの番号と期間については中央の枠内に書かれている。質問文中の「24〜25 番街」は Section(2) にあたる。Section(2) が通行止めになる期間は from Nov. 7 (Wed) to Nov. 14 (Wed) と記されており，この期間に含まれるのは (C) の 11 月 10 日なので，これが正解。(A), (B) は Section(1), (D) は Section(3) が通行止めになる期間。

157

正答率 (A)12% (B)75% (C)9% (D)4%

ポイント 正しくない記述を問う

【正解】(B)

【設問】
Which of the following statements is NOT true?
(A) The duration of the closure may not be exact.
(B) The new bus stops will become permanent ones after the work.
(C) Each section will be closed for about a week.
(D) The route map and timetable are available on the Internet.

【訳】
次の説明のうち，正しくないものはどれですか。
(A) 通行止めの期間はその通りではないかもしれない。
(B) 工事の後，新しい停留所が正規の停留所となる。
(C) 各区間は約 1 週間通行止めになる。
(D) ルートマップと時刻表はインターネット上で入手できる。

【解説】 各選択肢の内容を一つずつ検証していく。

質問文のキーワードは Which と NOT true。NOT 問題は，選択肢の正誤を本文と照らし合わせながら消去法で考えていく。(A) 中央枠内の一番下に，The above-mentioned schedule is liable to change ... と注釈があるので，正しい。(B) 臨時停留所に関する記述はあるが，それが工事後に正式な停留所になるとは述べられていない。(C) 各セクションの通行止め期間は中央枠内で述べられており，どのセクションもほぼ 1 週間であるので正しい。(D) ルートマップ，時刻表については，別紙か web ページで確認するようにと最後の文にあるので正しい。よって，文書から正しいとは言い切れない (B) が正解。

READING SECTION　Part7

【パッセージ】

Questions 158-160 refer to the following page from a brochure.

Gustus Chocolate Inc.
COMPANY PROFILE

HISTORY

In 1872 Augustus Ramadopoulos was born in Athens, Greece. His family moved to Switzerland in 1876, where Augustus developed a keen interest in the production of chocolate. At age 20 he established his own company Gustus Chocolaterie. Augustus Ramadopoulos's passion for creating "genuine" chocolate and his dedication to continuous research enabled our company to produce Gustus Chocolate. We created its rich flavor and aroma by using a unique blend of Swiss milk and special cacao beans imported from South America.

We are also credited with being the first chocolatier to blend white and milk chocolate together to create the striped patterns for the now world-renowned "Shelly Chocolat", the special pieces of chocolate in the shape of sea shells. Following the success of the "Shelly Chocolat", our company was renamed Gustus Chocolate Inc., and was listed on the Geneva Stock Exchange in 1947.

We have always striven to offer the best products to everyone for over a century, and will continue to do so.

PRODUCTS

All our products use the distinctive Gustus Chocolate.

- Pure chocolate bars: 100g / a bar. Available in white, milk, dark, and bitter.
- Truffles: 4, 8, 12 pieces / a box. White, milk, dark or bitter chocolate.
  Variety of fruit, alcohol and praline fillings inside.
- Shelly Chocolat: 4, 8, 12 pieces / a box.
  Exclusively for sale at European sea resorts.
- Patisserie line: 1 or 2kg pure chocolate blocks for use in pastry, confectionery & desserts.

【訳】

問題158～160は次のパンフレットからの1ページに関するものです。

ガスタス・チョコレート社
会社の概要

歴史

1872年オーガスタス・ラマドポーロスはギリシャのアテネで生まれました。彼の一家は1876年にスイスへと移り住みましたが，そこで彼はチョコレートの生産に強く興味をもつようになりました。そして，20歳の時，彼は自分自身の会社ガスタス・ショコラトリーを設立しました。

オーガスタス・ラマドポーロスの「本物の」チョコレートを作り出そうという情熱と継続的な研究への献身が実って，ガスタス・チョコレートの生産が可能となりました。我々は，スイスミルクと南米から輸入した特別なカカオ豆とのユニークなブレンドによってその豊かな風味と香りを作り出したのです。

また，我々は，ホワイトチョコレートとミルクチョコレートをブレンドして，現在世界中で知られている貝殻の形をした特別なチョコレート「シェリー・ショコラ」の縞模様を作り出した初めてのチョコレート製造販売会社として高い評価を得ています。「シェリー・ショコラ」の成功後，当社はガスタス・チョコレート社へと社名を改め，1947年にジュネーブ証券取引所に上場しました。

我々は1世紀以上にわたり，皆様に最高の製品を提供するため，常に努力してまいりました。そして，これからもその努力を続けていくつもりです。

製品

当社のすべての製品には独特なガスタス・チョコレートが使用されています。

- ピュアチョコレート・バー：1本100g。ホワイト，ミルク，ダーク，ビターの4種類があります。
- トリュフ：1箱4個／8個／12個入り。ホワイト，ミルク，ダーク，ビターの4種類があります。
  フルーツ，アルコール類，プラリネなどが中に入っています。
- シェリー・ショコラ：1箱4個／8個／12個入り。
  ヨーロッパの海辺のリゾートのみでの販売となります。
- パティスリー用：ペストリー，菓子類，デザート用の1kgあるいは2kgのチョコレート・ブロック。

語句

- keen「熱烈な；熱心な」
- chocolaterie「《仏語》チョコレート製造販売店」
- dedication「献身，やる気，専念」
- be credited with ～「～で高い評価を得ている」
- chocolatier「《仏語》チョコレート製造販売業者」
- renowned「名高い，有名な」
- chocolat「《仏語》ショコラ，チョコレート」
- stock exchange「証券取引所」
- distinctive「独特な，特有の，特徴的な」
- praline「プラリネ，木の実の入った砂糖菓子」
- filling「（パイ・サンドイッチなどの）中身，具」
- confectionery「菓子類」

158

正答率 (A) 3% (B) 5% (C) 90% (D) 2%　Target 500

ポイント 言及内容を問う

【正解】(C)

【設問】
What is mentioned about Augustus Ramadopoulos?
(A) His father was a confectioner.
(B) He was born in Switzerland.
(C) He started his own business.
(D) He made his profits through stock investment.

【訳】
オーガスタス・ラマドポーロス氏についてどんなことが言及されていますか。
(A) 彼の父親は菓子職人だった。
(B) 彼はスイスで生まれた。
(C) 彼は自分自身のビジネスを始めた。
(D) 彼は株に投資することによって利益を得た。

【解説】 参照すべき箇所をすばやく見つけ、内容を確認しよう。

指示文や文書のタイトル、見出しなどから、この文書が「ガスタス・チョコレート社」の会社概要を説明するパンフレットであることを掴もう。質問文のキーワードは、What, mentioned, Augustus Ramadopoulos。ラマドポーロス氏については HISTORY という項目に書かれている。(A) 一家がスイスに移住したと書かれているが、父親の職業については言及がない。(B) 第1段落1文目に Augustus Ramadopoulos was born in Athens, Greece. とあるので、これも不適切。(C) 第1段落3文目に At age 20 he established his own company Gustus Chocolaterie とあり、自分で会社を設立したことがわかる。よって、これが正解。(D) ラマドポーロス氏が株に投資したとはどこにも述べられていない。

P.122【攻略ポイント】へ

159

正答率 (A) 7% (B) 9% (C) 65% (D) 19%　Target 600～700

ポイント 該当しないものを問う

【正解】(C)

【設問】
Which products are NOT available in the U.S.?
(A) Milk chocolate bars
(B) A four-piece box of truffles
(C) Seashell-shaped chocolates
(D) Blocks of chocolate in large amounts

【訳】
アメリカで購入できない製品はどれですか。
(A) ミルクチョコレート・バー
(B) 4個入り箱詰めトリュフ
(C) 貝殻の形をしたチョコレート
(D) 大袋のチョコレートのブロック

【解説】 文書内の複数箇所の情報を組み合わせて考える。

質問文のキーワードは、Which products, NOT available, the U.S.。製品のことが問われているので、まずは PRODUCTS という項目から手がかりを探そう。● Shelly Chocolat の箇所に Exclusively for sale at European sea resorts と述べられている。HISTORY の第3段落より Shelly Chocolat が貝殻の形をしたチョコレートであることがわかるので、正解は (C)。その他の商品については、販売地域の限定はされていない。

160

正答率 (A) 12% (B) 70% (C) 10% (D) 8%　Target 600～700

ポイント 正しい情報を問う

【正解】(B)

【設問】
What is true about the company?
(A) It created the first chocolate truffles in the world.
(B) Every product is made from its original chocolate.
(C) It was established about half a century ago.
(D) Its products are made in South America.

【訳】
会社について当てはまる情報は何ですか。
(A) 世界初のチョコレート・トリュフを作り出した。
(B) すべての商品がオリジナルのチョコレートから作られている。
(C) およそ半世紀前に設立された。
(D) 製品は南米で作られている。

【解説】 各選択肢を文書の内容と照合して判断する。

質問文のキーワードは、What, true, about the company。(A) ガスタス・チョコレートや「シェリー・ショコラ」の縞模様を作り出したとは書かれているが、トリュフを世界で初めて作ったとは言っていない。(B) PRODUCT の1文目に All our products use the distinctive Gustus Chocolate. とあることから、これが正解。(C) HISTORY の第4段落に We have always striven to offer the best products to everyone for over a century とあり、会社の歴史が1世紀以上続いていることがわかるので不適切。(D) 南米からカカオ豆を輸入したとあるが、南米で製品を生産しているかはわからない。

89

READING SECTION　Part 7

【パッセージ】
Questions 161-163 refer to the following notice.

All employees:

In cooperation with the union, we will institute a new work schedule on a tentative basis. The new schedule will also be a 40-hour workweek. However, it will be compressed with four, 10-hour days instead of the standard schedule of five 8-hour days. —[1]—. Rules for overtime will change as well. Our time-and-a-half rate will now apply for work after 10 hours, not 8 hours. Workdays will vary from person to person. —[2]—. Given that an equal number of workers will be off each workday, it won't be possible for everyone to have the most desirable days, Friday or Monday.

By the end of work today, indicate your first, second and third preferences for your additional day off on the list below. —[3]—. The schedule will be made this week, and your assigned work days will be listed next to your employee number at the employee entrance next Monday morning. Seniority will be followed in the choice of the new day off. —[4]—. The new schedule will be reevaluated after three months for both productivity and employee satisfaction, and the report produced will be e-mailed to all staff.

Ted Yately,
Human Resources Director

【訳】
問題 161 ～ 163 は次のお知らせに関するものです。

全従業員へ：

組合との協調で，一時的な措置として新しい勤務スケジュールを設けます。新しいスケジュールでも週の労働時間は 40 時間です。しかしながら，通常の 8 時間労働を 5 日間ではなく，10 時間労働を 4 日間行う形に圧縮します。多くの従業員がそのような集中的なスケジュールのほうがよいと提案してきたのです。残業規則についても変更します。1.5 倍の時給は 8 時間ではなく 10 時間を超えた後の時給に適用されます。勤務日は個人によって変わります。各平日に同じ人数の従業員が休むということを考慮すると，最も休みの希望の多い日である金曜日と月曜日には，皆が休みを取れるわけではありません。

今日の終業時までに，下の表に，第 1 希望，第 2 希望，第 3 希望の追加休日を記入してください。スケジュールは今週決定し，来週の月曜日の朝には割り当てられた勤務日を従業員入口の社員番号の隣に掲示します。追加の休日の選択は年功の序列に応じます。3 カ月後に，生産性と従業員の満足度の両面から再検証し，全社員に E メールで報告します。

テッド・イェイトリー
取締役人事部長

語句
- union「組合」
- institute「～(制度など)を設ける」
- tentative「一時的な」
- compress「～を圧縮する」
- time-and-a-half「5 割増しの」
- seniority「年上；年功序列」
- reevaluate「～を再評価する」
- productivity「生産性」

161

正答率　(A)22%　(B)21%　(C)9%　(D)48%　Target 600〜700

ポイント 詳細事項を問う

【正解】(D)

【設問】
What is happening at this company?
(A) Overtime will be paid at a new rate.
(B) The number of hours per workweek will decline.
(C) Everyone will now have Friday off.
(D) Employees will work fewer days per week.

【訳】
この会社では何が起きていますか。
(A) 残業代の時給が変わる。
(B) 週あたりの労働時間が減少する。
(C) 全員，金曜日が休みとなる。
(D) 従業員の週あたりの勤務日数が減る。

【解説】文書の主な目的，トピックは冒頭に注意して確認。

質問文のキーワードは，What, happening。文書の冒頭に「新しい勤務スケジュールを設ける」とあり，続いてその詳細が述べられている。今までの週5日勤務を4日勤務にするのであるから，fewer days per week と表現している (D) が正解。(A) 時給については，割増残業代が支払われるのは勤務時間が10時間を超えてからに変わるとあるだけで，時給の変更はない。(B) 週あたりの労働時間に変更はない。(C) 平日の休みについては，重ならないように調整すると述べている。

162

正答率　(A)10%　(B)65%　(C)22%　(D)3%　Target 600〜700

ポイント 詳細事項を問う

【正解】(B)

【設問】
What will be studied during the three-month period?
(A) Pay based on merit, not seniority
(B) Production rates and worker happiness
(C) How the company and union can cooperate
(D) Night work vs. day work

【訳】
3カ月の間，何が検証されますか。
(A) 年功ではなく実績に基づいた給料
(B) 生産率と従業員の満足度
(C) 会社と組合がどのように協調するか
(D) 夜間勤務と日中勤務

【解説】キーワードを探しながら文書全体をスキャニングしよう。

質問文の the three-month period というキーワードを手がかりに文書を読んでいくと，お知らせの最後の文に The new schedule will be reevaluated after three months for both productivity and employee satisfaction ... とあり，新制度導入から3カ月後に検証結果を報告すると述べられている。よって，for 以下を production rates and worker happiness と言い換えた (B) が正解。(A) 給与形態についての言及はない。(C) 冒頭に「組合との協調で」とあるので，すでに協調している。(D) 夜間勤務については言及がない。

163

正答率　(A)28%　(B)34%　(C)22%　(D)16%　Target 800

ポイント 与えられた文が当てはまる適切な位置を問う

[新形式]

【正解】(A)

【設問】
In which of the positions marked [1], [2], [3], and [4] does the following sentence best belong?
"Many employees have suggested such an intensive schedule would be preferable."
(A) [1]
(B) [2]
(C) [3]
(D) [4]

【訳】
[1]，[2]，[3]，[4] と記載された箇所のうち，次の文が最もふさわしいのはどれですか。
「多くの従業員がそのような集中的なスケジュールのほうがよいと提案してきたのです。」

【解説】文中の前後のつながりを正確にとらえて選ぶこと！

示された文を入れるのにふさわしい位置を選ぶ問題。such an intensive schedule は冒頭の it will be compressed with four, 10-hour days のことを指すと考えられる。したがって，(A) の [1] に挿入するのが適切。(B) [2] は勤務日と休日の関係を述べているところなので，与えられた文の such an intensive schedule が合わない。(C) [3] のすぐ後に schedule という語があって紛らわしいが，この schedule は誰がいつ休むかというシフトのこと。(D) [4] のあたりでは年功のことを述べているので，指定の文は合わない。

READING SECTION　Part 7

【パッセージ】
Questions 164-167 refer to the following e-mail.

From: Dick Anderson <dander@starmail.com>
To: Gary Thruel <gary@berlin.com>
Date: June 4
Subject: Berlin visit

Dear Gary,

It's been quite a while since we last met. How are you and your wife doing these days?

I am now an adviser with Star Co., which has asked me to assist them in the construction of a new wildlife park in Dubai starting this September. I believe I will enjoy life there and feel as comfortable as I am now, here in Arizona. What I am concerned about is how the animals, which are indigenous to North America, will be able to adjust to life in the new environment. As early as the beginning of next month, I will move there to do some research on the habitat of subtropical wildlife, hoping to broaden my horizon before starting my task.

In the meantime, I was wondering whether I could drop by your place in Berlin on my way to Dubai, so I could visit your magnificent zoo. How's your schedule later this month? I am planning to stay in Berlin for three days, and then hopefully visit the zoo in Paris as well before heading to the Middle-East. Do you happen to know anyone at that zoo? I would be grateful if you could introduce me to one of your acquaintances.

I am looking forward to hearing from you.

Sincerely,
Dick

【訳】
問題164～167は次のEメールに関するものです。

差出人：ディック・アンダーソン（dander@starmail.com）
宛先：ギャリー・スルエル様（gary@berlin.com）
日付：6月4日
件名：ベルリン訪問

ギャリー様

前回お会いして以来，ご無沙汰しております。奥様ともども，近頃はいかがお過ごしでしょうか。

私は現在，スター社の相談役をしており，この9月よりドバイの新しい野生動物公園の建設を支援するよう依頼されております。現地での生活を楽しみ，ここアリゾナと同じように居心地よく暮らせると思っております。心配なのは，北アメリカにもともといる動物が新しい環境での生活にどのように適応できるかという点です。来月初めには，任務に就く前に視野を広げるべく，亜熱帯野生動物の生息環境を調査しに現地に向かう予定です。

その間，ドバイへ向かう途中でベルリンのあなたのところに立ち寄ることができないかと思っております。そうすれば，あなたの素晴らしい動物園を訪れることができます。今月後半のご予定はいかがでしょうか。ベルリンには3日間滞在の予定で，中東に向かう前に，できればパリの動物園も訪れたいと思っております。その動物園にどなたかお知り合いはいらっしゃいますか。もし，お知り合いのどなたかにご紹介いただければうれしく思います。

お返事をお待ちしております。

敬具
ディック

語句
- □ wildlife「野生生物」
- □ indigenous「固有の；原産の」
- □ adjust「適応する；順応する」
- □ habitat「生息環境；居住地」
- □ subtropical「亜熱帯の」
- □ acquaintance「知り合い；面識」

164

正答率 (A)30%　(B)16%　(C)3%　(D)51%

Target 600~700

ポイント 職業を問う

【正解】(D)

【設問】
What can be said about the sender's occupation?
(A) He is the director of a zoo.
(B) He is an architect.
(C) He is a travel agent.
(D) **He is an animal specialist.**

【訳】
差出人の職業は何であると言えますか。
(A) 動物園の園長である。
(B) 建築家である。
(C) 旅行業者である。
(D) **動物の専門家である。**

【解説】メールの差出人と受取人の関係を正確にとらえよう。

質問文のキーワードは What と sender's occupation。差出人の仕事については，第2段落から読み取れる。wildlife, animals などの言葉や，4文目の do some research on the habitat of subtropical wildlife ... before starting my task から，差出人は動物の専門家であると推測できる。したがって，(D) が正解。(A) 動物園の園長と考えられるのはギャリーさんである。(B) 同じく第2段落の冒頭に construction とあるが，「ドバイの新しい野生動物公園」の設立を支援するということ。(C) ベルリンからパリ，ドバイへ向かう旅の計画は自分自身のものである。 P.122【攻略ポイント】へ

165

正答率 (A)83%　(B)5%　(C)10%　(D)2%

Target 500

ポイント 場所を問う

【正解】(A)

【設問】
Where was Mr. Anderson when he sent this e-mail?
(A) **In Arizona**
(B) In Dubai
(C) In Berlin
(D) In Paris

【訳】
このEメールを送った時，アンダーソンさんはどこにいましたか。
(A) **アリゾナ**
(B) ドバイ
(C) ベルリン
(D) パリ

【解説】場所に関する情報に注意し，整理しながら読もう。

質問文のキーワードは Where, Mr. Anderson, when, sent, this e-mail。第2段落2文目にある feel as comfortable as I am now, here in Arizona という記述から，アンダーソンさんは現在アリゾナにいることがわかる。したがって，正解は (A)。第2段落1文目から，(B) ドバイは仕事でこれから滞在する場所とわかる。第3段落1文目から，(C) ベルリンはEメールの受け手であるギャリーさんが住んでいる場所，また，3文目から，(D) パリはベルリンからドバイに向かう途中に立ち寄りたい場所として書かれている。

166

正答率 (A)19%　(B)38%　(C)5%　(D)38%

Target 800

ポイント 詳細事項を問う

【正解】(D)

【設問】
When is the appointed work scheduled to begin?
(A) In June
(B) In July
(C) In August
(D) **In September**

【訳】
約束の仕事はいつ開始する予定になっていますか。
(A) 6月
(B) 7月
(C) 8月
(D) **9月**

【解説】時期に関する情報を正確に拾うことが大切！

質問文のキーワードは When, appointed work, begin。時期に関する問題では，Eメールの発信日も含め，時を表す語句を丁寧に拾っていくこと。アンダーソンさんの新しい仕事については第2段落1文目に starting this September と書かれているので，(D) が正解。(A) はこのEメールが書かれた日付。(B) 第2段落4文目に the beginning of next month とあり，これは7月にあたるが，ドバイに行くのは hoping to broaden my horizon before starting my task から，事前調査であると判断できる。したがって，これは不適切。(C) 8月に関する言及はない。

93

READING SECTION　Part7

167

正答率　(A)26%　(B)9%　(C)49%　(D)16%

Target 800

ポイント 詳細事項を問う

要注意

【正解】(C)

【設問】
What is Mr. Anderson planning to do before arriving at the final destination?
(A) Research on native American animals
(B) Visit a tropical forest
(C) **Call on a friend living abroad**
(D) Guide someone in Europe

【訳】
アンダーソンさんは，最終目的地に着く前に何をしようと計画していますか。
(A) アメリカにもともといる動物に関する調査を行う
(B) 熱帯林を訪れる
(C) **海外に住む友人を訪ねる**
(D) ヨーロッパで誰かを案内する

【解説】「計画」の内容を正確に把握できるかどうかがカギ。

質問文のキーワードは What, Mr. Anderson, do, before arriving at the final destination。the final destination とはドバイのことで，そこに向かう途中の計画は，第3段落に書かれている。1文目の I was wondering ... on my way to Dubai から，最終目的地であるドバイに着く前にベルリンに住むギャリーさんを訪ねることを計画しているとわかる。よって，正解は (C)。(A) ドバイでの調査の計画については第2段落に言及があるが，アメリカにいる動物を調査するということは述べられていない。細かいところまで注意して検討が必要。

P.122【攻略ポイント】へ

94

【パッセージ】
Questions 168-171 refer to the online chat discussion.

Jewell, Kim [9:54 A.M.]
Is everything in place for a prompt start at 3:00? With all the media, timing is important.

Parker, Dennis [9:57 A.M.]
Four of the five designers have already delivered their collections and arranged them in their dressing rooms. They're supposed to be in place by 11:00, so that looks fine.

Jewell, Kim [9:59 A.M.]
And the lighting check? Brenda, we really need good lights and sound as the models parade in their outfits. Everything is going to be captured on camera and we need good video footage. That was a weak point at Wicks Auditorium last time.

Varney, Brenda [10:02 A.M.]
Already squared away. I've moved on to getting the cameras in order and the press room set up.

Jewell, Kim [10:03 A.M.]
Dennis, what about the reception area? We need to have fans to keep the space cool enough.

Parker, Dennis [10:05 A.M.]
All the tables are in place. I spoke with the caterer a few minutes ago. They're bringing more sandwiches and fewer warm cooked dishes because of this hot weather. I've also made sure they have plenty of iced drinks. Hot coffee and tea won't go very fast.

Jewell, Kim [10:07 A.M.]
Sounds good. They know how to make adjustments just as long as there's plenty for two hundred important guests and reporters.

Varney, Brenda [10:09 A.M.]
What time will you get here, Kim?

Jewell, Kim [10:09 A.M.]
About 2:00. I'll pick up Frank O'Donnell of *Fashion News* and bring him to the hall. His write-up matters a lot, so it's my top priority.

Varney, Brenda [10:10 A.M.]
I know what you're saying. I won't contact you after 1:00 unless something really big comes up.

☐ adjustment「調整」
☐ write-up「記事」
☐ priority「優先事項」

READING SECTION　Part 7

168

正答率　(A)10%　(B)80%　(C)4%　(D)6%　　Target 500

ポイント　詳細事項を問う

【正解】(B)

【設問】
What kind of event are they arranging?
(A) A televised interview
(B) A public showing of new clothes
(C) A wedding reception
(D) An art exhibition

【訳】
彼らはどんなイベントの準備をしていますか。
(A) テレビ放映のインタビュー
(B) 新しい衣装の披露
(C) 結婚披露宴
(D) 芸術品の展示

【解説】各発言に含まれるヒントを探しながら全体の流れを掴む。

やりとり全体の流れをとらえて答える問題。デニスさんの９時57分の書き込みに, Four of the five designers have already delivered their collections and arranged them in their dressing rooms. とあり，その後にモデルが衣装を着て歩く，という内容が続く。したがって，正解は (B)。(A) cameras や the press room などの語があるので紛らわしいが，インタビューに関係する語は見られない。(C) も (D) も同様に，一部の単語や表現は関係するが，結婚披露宴や芸術品の展示といった決定的な語は出てこない。

169

正答率　(A)4%　(B)8%　(C)85%　(D)3%　　Target 500

ポイント　理由を問う

【正解】(C)

【設問】
Why were the choices for the food changed?
(A) They need to save money on food.
(B) The caterer had trouble preparing the food.
(C) Warm food is less popular in hot weather.
(D) Fewer people are expected to attend.

【訳】
食事の選択はなぜ変更されたのですか。
(A) 食費を節約する必要があるため。
(B) ケータリング業者の食事の準備に問題があったため。
(C) 温かい食事は暑いと人気が下がるため。
(D) 出席者数が減ったため。

【解説】該当箇所の内容を正確に表しているか検討する。

質問文のキーワードは Why, the choice, changed。話の展開を初めから追っていくと，食べ物の話は10時5分の書き込みに出てくる。fewer warm cooked dishes because of this hot weather とある。このことを「暑い天気では温かい料理は人気が下がる」と表現している (C) が正解。(A), (B) については記述がない。(D) 出席する人については two hundred important guests とあるが，「減った」ということは書かれていない。

170

正答率　(A)8%　(B)8%　(C)8%　(D)76%　　Target 500

ポイント　人物を問う

【正解】(D)

【設問】
Who is Frank O'Donnell?
(A) The organizer of this event
(B) One of the designers
(C) The supervisor of these people
(D) An important magazine writer

【訳】
フランク・オドネルさんとは誰ですか。
(A) このイベントの主催者
(B) デザイナーの一人
(C) この人たちの上司
(D) 重要な雑誌記者

【解説】人物に言及している箇所から読み取れる情報で判断する。

質問文のキーワードは Who, Frank O'Donnell。オドネルさんという人物は10時9分のキム・ジュエルさんの書き込みに出てくる。Fashion News というのは雑誌などの出版物名だと考えられる。続けて, His write-up とあるので, 彼は記事を書く人だと判断できる。matter a lot は「とても重要である」ということ。よって (D) が正解。(A) 主催者は書き込みをしている3人の側。(B) デザイナーの具体名は出てこない。(C) キムさんの上にさらに上司がいるかは会話からは不明。

171

正答率　(A)23%　(B)53%　(C)10%　(D)14%

Target 600〜700

ポイント 書き手の意図を問う

【正解】(B)

【設問】
At 10:10 A.M., what does Ms. Varney mean when she writes, "I know what you're saying"?
(A) Each person has an important job to do.
(B) The media coverage is important.
(C) She understands the telephone message.
(D) She expects Ms. Jewell to contact her at 1:00.

【訳】
午前10時10分にバーニーさんが書いている "I know what you're saying." は何を意味していますか。
(A) それぞれの人がすべき重要な仕事を持っている。
(B) マスコミ報道は重要である。
(C) 彼女は電話の伝言を理解している。
(D) 彼女はジュエルさんが1時に連絡してくるのを待っている。

【解説】 直前の文からの展開を踏まえて考えよう。

このタイプの設問では、やりとりの流れを正しくとらえられているかが問われる。I know what you're saying. という一文は、キム・ジュエルさんがフランク・オドネル氏について書いたことを受けて書き込まれたもの。「オドネル氏の書く記事は重要だ」という内容に同意して書いた文と考えられるので、「マスコミ記事は重要だ」と解釈した (B) が正解。「私からは連絡しない」と書いているので、(D) のようにジュエルさんからの連絡を待っているとは考えられない。

READING SECTION　Part7

【パッセージ】
Questions 172-175 refer to the following newspaper article.

Tackle Problems Behind "GIANT" Mergers
By FRED LANDWICK, Staff writer

NEW YORK --- Recent multinational mergers in the electronics sector have changed the face of production, global transport, price-setting and profit margins. Small and medium-sized prime software makers have become part of international consortiums, but many questions have arisen as far as legal loopholes in international mega-mergers are concerned. Our reporter was granted an interview with Housh Kallem, Supervising Director of the International Fair Trade Commission (IFTC), through which we acquired some insight into current trends.

Mr. Kallem said that changes were on the horizon. The establishment of a committee to supervise possibly controversial mergers has been set forth by the IFTC with the aim of protecting smaller international conglomerates. "Once it is running, the institution will further dedicate itself to simplifying complicated regional legislation and provide future companies of all sizes with a valuable set of legal cost-cutting measures," he confidently explained. It is also expected to act as a neutral forum for ironing out potential discrepancies among various national and international law systems.

【訳】
問題172～175は次の新聞記事に関するものです。

「巨大」合併の背後にある問題への取り組み
専属記者　フレッド・ランドウィック

ニューヨーク発 --- エレクトロニクス部門における最近の多国籍企業の合併は，生産，グローバルな輸送手段，価格設定および利益幅全体を変えるものとなった。小，中規模の主要なソフトウェアメーカーは国際的合併企業の一部となったが，国際的な巨大合併における法律の抜け穴については，多くの疑問が持ち上がっている。当社の記者は，国際公正取引委員会（IFTC）の委員長であるハウシュ・カレム氏にインタビューする機会を得たが，そのインタビューから最近の傾向について見識が得られた。

カレム氏は，変化の兆しは見えてきていると述べた。問題のありそうな合併を監督するための委員会が，小規模の国際複合企業を守る目的で設置されることが IFTC によって発表されている。同氏は，「ひとたび同機関が動き始めれば，複雑な地域的な法律を簡潔化することにさらに専念し，次世代のあらゆる規模の企業に対して有用な一連の合法的な経費削減措置を提供することになるだろう」と自信をもって説明した。また，同機関は，国内および国家間のさまざまな法制度間の潜在的な不一致を取り除くための中立的なフォーラムとして機能することも期待されている。

語句
- tackle「～に取り組む」
- merger「合併，合同；吸収」
- multinational「多国籍（企業）の」
- electronics「電子工学，エレクトロニクス」
- the face of ～「～の全体」
- margin「利鞘，利幅，マージン」
- consortium「合併企業」
- arise「現れる，起こる」
- loophole「抜け穴，逃げ道」
- grant「～を与える」
- commission「委員会；最高権威者集団」
- acquire「～を取得する，～を獲得する」
- supervise「～を監督する，～を管理する」
- set forth ～「～を発表する，～を公にする」
- conglomerate「複合企業，コングロマリット」
- dedicate「～に専念する，～に打ち込む」
- neutral「中立の」
- iron out ～「～（問題など）を取り除く，～（物事）を円滑にする」
- potential「可能性がある，潜在的な」
- discrepancy「不一致，相違」

172

正答率 (A)12% (B)14% (C)68% (D)6%

ポイント 職業を問う

Target 600〜700

【正解】(C)

【設問】
What business does Fred Landwick most likely work for?
(A) A law firm
(B) A consulting firm
(C) A newspaper
(D) A non-profit organization

【訳】
フレッド・ランドウィック氏はどのような企業で働いていると考えられますか。
(A) 法律事務所
(B) コンサルタント会社
(C) 新聞社
(D) 非営利団体

【解説】本文だけでなく，付随する情報もチェックしよう。

導入文の newspaper article から，この文書が新聞記事であることをおさえる。質問文のキーワードは, What business, Fred Landwick, work for。キーワードとなっている Fred Landwick という名前は，記事のタイトルの下にこの記事の執筆者として載っている。同氏の肩書きは Staff writer となっていることから，この新聞を発行している新聞社の社員であると考えられる。よって，正解は (C)。(A) 合併に関わる法律の地域的な相違などについては記事に書かれているが，この本人が法律事務所で働いているわけではない。(B), (D) については言及がない。

173

正答率 (A)10% (B)49% (C)11% (D)30%

ポイント 話題を問う

要注意

Target 800

【正解】(D)

【設問】
What is the main problem discussed in the article?
(A) A possible financial crisis
(B) The increase of hostile mergers
(C) Lack of competent company leaders
(D) The differences in regional regulations

【訳】
この記事の中で論じられている中心的な問題は何ですか。
(A) 金融危機の可能性
(B) 敵対的合併の増加
(C) 有能な企業リーダーの不足
(D) 地域的な法律の相違

【解説】各段落の内容をすばやく把握し，中心的トピックをとらえる。

質問文のキーワードは, What と main problem。第1段落2文目の many questions have arisen as far as legal loopholes in international mega-mergers are concerned から，法律の抜け穴が問題視されていることがわかる。また，第2段落でも complicated regional legislation, potential discrepancies among various national and international law systems などへの言及があるので，この記事で中心的に論じられている問題は (D) だと言える。(B) 合併に関わることが書かれているが，敵対的合併の話題は出ていない。(A), (C) については言及がない。

174

正答率 (A)13% (B)42% (C)25% (D)20%

ポイント 語彙を問う

要注意

Target 800

【正解】(B)

【設問】
The word "controversial" in paragraph 2, line 3, is closest in meaning to
(A) dependent
(B) disputable
(C) organized
(D) influential

【訳】
第2段落3行目にある "controversial" という語の意味に最も近いのは
(A) 頼っている
(B) 議論の余地のある
(C) 組織された
(D) 影響を及ぼす

【解説】前後の文脈を踏まえて最も自然に当てはまるものを選ぶ。

controversial は「議論の余地がある，論議の的となる，問題の多い」という意味で用いられている。よって，正解は (B)。前後の文脈から語のイメージや大まかな意味を掴み取って判断しよう。ここでは，「controversial でありうる合併を監督するための委員会が，小規模の国際複合企業を守る目的で設置されることが発表された」という文脈である。なお，問われているのが意味を知っている語だったとしても，早合点しないこと。文脈上最もふさわしいかどうかを吟味して選ぶようにしよう。

P.122【攻略ポイント】へ

READING SECTION Part 7

175

正答率　(A)30%　(B)14%　(C)33%　(D)23%　Target 800

ポイント 詳細事項を問う

【正解】(A)

【設問】
How will the IFTC tackle the current situation?
(A) By creating a new commission
(B) By assigning an experienced business person as its head
(C) By restricting upcoming mergers
(D) By giving financial support to small companies

【訳】
IFTC はどのようにして現状に対処しようとしていますか。
(A) 新たな委員会を設立することによって
(B) 経験豊富な事業家を委員長にすることによって
(C) 来るべき合併を制限することによって
(D) 小規模な会社に財政支援を行うことによって

【解説】まず本文中のキーワードを探し，周辺を確認する。

質問文のキーワードは How, the IFTC, tackle the current situation。第2段落2文目 The establishment of a committee ... has been set forth by the IFTC から，合併にかかわる法的問題に対処するための委員会が設立されることがわかる。よって，正解は (A)。(B), (C) については言及がない。(D) protecting smaller international conglomerates という箇所があるが，財政的にではなく法整備という点で支援すると書かれている。

P.122【攻略ポイント】へ

MEMO

READING SECTION — Part 7

Questions 176-180 refer to the following advertisement and letter.

① advertisement

JOB OPENING: Wetland Biologist at The Ecology Research Center (ERC)

POSTED DATE: Jun 24   YEARLY SALARY: $ 54,000 - $ 74,200
CLOSING DATE: July 9   WORKING LOCATION: Panama City, FL

POSITION DUTIES:
-- Conducting field assessments for the purpose of promoting wetland conservation projects
*Assessment techniques will range from on-site field evaluations to landscape assessments
-- Technical writing, presenting at conferences, and coordinating reviews of wetland assessment methods with federal, state, county, and private organizations

MINIMUM QUALIFICATIONS:
Education: Possession of a master's degree in natural sciences
Experience: At least two years of work experience in the field of natural resources management

TO APPLY:
Submit an application form postmarked by the closing date with a resume and a letter of recommendation to the address listed below. Applications are available by calling (410) 260-8070 or at www.ercflorida.gov.

The Ecology Research Center (ERC)
Human Resource Service B-3
530 Taylor Ave. Florida State Office Building, Panama City, FL 32401
Attn: Deborah Hamilton, Fax: (410) 260-8099, Phone: (410) 260-8835

---

② letter

Kenneth Matthew
5634 Justin Avenue, Santa Barbara, CA 92345
Tel:(851)-2456-987 e-mail: kennethm@coastalrc.org

To Ms. Deborah Hamilton

　I am writing this letter to apply for the position that I saw in the Florida Sentinel newspaper. I graduated from West Santa Barbara University with a Master of Science degree with a specialization in Marine Science four years ago.
　While studying in the master's program, I also worked as a marine biologist in the Coastal Research Institute in Ventura for three years. My job was to conduct several assessments of the area along coastal wetlands. I worked together with Professor Curl Wegner, the Chief Director of that Institute, in some research projects, and he has written me a letter of recommendation, which is attached to this letter. I heard from him that he has now joined a project implemented by ERC. I'd be happy if I could work with him again.
　I would welcome an opportunity to work for the Center as a wetland biologist. Please feel free to contact me if you have any further questions with regard to my application. Thank you for your consideration. I look forward to hearing from you.

Sincerely,
Kenneth Matthew

【訳】
問題 176 ～ 180 は次の広告と手紙に関するものです。

①広告

求人：生態学研究センター（ERC）における湿地生物学者

掲示日：6 月 24 日　　　　　年収：54,000 ～ 74,200 ドル
応募期限：7 月 9 日　　　　勤務地：フロリダ州パナマシティ

職務内容：
-- 湿地帯保護プロジェクトを推進するための現地アセスメントの実施
＊アセスメントの方法は現場での現地評価から地形調査にまで及ぶ
-- 技術文書の作成，会議での発表，連邦政府・州・郡および民間機関による湿地アセスメント方法の検討結果の調整

応募資格：
学歴：自然科学分野における修士号
経験：天然資源マネジメントの分野における 2 年以上の職務経験

応募方法：
履歴書，推薦状とともに応募用紙を下記の住所に提出すること。当日の消印有効。応募用紙は，(410)260-8070 へのお電話か，www.ercflorida.gov にてご入手いただけます。

生態学研究センター（ERC）
人事部局 B－3
530 テイラー通り フロリダ州政府ビル，パナマシティ，フロリダ州 32401
デボラ・ハミルトン宛，FAX:(410)260-8099，電話番号：(410)260-8835

②手紙

ケネス・マシュー
5634 ジャスティン通り，サンタバーバラ，カリフォルニア州 92345
電話番号：(851)2456-987　E メール：kennethm@coastalrc.org

デボラ・ハミルトン様

　フロリダ・センティネル紙で拝見した職に応募したいと思いお手紙を書いています。私は 4 年前にウエスト・サンタバーバラ大学にて海洋科学を専門とし科学修士号を取得いたしました。
　修士課程に在学中，3 年間にわたりヴェントゥーラの沿岸研究所にて海洋生物学者として勤務しておりました。そこでの職務は，沿岸湿地帯沿いの地域に関するいくつかの調査を行うことでした。同研究所所長であるカール・ウェグナー教授とは，いくつかの研究プロジェクトにおいて共に働く機会に恵まれ，この手紙に添付しました通り，今回の応募にあたり推薦状をいただきました。ウェグナー教授から現在貴センターが実施されているプロジェクトに参加されているとお聞きしました。再びウェグナー教授とお仕事できれば何よりと思っております。
　貴センターにおいて湿地生物学者として勤務することを希望いたします。私の応募書類に関してご質問がありましたら，ご遠慮なくご連絡ください。ご検討いただきますようお願い申し上げます。それでは，ご連絡をお待ちしております。

敬具
ケネス・マシュー

語句
- wetland「湿地，湿地帯」
- biologist「生物学者」
- ecology「生態系」
- conservation「保護，管理，保存」
- range「(年齢・程度・範囲などが)及んでいる」
- on-site「現場での，現地での」
- landscape「地形，地表；景色，景観」
- review「見直し，(再)検討，再考」
- possession「所有，占有，入手」
- natural resources「自然資源，天然資源」
- submit「～を提出する；～を提起する」
- resume「履歴書；まとめ，摘要」
- marine「海の，海洋の」
- coastal「海岸の，海岸に近い，沿岸の」
- implement「～を実行する，～を履行する」
- feel free to do「遠慮なく…する」
- with regard to ～「～に関して(は)」

READING SECTION　Part 7

176
正答率　(A)10%　(B)73%　(C)13%　(D)4%
Target 600〜700

ポイント 場所を問う

【正解】(B)

【設問】
Where will the successful applicant work?
(A) Miami
(B) Panama City
(C) Santa Barbara
(D) Ventura

【訳】
採用された応募者はどこで働くことになりますか。
(A) マイアミ
(B) パナマシティ
(C) サンタバーバラ
(D) ヴェントゥーラ

【解説】必要な情報のありかを掴めれば即答できる問題。

質問文のキーワードは Where, the successful applicant work。求人広告の初めの部分に WORKING LOCATION: Panama City, FL とあることから，採用された応募者が勤務することになるのはパナマシティであることがわかる。よって正解は (B)。(C) サンタバーバラはマシューさんが現在住んでいる場所で，(D) ヴェントゥーラはマシューさんが大学院生時代に働いていた場所。(A) については文書ではまったく触れられていない。

177
正答率　(A)19%　(B)20%　(C)51%　(D)10%
Target 600〜700

ポイント 語彙を問う

【正解】(C)

【設問】
In the advertisement, the word "conservation" in paragraph 1, line 1, is closest in meaning to
(A) expansion
(B) utilization
(C) protection
(D) demolition

【訳】
広告の第 1 段落 1 行目にある "conservation" という語の意味に最も近いのは
(A) 拡大
(B) 利用すること
(C) 保護
(D) 破壊

【解説】文意が適切に通るものを選ぶ。

conservation は「(自然および資源の)保護，管理；保存，維持」という意味で，wetland conservation projects で「湿地帯保護プロジェクト」となる。したがって，最も近い意味を表すのは，(C) の protection。問われている語と選択肢の語を置き換えた時，最も自然に文意が通るものはどれかを考えよう。

P.122【攻略ポイント】へ

178
正答率　(A)11%　(B)67%　(C)16%　(D)6%
Target 600〜700

ポイント 言及内容を問う

【正解】(B)

【設問】
What is stated as a requirement for the job in the advertisement?
(A) Willingness to cooperate with co-workers
(B) A master's degree from a related field
(C) The ability to raise funds for wetland researches
(D) Computer skills of using landscape assessment software

【訳】
広告の中に応募資格として述べられているのは何ですか。
(A) 進んで同僚と協力しようとする態度
(B) 関連分野における修士号
(C) 湿地帯研究のために資金を調達する能力
(D) 地形調査のソフトを使用するためのコンピュータスキル

【解説】見出しに注目して参照箇所を瞬時に見抜こう。

質問文のキーワードは What, requirement for the job。応募資格を問われているので MINIMUM QUALIFICATIONS の部分を見る。学歴として Possession of a master's degree in natural sciences（自然科学分野における修士号）とあるので，(B) が正解だとわかる。(A), (C), (D) については広告中に言及がない。

104

179

正答率　(A)14%　(B)28%　(C)16%　(D)42%

ポイント 正しい内容を問う

【正解】(D)

【設問】
What is true about Professor Curl Wegner?
(A) He is the head of ERC.
(B) He is a professor at West Santa Barbara University.
(C) He is in charge of recruiting research staff.
(D) He is acquainted with Mr. Matthew.

【訳】
カール・ウェグナー教授について正しいものはどれですか。
(A) ERC のセンター長である。
(B) ウエスト・サンタバーバラ大学の教授である。
(C) 研究員の募集を担当している。
(D) マシューさんとは知り合いである。

【解説】英文全体から該当する内容を検索して判断する。

質問文のキーワードは What, true, Professor Curl Wegner。(A) 手紙に「ERC が実施しているプロジェクトに参加している」とあるが，センター長であるとは述べられていない。手紙の第 2 段落 3 文目からは，ウェグナー教授がヴェントゥーラの沿岸研究所の所長であることがわかる。(B) ウエスト・サンタバーバラ大学はマシューさんが修士号を取得した大学だが，ウェグナー教授がそこの所属であるとは述べられていない。(C) 研究員の募集を担当しているのはマシューさんの手紙の宛て先となっているハミルトンさんである。(D) 手紙の第 2 段落から，マシューさんがウェグナー教授といくつかのプロジェクトで一緒に働いた経験があることがわかる。よって，これが正解。

180

正答率　(A)14%　(B)47%　(C)24%　(D)15%

ポイント 言及されていない情報を問う

【正解】(B)

【設問】
Which information is NOT mentioned in the letter?
(A) A contact number for Mr. Matthew
(B) Mr. Matthew's current job
(C) The writer of the letter of recommendation
(D) Where Mr. Matthew found the ad

【訳】
手紙の中で言及されていない情報はどれですか。
(A) マシューさんの連絡先電話番号
(B) マシューさんの現在の職業
(C) 推薦状を書いた人物
(D) マシューさんが広告を見つけた場所

【解説】本文と選択肢を照らし合わせ，1つずつ消去法で検討する。

質問文のキーワードは Which information, NOT mentioned。(A) 手紙のはじめにマシューさんの住所や電話番号が記されていることから不適切。(C) 第 2 段落 3 文目に I worked together with Professor Curl Wegner ... and he has written me a letter of recommendation とあることから，これも不適切。(D) 手紙の書き出しに I am writing this letter to apply for the position that I saw in the Florida Sentinel newspaper. とあることから，これも不適切。したがって，正解は (B)。ヴェントゥーラの沿岸研究所で働いていたという過去の職業については触れているが，現在の仕事への言及はない。

P.122【攻略ポイント】へ

READING SECTION — Part 7

【パッセージ】

Questions 181-185 refer to the following advertisement and e-mail.

① advertisement

EXCELLA SAVES YOU MORE

Make use of Excella Airline's new Flypals ticketing option for extraordinary savings on your travel arrangements for two or three adults. With Flypals, the second adult ticket is 30 percent cheaper. If two full-price adult tickets are purchased, the ticket for a third adult is 65 percent cheaper. Flypals is available year round for married couples, adults and their parents or even for friends traveling together.

Business travelers as well can save money using BusinessMates. If you travel on business with one or more co-workers to the same location, get a corporate BusinessMates card and save money every time your group travels anywhere by air. As long as the person who made the reservation at least one month earlier is present, any second or third companion travels cheaper.

Junior Flypals offers even bigger discounts of 40 percent off for the first child and 70 percent off for the second child. There are no additional fees, but Junior Flypals cannot be used by unaccompanied children. It is aimed at children aged 12 and under flying with an adult.

For complete details, call 1(888)297-0213.

---

② e-mail

From: Daniel [djohnson@gvc.net]
To: Marge [daisygirl@tampatv.net]
Subject: Air Tickets

You were telling me you might fly up to our parents with Kim and Becky next month. You said you'd probably fly Atlantic Air's Fly Cheap. I just checked online, and you could save a lot if you use Excella Airline instead because your kids are 10 and 7. Be sure you buy the tickets at least one month ahead. Here's the link: www.excella-airline.com. They have great deals for couples and families. Both really reduce the cost of tickets, especially their children's ticket program. I don't know anyone who's used either one, but I'm thinking of joining their program myself. Linda and I haven't been to her parent's place in Canada for a long time. I know she'd be delighted if I surprised her with a pair of tickets. With their program, I think I can afford to take her there this summer vacation.

By the way, don't mention anything about this to Linda yet. I want it to be a surprise.

Daniel

【訳】
問題 181 ～ 185 は次の広告と E メールに関するものです。

① 広告

エクセラでもっと節約できます

　大人2人または3人のご旅行の手配が大幅に安くなる，エクセラ航空の新しいフライパル・チケットオプションを活用しませんか。フライパルでは，2枚目の大人の航空券が30パーセント引きとなります。もし大人の航空券2枚を定価でご購入された場合は，3枚目の大人の航空券が65パーセント安くなります。フライパルは，ご夫婦，大人とその親御さん，さらに同行のご友人同士でも年間を通してご利用になれます。

　ビジネスのご出張もビジネスメイツを使って節約できます。2名様以上の同僚と同じ場所へ向かわれる場合には，ビジネスメイツ法人カードをご取得ください。そうすれば，グループの方を空路でどこに派遣されても常に費用が節約できます。少なくとも1カ月前までに予約されたご本人が同行されるのであれば，2人目，3人目の方が割引となります。

　ジュニア・フライパルはもっとお得で，1人目のお子様は40パーセント引き，2人目のお子様は70パーセント引きになります。追加料金は発生しませんが，ジュニア・フライパルは大人の方の同伴なしではご利用になれません。大人の方と同乗される12歳以下のお子様に適用されます。

　詳細につきましては，1(888)297-0213までお電話ください。

② E メール

差出人：ダニエル [djohnson@gvc.net]
宛先：　マージ [daisygirl@tampatv.net]
件名：　航空券

来月，キムとベッキーを連れて父さんと母さんのところへ飛行機で行くかもって言っていたね。たぶんアトランティック航空のフライ・チープで行くだろうって。ちょうどインターネットでチェックしてみたら，子供たちは10歳と7歳だから，代わりにエクセラ航空を使えば，ずいぶん節約できるかもしれないよ。最低1カ月前に予約するようにね。これがそのリンクだよ：www.excella-airline.com。カップルや家族用の大幅割引があるみたい。両方とも，特に子供のチケット料金をずいぶん割引しているよ。どちらについても使ったことがある人を知らないけれど，僕自身はエクセラ航空のプログラムに入会しようと思っている。リンダと僕はずいぶん長いこと，カナダの彼女の実家に行っていないんだ。もし僕がチケットを2枚買って彼女を驚かせたら，彼女はきっと喜ぶはずだ。エクセラ航空のプログラムを使えば，この夏休みに彼女をカナダに連れて行くことができると思う。

ところで，このことはまだリンダには言わないでくれよ。びっくりさせたいんだ。

ダニエル

語句
□ full-price「定価の」
□ unaccompanied「同伴者のない」
□ instead「…ではなく」
□ can afford to do「…する（金銭的な）余裕がある」

READING SECTION | Part 7

181
正答率 (A)9% (B)28% (C)9% (D)54%　Target 600〜700

ポイント 詳細事項を問う

【正解】(D)

【設問】
Who can use these programs?
(A) Customers using the airline's credit card
(B) People buying tickets for other than themselves
(C) Last-minute travelers
(D) **Two or three friends or relatives**

【訳】
誰がこうしたプログラムを使えますか。
(A) この航空会社のクレジットカードを使う客
(B) 他の人のために切符を買う人
(C) 直前で切符を買う旅行者
(D) **2人か3人の友人や親類**

【解説】広告に述べられている対象者を正確におさえる。

質問文のキーワードは，Who, use, these programs。these programs は広告で説明されているプログラムを指しているので，広告で割引の対象とされている人たちを確認する。(A)クレジットカードについては言及がない。(B)「自分用ではなく，他人用」ということ。自分が含まれないと割引にならないので不適切。(C) last-minute traveler は「直前に申し込む旅行者」という意味だが，これについての言及はない。(D) 冒頭で for two or three adults と述べていることと，3人目の割引率についての言及があることから，これが正解。プログラムの対象となっている人たちは，夫婦，親子，友人，会社の同僚，また大人と同行する子供たちである。

182
正答率 (A)10% (B)12% (C)70% (D)8%　Target 600〜700

ポイント 許可されていない情報を問う

【正解】(C)

【設問】
What is NOT allowed by the programs?
(A) Use during vacation periods
(B) Travel to a foreign country
(C) **Children flying by themselves**
(D) Use by business travelers

【訳】
プログラムで許可されていないことは何ですか。
(A) 休暇中に使うこと
(B) 海外旅行
(C) **子供だけで飛行機に乗ること**
(D) 社用での利用

【解説】1つの文書だけで判断できなければ，もう一方の文書もチェック！

質問文のキーワードは What, NOT allowed。NOT allowed なので，できないことを答える。(A) Flypals is available year round とあるので，休暇中も使うことができる。(B) 広告には海外旅行についての言及はない。E メールを見ると，ダニエルはカナダにある妻の実家に行くチケットを買うためにプログラムに参加するつもりだと書いている。彼が住んでいる国は書かれていないが，わざわざ「カナダの実家」と書いているので2人が住んでいるのはカナダではないと考えられる。よって，「海外旅行」にも使える。(C) 広告に，Junior Flypals cannot be used by unaccompanied children. とある。大人が同伴していない子供は使えないということなので，これが正解。(D) BusinessMates というビジネス使用向けのプログラムもあるので，社用での使用は可能である。

183
正答率 (A)43% (B)22% (C)13% (D)22%　Target 800

ポイント 語彙を問う

【正解】(D)

【設問】
In the advertisement, the word "extraordinary" in paragraph 1, line 1, is closest in meaning to
(A) unexpected
(B) lucky
(C) legal
(D) **sizable**

【訳】
広告の第1段落1行目にある "extraordinary" に最も意味が近いのは
(A) 予想外の
(B) 幸運な
(C) 合法の
(D) **かなり大きな**

【解説】英文の中で使われている意味を文脈から考える。

extraordinary savings の savings は「節約」という意味。この箇所だけでははっきりと判断することはできないが，これ以降比較的大きな割引率の話が出てくるので，extraordinary は「大幅な」という意味だと推測できる。(A)「予想外の」という意味だが，客は割引を知っていて買うので，文脈に合わない。(B) や (C) も同様に，広告の内容と照らし合わせると意味が合わない。(D) sizable は，size に -able がついたもので「かなり大きな」という意味を表す。これが正解。なお, extraordinary は形容詞 ordinary (普通の；ありふれた) に「〜の範囲外の；ふつう以上の」の意味の接頭辞 exrta- がついた語である。

108

184

正答率　(A)56%　(B)16%　(C)17%　(D)11%　Target 600〜700

ポイント 金額を問う

【正解】(A)

【設問】
How much can Daniel save on Linda's ticket?
(A) 30 percent
(B) 40 percent
(C) 65 percent
(D) 70 percent

【訳】
ダニエルはリンダのチケットでいくら節約できますか。
(A) 30 パーセント
(B) 40 パーセント
(C) 65 パーセント
(D) 70 パーセント

【解説】複数の数値の情報に惑わされないようにしよう。

質問文のキーワードは，How much, save, on Linda's ticket。割引がどのように適用されるのかをしっかり判断しよう。Eメールの差出人がダニエルで，その妻がリンダである。広告に，With Flypals, the second adult ticket is 30 percent cheaper. とあることから，ダニエルとリンダがチケットを買った場合，ダニエルの分は正規の料金で，2人目であるリンダのチケットが30パーセントの割引となる。よって，(A) が正解。(B) は同伴の子供1人目の割引率，(C) は2枚の大人のチケットを定価で購入した場合の3人目の大人の割引率，(D) は同伴の子供2人目の割引率。

185

正答率　(A)23%　(B)10%　(C)49%　(D)18%　Target 600〜700

ポイント 今後の行動を問う

【正解】(C)

【設問】
What would Marge most likely use?

(A) Flypals
(B) BusinessMates
(C) Junior Flypals
(D) Fly Cheaps

【訳】
マージはおそらく何のプログラムを利用すると思われますか。
(A) フライパル
(B) ビジネスメイツ
(C) ジュニア・フライパル
(D) フライ・チープ

【解説】各文書に述べられている情報を正確にとらえ，統合して考える。

質問文のキーワードは What, Marge, most likely use。マージはEメールの受取人。メールの冒頭から，マージがキムとベッキーを両親のところに連れて行く予定であるとわかり，さらにキムとベッキーが10歳と7歳であるということが続く文脈からわかる。したがって，広告に書かれている12歳以下の子供料金が適用されると判断できる。このことから，ダニエルの助言をもとにマージは (C) のジュニア・フライパルを利用してチケットを買うと判断できる。(D) は別の航空会社のプログラムのことで，マージが当初使うかもしれないとダニエルに言っていたものである。

READING SECTION Part 7

【パッセージ】
Questions 186-190 refer to the following article, memo and chart.

① article

Furniture Homes Buys Jackson Furnishings

In local business news, the Furniture Homes furniture store chain of Florida has acquired Jackson Furnishings, a group here in Connecticut. Furniture Homes officials said they intend to retain Jackson's colonial product line. "Jackson's has high-value furniture with a historic look, which is not in conflict with our hope to market furniture of all kinds."

Jackson's Furnishings began as a single New Haven store which marketed 18th-century New England styles. Its product line expanded, but its traditional style still won many home-decorating awards.

Furniture Homes, with styles ranging from French Provincial to Swedish modern, has constantly had to change its merchandise and its suppliers. Furniture Homes plans to sell high-quality Jackson furniture as one of its product lines.

The president of Jackson Furnishing is likely to hold the position of senior vice-president in the relaunched Furniture Homes in Florida.

② memo

To: Jackson executives
From: Doug Smith, President

With the merger now a certainty, many of you will be moving into significantly different jobs. Twelve of you will be asked to relocate to Florida and elsewhere as Design Corners are added to stores nationwide. These will be temporary positions of three to six months in length. Some assignments will be in individual stores, and other works will be at our new corporate headquarters.

Let's make each Furniture Homes store just as great a place for furniture of all kinds as Jackson stores have been for our historic furniture style all these years.

③ chart

◆ Comparison Chart ◆

	Jackson Furnishings	Furniture Homes
Designs	one focus	various styles
Style themes	based on company's history	reflect changing tastes over time
Source	company built	purchased from suppliers
Pricing	mid- to upper-range	from low to high
Chain size	local only	national

Jackson is suited to be a small section within the larger Furniture Homes, to attract a luxury audience.

【訳】

問題 186-190 は次の記事、社内文書、図表に関するものです。

①記事

ファニチャー・ホームズ社がジャクソン家具を買収

　地元の経済情報によると、フロリダの家具店チェーンであるファニチャー・ホームズ社が、このコネチカット州の家具店グループであるジャクソン家具を買収した。ファニチャー・ホームズ社関係者によると、同社はジャクソン社の伝統的なコロニアル風製品ラインは維持していくつもりだという。「ジャクソン社の家具には、我が社のすべての種類の家具を市場に出したいという希望と対立しない、価値の高い家具としての由緒ある歴史があります」と語っている。

　ジャクソン家具は、18世紀のニュー・イングランド様式を継承するニュー・ヘイブンの一店舗として創業した。取り扱い品目は拡大したが、それでも、その伝統的な様式はいくつもの家具装飾賞を勝ち取った。

　ファニチャー・ホームズ社は、フランスの田舎風から現代スウェーデンまでのスタイルの幅を持っているが、商品や仕入れ業者を常に変えなければならなかった。ファニチャー・ホームズ社は、高品質のジャクソン家具を自分たちの1つのスタイルとして売る計画である。

　ジャクソン家具の社長はフロリダの新体制ファニチャー・ホームズ社の副社長の座に着く模様である。

②社内文書

ジャクソン取締役各位
社長　ダグ・スミスより

合併が確実なものとなった今、皆さんの多くはかなり違った仕事に移っていただくことになるでしょう。デザインコーナーがファニチャー・ホームズ社の全国の店舗に増設されるため、皆さんのうちの12人はフロリダあるいは他の地への転勤を要請されることになるでしょう。これは3カ月から半年くらいの一時的な仕事です。個々の店舗に配属されたり、新本社に勤務ということになるかもしれません。

ジャクソン家具の店が長年歴史的な様式の家具店であり続けたように、彼らの各店舗をあらゆる種類の家具がそろう素晴らしい店にしていこうではありませんか。

③図表

◆比較表◆

	ジャクソン家具社	ファニチャー・ホームズ社
デザイン	1つにフォーカス	さまざまなスタイル
スタイルテーマ	会社の歴史に基づく	時代とともに変化する好みを反映
仕入れ先	自社製造	業者から買い入れ
価格帯	中間の価格帯以上	低価格帯から高価格帯まで
チェーンの規模	地元限定	全国展開

富裕層を惹きつけるために、ジャクソンをより大きなファニチャー・ホームズ社内の1セクションとするのが適切である。

語句

- acquire「～を獲得する、～を買収する」
- retain「～を維持する」
- colonial「植民地風の、コロニアル風の」
- conflict「摩擦、ぶつかり合い」
- merchandise「商品」
- certainty「確かなこと」
- significantly「かなり、大いに」
- temporary「一時的な」
- corporate headquarters「本社」

READING SECTION　Part7

186
正答率　(A)9%　(B)10%　(C)11%　(D)70%　Target 500

ポイント 行動を問う

【正解】(D)

【設問】
What has Furniture Homes done?
(A) Sold a Connecticut chain
(B) Stopped selling colonial furniture
(C) Changed its name to Jackson Furnishings
(D) Bought a specialized furniture store

【訳】
ファニチャー・ホームズ社は何をしましたか。
(A) コネチカット州のチェーンを売却した
(B) コロニアル風家具の販売を止めた
(C) 社名をジャクソン家具に変更した
(D) 特化した家具店を買収した

【解説】キーワードに注目して言及箇所を拾い，検討しよう。

質問文のキーワードは What, Furniture Homes done。Furniture Homes は，冒頭に出てくるように，フロリダを本拠地とし，全国展開する家具店チェーンである。記事の見出し，および記事の冒頭で has acquired Jackson Furnishings と述べている点から，ジャクソン家具を買収したと判断できる。(A) ファニチャー・ホームズ社は買収した側である。(B) は逆。買収した後も，colonial furniture は維持すると書いてある。(C) も逆。Furniture Homes の名前は残り，Jackson Furnishings という名前が消える。ニュー・イングランド様式の家具を扱うジャクソン家具を「特化した家具店」と表現し，それを買ったとしている (D) が正解。

187
正答率　(A)19%　(B)23%　(C)49%　(D)9%　Target 600〜700

ポイント 語彙を問う

【正解】(C)

【設問】
In the article, the word "conflict" in paragraph 1, line 7, is closest in meaning to
(A) warfare
(B) argument
(C) disagreement
(D) misjudgment

【訳】
記事の第1段落7行目にある "conflict" に最も意味が近いのは
(A) 戦争
(B) 論争
(C) 不同意
(D) 誤解

【解説】文章の中で使われている意味に基づいて答えを考える。

conflict という語が出てくる部分を参照すると，... which is not in conflict with our hope to market furniture of all kinds とある。「すべての種類の家具を市場に出したいという我が社の希望と対立しない…」という意味。つまりこの conflict が表しているのは「合わないこと」という意味なので，(C) が最も意味が近い。文書自体に戦争状態や論争のことは出てこないので，(A) や (B) は除外できる。また (D) の「誤解」も合わない。

188
正答率　(A)17%　(B)46%　(C)25%　(D)12%　Target 600〜700

ポイント 詳細事項を問う

【正解】(B)

【設問】
How is Jackson Furnishings different from Furniture Homes?
(A) Jackson Furnishings operates nationwide.
(B) Goods at Furniture Homes include low-cost furniture.
(C) Furniture Homes keeps the same styling themes.
(D) Jackson Furnishings buys from many suppliers.

【訳】
ジャクソン家具はファニチャー・ホームズ社とどのような点に違いがありますか。
(A) ジャクソン家具は全国展開している。
(B) ファニチャー・ホームズ社の商品には低価格の家具がある。
(C) ファニチャー・ホームズ社は同じテーマのスタイルを保持している。
(D) ジャクソン家具は多くの仕入れ業者から買い入れている。

【解説】表の情報を正確に読み取り，選択肢と比べて考えよう。

質問文のキーワードは, How, different from。2つの会社を比較しているので，3つ目の文書である比較表で判断するとよい。それぞれの選択肢を検証していこう。(A)「全国展開」しているのはファニチャー・ホームズ社である。(B) ファニチャー・ホームズ社の Pricing の欄には from low to high とあるので, low-cost furniture を販売している。一方，ジャクソン家具は mid- to upper-range とあり，低価格の家具は販売していないことがわかる。よって (B) が正解。(C) 同じスタイルを維持しているのはジャクソン家具である。(D) 多くの業者から仕入れているのはファニチャー・ホームズ社である。

189

正答率　(A)15%　(B)22%　(C)38%　(D)25%

ポイント 示唆されていないことを問う

【正解】(C)

【設問】
What has NOT been suggested about the relaunched company?
(A) Many Jackson managers will move.
(B) Furniture Homes will sell traditional furniture.
(C) It will not depend upon their suppliers anymore.
(D) Doug Smith will become a vice-president.

【訳】
新生の会社について示唆されていないものはどれですか。
(A) ジャクソン社の多くのマネージャーたちが転勤になる。
(B) ファニチャー・ホームズ社は伝統的な家具を売る。
(C) 今後は仕入れ業者には頼らない。
(D) ダグ・スミス氏が副社長になる。

【解説】 各選択肢を1つずつ各文書の内容と照合して判断する。

the relaunched company というのは新体制の Furniture Homes のことを指す。質問文に NOT があるので，述べられていることを除外していこう。(A) スミス氏は社内文書で，取締役のうち12人は全国の各支店に派遣されるだろうと述べている。(B) ジャクソン家具の伝統的な家具は今後も売ると記事に書かれている。(C) ジャクソン家具の伝統的な家具は新会社の1セクションとして残るが，ファニチャー・ホームズ社の仕入れて売る形も残る。よって，「仕入れ業者には頼らない」とは言っていないので，これが正解。(D) ダグ・スミス氏は社内文書を書いた人物で，記事の最後に新たな会社の副社長になるとある。

P.122【攻略ポイント】へ

190

正答率　(A)13%　(B)18%　(C)16%　(D)53%

ポイント 今後の行動を問う

【正解】(D)

【設問】
What would Mr. Smith probably do in the near future?
(A) Leave the furniture business
(B) Work at the design division of Furniture Homes
(C) Stop selling Swedish modern furniture
(D) Move from Connecticut to Florida

【訳】
スミス氏は近い将来に何をすると思われますか。
(A) 家具業界から退く
(B) ファニチャー・ホームズ社のデザイン部で働く
(C) 現代スウェーデン風家具を売るのを止める
(D) コネチカットからフロリダへ移る

【解説】 複数の文書に散らばった手がかりを組み合わせて正解を絞り込む。

質問文のキーワードは What, Mr. Smith, do, in the near future。現在スミス氏はジャクソン家具の社長であることが社内文書からわかり，また，記事を見ると最後に「ジャクソン家具の社長は新体制のファニチャー・ホームズの副社長になる」とある。記事の最後に the relaunched Furniture Homes in Florida とあるので，スミス氏はジャクソン家具の拠点であったコネチカットからフロリダに移ると判断できる。よって，(D)が正解となる。

113

READING SECTION — Part 7

Questions 191-195 refer to the following e-mail, notice and note.

① e-mail

To: All employees <staff@mercurymusic.co.au>
From: Patty Jasper <jasperp@mercurymusic.co.au>
Subject: Company summer picnic

It's nearly time for the Mercury Music summer picnic. We'll use the inland mountain Currumbin Rock Pools as usual, but we're going to try something quite different for cooking arrangements. We'll only provide beverages this year. Please bring either a salad or a dessert to share. For the main courses, we'd like people to use individual cooking pits. This means we'll likely gather together at the start of the meal and then again at the end. We'll have a small number of fully-prepared meals for purchase if you haven't organized anything to cook.

There will be various sports activities, some speeches and music. Don't forget to bring your Mercury Music CDs! However, much of the time will be spent in individual family groups.

② notice

Area for Individual Family Cooking
　extensive car park (near the picnic grounds)
　20 cooking pits (sign up with Patty Jasper)
　each with one picnic table
　5-minute walk from the picnic pavilion
　view of the sports field and children's playground

Bring your own charcoal and tableware to cook your meal.
Sign up ahead of time, or you may not get a cooking pit! If you can't cook for yourselves, you can buy our prepared boxed meals.
Wear comfortable shoes if you plan to go hiking by the famous rock pools in the river.

③ note

Alice,
I dropped by, but I see you're not at your desk. I'm going to reserve a cooking pit at Currumbin. Would you like to eat with my family? We cook out a lot and will be fixing barbecued seafood. It's my specialty. I know you eat in restaurants a lot and I thought you might not be all that familiar with outdoor cooking being from Melbourne. Here in Queensland, outdoor cooking is something we know and love from childhood. It could help you get settled in since you've only recently come to work at our Brisbane office. Let me know what you think.

Gordon

【訳】
問題 191 ～ 195 は次の E メール，お知らせ，メモに関するものです。

① E メール

受取人： 全従業員 <staff@mercurymusic.co.au>
差出人： パティ・ジャスパー <jasperp@mercurymusic.co.au>
件名： 会社のサマー・ピクニックの件

もうすぐマーキュリー音楽社の全社ピクニックです。いつものように，内陸にあるカランビン・ロック・プールを使いますが，料理の準備にはかなり違うことを試すつもりです。今年はこちらでは飲み物だけは用意します。サラダやデザートは持参して皆でシェアしてください。メインの料理については，皆さんにそれぞれ調理場を使ってもらいます。つまり，食事の初めと終わりに皆さんが集まるようにするわけです。もし何も料理しないつもりで来た場合に買えるようにこちらで少しだけ食事を用意します。

いろいろなスポーツの催しやスピーチ，音楽が準備されています。マーキュリー音楽社の CD を忘れないで持ってきてくださいね！いずれにしても，時間の大半はそれぞれの家族で過ごすことになるでしょう。

② お知らせ

家族単位の料理の場所
　増設の駐車場（ピクニック広場近く）
　調理場 20 カ所（パティ・ジャスパーに申し込むこと）
　ピクニックテーブルがそれぞれ 1 卓付属
　ピクニック本部席から歩いて 5 分
　スポーツグラウンドや子供の遊び場が見えます。

調理のための自分用の木炭，食器類を持参のこと。
事前に申し込むこと。でないと，調理場は使用できません。自身で調理できない場合は，こちらで用意した食事を購入することができます。
有名な川沿いの岩場の水辺をハイキングする予定の人は履きやすい靴を着用してください。

③ メモ

アリスへ，
立ち寄ってみたけど，君はデスクにいないようだ。カランビンでの調理場を 1 つ予約するつもりだよ。僕の家族と一緒に食べないか。僕らはよく野外で料理をしてシーフードバーベキューを作るんだ。僕の得意料理でね。君がレストランでよく食事をするのは知っているし，メルボルン出身だから，野外での料理には慣れていないんじゃないかと思ってね。ここクイーンズランドでは，子供の頃から野外での料理は皆よく知っていて，大好きなんだよ。君はこのブリスベン支社に来たばかりだから，慣れるのにいい機会かもしれない。どう思うか教えて。

ゴードン

語句
- inland「内陸の」
- beverage「飲み物」
- for purchase「買うための」→「お金が必要な」という意味。
- extensive「拡張された」
- charcoal「木炭」
- specialty「専門，専門分野」
- get settled「(引っ越して)落ち着く」

READING SECTION　Part7

191

正答率　(A)14%　(B)12%　(C)68%　(D)6%　Target 500

ポイント 行動を問う

【正解】(C)

【設問】
What are these employees preparing to do?
(A) Improve their eating habits
(B) Visit a community pool
(C) Attend a seasonal social event
(D) Offer educational courses at the company

【訳】
この従業員たちは何をしようとしていますか。
(A) 食事の習慣を改善する
(B) 地域のプールに行く
(C) 親睦会に出席する
(D) 会社で学習コースを提供する

【解説】文書全体を見渡し，状況を判断しよう。

E メールを見ると件名に Company summer picnic とある。他にも cooking arrangements, outdoor cooking などの表現が見られることから，会社の野外ピクニックを計画していると判断できる。これは社員の親睦のために行うものなので, a seasonal social event と表現している (C) が正解。(B) 行く場所の名前は, Currumbin Rock Pools だが, rock pool は海や川の水のたまっている場所のことを指すので，いわゆる「プール」ではない。(A), (D) については言及がない。

192

正答率　(A)12%　(B)20%　(C)10%　(D)58%　Target 600〜700

ポイント 示唆内容を問う

【正解】(D)

【設問】
What is implied by the notice?
(A) They cannot come by car.
(B) The event is for employees only.
(C) The event requires formal dress.
(D) Reservations are not compulsory.

【訳】
お知らせではどんなことが示されていますか。
(A) 車で来ることはできない。
(B) イベントは従業員限定である。
(C) イベントには正装が必要である。
(D) 予約は必須ではない。

【解説】書かれている情報を適切に言い換えている選択肢を選ぶ。

質問文に by the notice とあるので，2つ目の文書を見て答える。(A) 車については, extensive car park とあるので，車で来ることはできるはず。(B) お知らせのタイトルに Family Cooking とあるので，従業員の家族を連れて行けるとわかる。(C) 正装についての記述はない。また, Sign up ahead of time とあるが, E メールのほうには，予約をしなくて，あるいは間に合わなくて調理場が使えない人のために有料で食事が用意されていると書かれているので，どうしても必要というわけでない。よって (D) が正解。

193

正答率　(A)17%　(B)11%　(C)65%　(D)7%　Target 600〜700

ポイント 理由を問う

【正解】(C)

【設問】
Why does Gordon invite Alice to join him?
(A) He wants to make use of her expertise.
(B) She loves all kinds of outdoor sports.
(C) She is new to the area.
(D) They are both vegetarians.

【訳】
ゴードンさんはなぜアリスさんを誘ったのですか。
(A) 彼女の得意なことを活用したいから。
(B) 彼女はいろいろな屋外でのスポーツが好きだから。
(C) 彼女はこの地に来たばかりだから。
(D) 彼らは2人ともベジタリアンだから。

【解説】書かれている情報を適切に言い換えている選択肢を選ぶ。

質問文のキーワードは Why, Gordon invite Alice。ゴードンさんとアリスさんのことが問われているので，3つ目の文書であるメモを読む。ゴードンさんがアリスさんに since you've only recently come to work at our Brisbane office と書いていることから，彼女がブリスベンに来てまだ間もないことが理解できる。これを, new to the area と表現している (C) が適切である。(A) アリスさんの得意なことについては言及がない。(B), (D) についてもそのようなことは言及がない。

194

正答率 (A)11% (B)11% (C)25% (D)53%

Target 600〜700

ポイント 詳細事項を問う

【正解】(D)

【設問】
What will the company itself take care of?
(A) Bringing the fuel for the fires
(B) Transporting all the people by bus
(C) Providing all the music
(D) Arranging and providing all drinks

【訳】
会社側で面倒を見るのは何ですか。
(A) 燃料を持ってくること
(B) 人をバスで運ぶこと
(C) すべての音楽を提供すること
(D) 飲み物をすべて準備して提供すること

【解説】各選択肢の内容を文書と照らし合わせて確認する。

質問文のキーワードは, What, the company, take care of。会社が用意する物を尋ねているので, 上の2つの文書から手がかりを探す。(A) fuel(燃料)は charcoal(木炭)のことで,「持参すること」とあるので, 会社側では用意しない。(B) 駐車場があると述べており, バスについての言及はない。(C)「CDを持ってくるように」とあるので, 誤り。(D) Eメールに We'll only provide beverages とあるので, 会社が飲み物だけは用意するとわかる。よって, これが正解。

195

正答率 (A)8% (B)68% (C)13% (D)11%

Target 600〜700

ポイント 詳細事項を問う

【正解】(B)

【設問】
What is this area known for?
(A) Racing cars
(B) Hiking along a river
(C) Swimming in the sea
(D) Eating at its many restaurants

【訳】
この地域は何で有名ですか。
(A) カーレース
(B) 川沿いのハイキング
(C) 海水浴
(D) 多くのレストランでの食事

【解説】紛らわしい語からの連想で答えないよう注意。

この場所の特徴については, notice に the famous rock pools in the river とある。川沿いの岩場に水たまりができているような場所で, そこを hiking できると書いてある。よって, (B) が適している。pool から (C) の swimming を連想しないこと。さらに, E メールの場所の説明に, inland(内陸の)と書いてあるので, in the sea が不適切。(A), (D) については言及がない。

READING SECTION Part 7

【パッセージ】
Questions 196-200 refer to the following notice, schedule and e-mail.

① notice

National Home staff:

We know that many staff members are deeply interested in owning their own homes. Most couples want to do this. Your home can be a great investment and is surely the largest purchase you are likely to make in a lifetime. To help you take this very big step in your life, British National Home Supply annually organizes "Buying Your First Home" as an after-work course held twice a week. This goes along with our work as a company. We are one of the largest sellers of furniture, appliances and tools for do-it-yourself projects. Homeowners buy all of these in far greater numbers than renters do.
To start you on the path to home ownership, a bank representative will explain home financing. Also, a well-known guest speaker will give you advice before you start house-hunting. Perhaps, the most important part will be the final class, in which a group of your co-workers tell how they themselves improved their homes.

② schedule

Schedule of Lessons for "Buying Your First Home"

week 1:		money requirements
week 2:		checklist for the home you want
week 3:		"House-hunting in Britain" Q & A, with a guest speaker, Nigel Blake
week 4:		understanding home layout plans
week 5:		training in the use of home improvement tools
week 6:		experience of veteran homebuyers

The course is designed for partners / spouses to study and plan together.
A gift certificate will be given to each participant who completes the class.

③ e-mail

To:	Amanda Wells <mandywells@walesonline.co.uk>
From:	Portia Kennedy <PRKennedy@nationalhome.co.uk>
Subject:	House-hunting in Britain

I know you've watched "House-hunting in Britain" ever since we were at university. A couple of weeks ago, the TV program host spoke to my class. I'm doing a course about buying a home. Next year, Roger and I are going to move out of our flat and buy a terraced house. Mr. Blake had a ton of good ideas for what to be careful of. And you won't believe it. Now, I'm learning to hang wallpaper! It's not a lot of work. It's really fun. I really feel like I'm an adult now. I was never very handy around the house in my youth, but now I am. When we get our place, come back to Yorkshire. It will very likely have new wallpaper I hung myself.

【訳】
問題 196 ～ 200 は次のお知らせ，スケジュール，E メールに関するものです。

①お知らせ

ナショナル・ホームのスタッフへ：

多くのスタッフの皆さんは自分の家を持つことに深く興味があることでしょう。多くのご夫婦がそうしたいと思っています。家は大きな投資になりますし，おそらく一生のうちで最も大きな買い物となるでしょう。一生のうちでのこの非常に大きな一歩を踏み出すお手伝いをするために，ブリティッシュ・ナショナル・ホーム・サプライでは毎年，勤務終了後の学習として「初めてのマイホームの購入」講座を週に2回開講しています。これは，社としての業務の一環として行うものです。私たちは，家具，電化製品，DIY の道具などの最大の販売業者の1つです。家を持っている人たちは，賃借の人たちよりもはるかに多くこうしたものを購入します。

家の所有者になる道を歩き始めるにあたり，銀行の担当者から住宅融資についての説明があります。また，著名なゲストスピーカーが皆さんが住宅探しを始める前の助言をしてくださいます。おそらく最も重要な部分は，皆さんの同僚の方がどのようにして自分の家をいいものにしていったかといったこと聞く，最後の講座だと思われます。

②スケジュール

「初めてのマイホームの購入」講座の受講スケジュール

第1週：金銭的な必要条件
第2週：ほしい家のチェックリスト
第3週：ゲストスピーカーのナイジェル・ブレイクさんによる「イギリスで家探し」Q & A
第4週：家の間取りプランの理解
第5週：住宅改善用道具の使い方トレーニング
第6週：経験豊かな住宅購入者の話

この講座は，パートナーや配偶者の人たちが一緒に学習するように構成されています。
講座修了の各参加者には，商品券を差し上げます。

③E メール

受取人：アマンダ・ウェルズ <mandywells@walesonline.co.uk>
差出人：ポーシャ・ケネディ <PRKennedy@nationalhome.co.uk>
用件：「イギリスで家探し」のこと

大学時代からあなたが「イギリスで家探し」を見ているのは知っているわ。2週間ほど前，その番組の司会者が講座で話をしたの。私は家を買うことについての講座を受けているのよ。来年，ロジャーと私はアパートを出てテラスハウスを買う予定なの。ブレイクさんには注意すべきことについて山ほど考えがあってね。それから，信じられないと思うけど，今私は壁紙を貼り方を習っているのよ！そんなに大変なことでもなくて，とっても楽しいの。本当に自分が大人になったなって感じるわ。小さい頃は家のまわりのことについては不器用だったけど，今は違うの。私たちが家を買ったら，ヨークシャーに戻ってきてね。私が自分で貼った壁紙があるわ，きっと。

語句

- investment「投資」
- annually「毎年，年恒例の」
- representative「担当者，代表者」
- veteran「経験豊かな」
- spouse「配偶者」
- flat「アパート，マンション」
- terraced house「テラスハウス」複数の家がつながって1棟のようになった建物。

196

正答率 (A)44% (B)8% (C)42% (D)6% Target 600〜700

ポイント 事業内容を問う

【正解】(C)

【設問】
What industry is this company in?
(A) Home sales
(B) Vocational training
(C) Home furnishings
(D) Broadcasting

【訳】
この会社はどんな業種ですか。
(A) 家の販売
(B) 職業訓練
(C) 屋内装備
(D) 放送

【解説】抽象的な言い換えに惑わされないようにしよう。

質問文のキーワードは, What industry, this company in。1つ目の文書であるお知らせの中ほどに, We are one of the largest sellers of furniture, appliances and tools for do-it-yourself projects. とある。よって, この会社が販売しているものを Home furnishing と言い換えた (C) が正解。(A) 家そのものを売っているわけではない。(B), (D) については言及がない。

197

正答率 (A)19% (B)62% (C)16% (D)3% Target 600〜700

ポイント 詳細事項を問う

【正解】(B)

【設問】
Who is expected to attend the class?
(A) Furniture craftsmen
(B) Company employees and spouses
(C) Appliance repairmen
(D) Fitness trainers

【訳】
講座には誰が出席すると思われますか。
(A) 家具職人
(B) 会社の従業員と配偶者
(C) 電化製品の修理人
(D) フィットネスのトレーナー

【解説】文書全体を検索し, 対象者の情報をすばやく見つけよう。

質問文のキーワードは, Who, attend the class。2つ目の文書の下に, The course is designed for partners / spouses to study and plan together. とある。ここから, 従業員のパートナーおよび配偶者の出席も想定していることがわかるので, (B) が正解。(A) furniture という語は文書にも出てくるが, craftsmen が出席するとは書いていない。(C), (D) については言及がない。

198

正答率 (A)11% (B)19% (C)17% (D)53% Target 800

ポイント 詳細事項を問う

【正解】(B)

【設問】
What do participants receive at the end of the event?
(A) A ticket to a TV show
(B) A coupon for purchases
(C) An autograph by Nigel Blake
(D) A course completion certificate

【訳】
イベントの終わりに, 参加者は何をもらいますか。
(A) テレビ番組のチケット
(B) 品物が購入できるクーポン
(C) ナイジェル・ブレイクさんのサイン
(D) コースの修了証

【解説】細かい記述にも注意して手がかりを探そう。

質問文のキーワードは, What, participants, receive。the event というのは, 講座のことである。2つ目の文書の最後に, A gift certificate will be given to each participant who completes the class. とある。gift certificate というのは「商品券, ギフト券」という意味で, これを coupon と言い換えた (B) が正解。

(C) ブレイクさんは講師として登壇するが, サインについては言及がない。(D) には certificate も completion も使われていて非常に紛らわしいが, これは修了証のことで商品券ではない。

199

正答率　(A)16%　(B)11%　(C)38%　(D)35%

Target 800

ポイント 詳細事項を問う

【正解】(D)

【設問】
How is Mr. Blake well-known?
(A) As a banker
(B) As a famous company owner
(C) As an architect
(D) **As a TV personality**

【訳】
ブレイク氏はどのように有名なのですか。
(A) 銀行家として
(B) 有名な会社のオーナーとして
(C) 建築家として
(D) テレビのパーソナリティとして

【解説】複数の文書からの情報を組み合わせて正解を導く問題。

Blake という人名は2つ目の文書のスケジュールと，3つ目の文書のEメールに出てくる。Eメールを見ると，"House-hunting in Britain" がテレビ番組であり，その司会者が講座で話したことがわかる。スケジュールと照らし合わせると，この番組名と，ゲストスピーカーとしてブレイクさんの名前が書かれており，(D) の「テレビのパーソナリティ」が答えとして最も適切だと言える。(A) 銀行の人も講座で話すが名前はどこにも出てこない。(B) ブレイクさんが会社を所有しているという言及はない。(C) も同様に言及されていない。

200

正答率　(A)14%　(B)23%　(C)13%　(D)50%

Target 600〜700

ポイント 今後の行動を問う

【正解】(D)

【設問】
What is Ms. Kennedy likely to do next year?
(A) Return to university
(B) Advise Mr. Blake about house-hunting
(C) Visit a television studio
(D) **Show Ms. Wells her new home**

【訳】
ケネディさんは来年何をすると思われますか。
(A) 大学に戻る
(B) ブレイクさんに住居購入についての助言をする
(C) テレビ局を訪問する
(D) ウェルズさんに新しい家を見せる

【解説】書かれていることを根拠に今後の状況を判断する。

質問文の Ms. Kennedy とは3つ目の文書の差出人である。その中で，アパートを出て家を買う予定だと述べている。そして，Eメールの最後に「家を買ったらヨークシャーから帰ってきて」と述べているので，ウェルズさんに家を見せるつもりだと考えられる。よって，(D) が正解。(B) ブレイクさんのほうが助言をする立場である。(A)，(C) については言及がない。

Part 7 攻略ポイント

【全レベル対象アドバイス】

●文書別のポイントを確認しよう。

文書の概要を把握するために，まず導入文の refer to the following ... という部分で文書タイプを確認し，さらにそれが誰から誰宛ての文書で，目的は何なのかを把握する習慣をつけよう。代表的な文書タイプとしては次のようなものがある。

《手紙》
まず冒頭の「宛名(＋社名や肩書き)」と，末尾の「差出人名(＋社名や肩書き)」を確認する。次に，第1段落の初めの数文に目を通し，目的をとらえる。

《Eメール》
まずヘッダーを見て「宛先(To)」「差出人(From)」「件名(Subject / Re)」を把握する。「件名」部分には文書の話題や目的を大まかに示しているので，目的や話題が問われている場合はヒントになる。

《広告》
タイトルや見出しなどから，宣伝されている商品・サービスの内容，対象者(ターゲット)，広告の目的などをとらえよう。

《記事》
まずタイトルを確認して，記事の話題を把握する。記事の中にいくつか段落がある場合には，段落間をつなぐ語(However, Therefore, In addition など)に注意し，段落と段落のつながりを意識して全体の流れを掴む。

《表・グラフ》
タイトルや表示項目に注目し，内容・目的を把握する。軸，単位，数値，対象，サンプル数，注，最大値，最小値，増減(増加，減少，変化なし)，などに注目する。

《テキストメッセージ》
新形式の問題として加わった文書タイプ。数名の間のオンラインでのテキストメッセージのやりとり。会話を聞くのと同じで，登場人物同士の関係や置かれている状況を意識しつつ全体の流れをとらえることが重要。文字量はさほど多くないので，最初から通して全文を読むようにしよう。

●言い換え表現に注意。

設問や選択肢では，英文中の語句や表現がそのまま使われているのではなく，言い換え表現が用いられていることが多い。頻出の言い換え表現にすばやく気がつくことができるようになろう。(太字は設問・選択肢に出てくるもの)

《動詞》
・**establish** / **start**【設立する】▶ 158
・**drop by** / **call on** / **visit**【訪れる】▶ 167
・**replace** / **substitute** / **exchange**【交換する】
・**postpone** / **put off** / **adjourn**【延期する】
・**call off** / **cancel**【中止する】
・**reject** / **turn down** / **refuse** / **decline**【拒否する】

《副詞》
・**currently** / **presently** / **at present**【現在】

《形容詞》
・**controversial** / **disputable**【議論の余地のある】▶ 174

・**current** / **present** / **contemporary**【現在の】▶ 175
・**complimentary** / **free** / **free of charge**【無料の】
・**compulsory** / **mandatory** / **obligatory**【義務的な】
・**indispensable** / **essential** / **necessary**【不可欠な】
・**eligible** / **entitled** / **qualified**【資格のある】

《名詞》
・**repair** / **fix** / **mend**【修理】▶ 155
・**occupation** / **job** / **business**【職業】▶ 164
・**admission** / **entrance**【入場】▶ 154
・**conservation** / **protection**【保護】▶ 177
・**firm** / **company** / **corporation** / **enterprise**【会社】
・**superior** / **boss** / **supervisor**【上司】
・**refund** / **reimbursement** / **repayment**【返金】

【目標レベル別アドバイス】

●複数文書を参照する問題での情報検索に慣れる。

Target 600～700

2つまたは3つの文書を読んで答える問題では，最初から全文を読もうとすると時間をとられる。各文書の関係をすばやく掴み，必要な情報がどこにありそうか目星をつけて検索することが重要。
・ある情報とそれに対する反応，返信
　求人広告 / 応募の手紙　　▶ 176～180
　イベント告知のメール / 友人への誘い　▶ 191～195
　Eメール / Eメールへの返信
　新聞記事 / 記事への感想・コメント
　請求書 / 請求内容に対する問い合わせ
・ある情報とそれをもとにした発信
　サービスの広告 / 家族への情報提供のためのメール
　　　　　　　　　　　　　　　　▶ 181～185
　会議の日程表 / 同僚へのスケジュール調整のメール
・ある文書とそれに同封，添付されているデータや情報
　イベントの告知 / 会場設備の詳細情報，注意事項
　　　　　　　　　　　　　　　　▶ 191～195
　社内講座のお知らせ / 講座の開催スケジュール
　　　　　　　　　　　　　　　　▶ 196～200

● NOT 問題の処理をすばやく確実に。

Target 800

「文書内で言及されていない情報」など，条件に当てはまらない選択肢を選ぶ問題では，各選択肢を1つずつ文書全体と照合し，消去法で解くのが一般的。広範囲を参照しなければならないので，Part 7 の設問の中でも時間がかかる設問と言える。文書全体から要点をすくい取るように読む(スキミング)トレーニングを積み，必要な情報にすばやくたどり着けるようにしよう。
・Which information is NOT mentioned in the letter?
　　　　　　　　　　　　　　　　▶ 180
・What has NOT been suggested about the relaunched company?　▶ 189

分析！解決！TOEIC®テスト模試 解答用紙

- 解答に自信がない問題は、問題番号横の□にチェックを入れておき、後でしっかり解説を確認しましょう。
- 本番と同形式のマークシートで演習したい方は、125ページを使用してください。

L	/100
R	/100
合計(L+R)	/200

LISTENING SECTION

Part 1 /6

NO.	ANSWER A B C D
1	Ⓐ Ⓑ Ⓒ Ⓓ
2	Ⓐ Ⓑ Ⓒ Ⓓ
3	Ⓐ Ⓑ Ⓒ Ⓓ
4	Ⓐ Ⓑ Ⓒ Ⓓ
5	Ⓐ Ⓑ Ⓒ Ⓓ
6	Ⓐ Ⓑ Ⓒ Ⓓ

Part 2 /25

NO.	ANSWER A B C
7	Ⓐ Ⓑ Ⓒ
8	Ⓐ Ⓑ Ⓒ
9	Ⓐ Ⓑ Ⓒ
10	Ⓐ Ⓑ Ⓒ
11	Ⓐ Ⓑ Ⓒ
12	Ⓐ Ⓑ Ⓒ
13	Ⓐ Ⓑ Ⓒ
14	Ⓐ Ⓑ Ⓒ
15	Ⓐ Ⓑ Ⓒ
16	Ⓐ Ⓑ Ⓒ
17	Ⓐ Ⓑ Ⓒ
18	Ⓐ Ⓑ Ⓒ
19	Ⓐ Ⓑ Ⓒ
20	Ⓐ Ⓑ Ⓒ
21	Ⓐ Ⓑ Ⓒ
22	Ⓐ Ⓑ Ⓒ
23	Ⓐ Ⓑ Ⓒ
24	Ⓐ Ⓑ Ⓒ
25	Ⓐ Ⓑ Ⓒ
26	Ⓐ Ⓑ Ⓒ
27	Ⓐ Ⓑ Ⓒ
28	Ⓐ Ⓑ Ⓒ
29	Ⓐ Ⓑ Ⓒ
30	Ⓐ Ⓑ Ⓒ
31	Ⓐ Ⓑ Ⓒ

Part 3 /39

NO.	ANSWER A B C D
32	Ⓐ Ⓑ Ⓒ Ⓓ
33	Ⓐ Ⓑ Ⓒ Ⓓ
34	Ⓐ Ⓑ Ⓒ Ⓓ
35	Ⓐ Ⓑ Ⓒ Ⓓ
36	Ⓐ Ⓑ Ⓒ Ⓓ
37	Ⓐ Ⓑ Ⓒ Ⓓ
38	Ⓐ Ⓑ Ⓒ Ⓓ
39	Ⓐ Ⓑ Ⓒ Ⓓ
40	Ⓐ Ⓑ Ⓒ Ⓓ
41	Ⓐ Ⓑ Ⓒ Ⓓ
42	Ⓐ Ⓑ Ⓒ Ⓓ
43	Ⓐ Ⓑ Ⓒ Ⓓ
44	Ⓐ Ⓑ Ⓒ Ⓓ
45	Ⓐ Ⓑ Ⓒ Ⓓ
46	Ⓐ Ⓑ Ⓒ Ⓓ
47	Ⓐ Ⓑ Ⓒ Ⓓ
48	Ⓐ Ⓑ Ⓒ Ⓓ
49	Ⓐ Ⓑ Ⓒ Ⓓ
50	Ⓐ Ⓑ Ⓒ Ⓓ
51	Ⓐ Ⓑ Ⓒ Ⓓ
52	Ⓐ Ⓑ Ⓒ Ⓓ
53	Ⓐ Ⓑ Ⓒ Ⓓ
54	Ⓐ Ⓑ Ⓒ Ⓓ
55	Ⓐ Ⓑ Ⓒ Ⓓ
56	Ⓐ Ⓑ Ⓒ Ⓓ
57	Ⓐ Ⓑ Ⓒ Ⓓ
58	Ⓐ Ⓑ Ⓒ Ⓓ
59	Ⓐ Ⓑ Ⓒ Ⓓ
60	Ⓐ Ⓑ Ⓒ Ⓓ
61	Ⓐ Ⓑ Ⓒ Ⓓ
62	Ⓐ Ⓑ Ⓒ Ⓓ
63	Ⓐ Ⓑ Ⓒ Ⓓ
64	Ⓐ Ⓑ Ⓒ Ⓓ
65	Ⓐ Ⓑ Ⓒ Ⓓ
66	Ⓐ Ⓑ Ⓒ Ⓓ
67	Ⓐ Ⓑ Ⓒ Ⓓ
68	Ⓐ Ⓑ Ⓒ Ⓓ
69	Ⓐ Ⓑ Ⓒ Ⓓ
70	Ⓐ Ⓑ Ⓒ Ⓓ

Part 4 /30

NO.	ANSWER A B C D
71	Ⓐ Ⓑ Ⓒ Ⓓ
72	Ⓐ Ⓑ Ⓒ Ⓓ
73	Ⓐ Ⓑ Ⓒ Ⓓ
74	Ⓐ Ⓑ Ⓒ Ⓓ
75	Ⓐ Ⓑ Ⓒ Ⓓ
76	Ⓐ Ⓑ Ⓒ Ⓓ
77	Ⓐ Ⓑ Ⓒ Ⓓ
78	Ⓐ Ⓑ Ⓒ Ⓓ
79	Ⓐ Ⓑ Ⓒ Ⓓ
80	Ⓐ Ⓑ Ⓒ Ⓓ
81	Ⓐ Ⓑ Ⓒ Ⓓ
82	Ⓐ Ⓑ Ⓒ Ⓓ
83	Ⓐ Ⓑ Ⓒ Ⓓ
84	Ⓐ Ⓑ Ⓒ Ⓓ
85	Ⓐ Ⓑ Ⓒ Ⓓ
86	Ⓐ Ⓑ Ⓒ Ⓓ
87	Ⓐ Ⓑ Ⓒ Ⓓ
88	Ⓐ Ⓑ Ⓒ Ⓓ
89	Ⓐ Ⓑ Ⓒ Ⓓ
90	Ⓐ Ⓑ Ⓒ Ⓓ
91	Ⓐ Ⓑ Ⓒ Ⓓ
92	Ⓐ Ⓑ Ⓒ Ⓓ
93	Ⓐ Ⓑ Ⓒ Ⓓ
94	Ⓐ Ⓑ Ⓒ Ⓓ
95	Ⓐ Ⓑ Ⓒ Ⓓ
96	Ⓐ Ⓑ Ⓒ Ⓓ
97	Ⓐ Ⓑ Ⓒ Ⓓ
98	Ⓐ Ⓑ Ⓒ Ⓓ
99	Ⓐ Ⓑ Ⓒ Ⓓ
100	Ⓐ Ⓑ Ⓒ Ⓓ

READING SECTION

Part 5 /30

NO.	ANSWER A B C D
101	Ⓐ Ⓑ Ⓒ Ⓓ
102	Ⓐ Ⓑ Ⓒ Ⓓ
103	Ⓐ Ⓑ Ⓒ Ⓓ
104	Ⓐ Ⓑ Ⓒ Ⓓ
105	Ⓐ Ⓑ Ⓒ Ⓓ
106	Ⓐ Ⓑ Ⓒ Ⓓ
107	Ⓐ Ⓑ Ⓒ Ⓓ
108	Ⓐ Ⓑ Ⓒ Ⓓ
109	Ⓐ Ⓑ Ⓒ Ⓓ
110	Ⓐ Ⓑ Ⓒ Ⓓ
111	Ⓐ Ⓑ Ⓒ Ⓓ
112	Ⓐ Ⓑ Ⓒ Ⓓ
113	Ⓐ Ⓑ Ⓒ Ⓓ
114	Ⓐ Ⓑ Ⓒ Ⓓ
115	Ⓐ Ⓑ Ⓒ Ⓓ
116	Ⓐ Ⓑ Ⓒ Ⓓ
117	Ⓐ Ⓑ Ⓒ Ⓓ
118	Ⓐ Ⓑ Ⓒ Ⓓ
119	Ⓐ Ⓑ Ⓒ Ⓓ
120	Ⓐ Ⓑ Ⓒ Ⓓ
121	Ⓐ Ⓑ Ⓒ Ⓓ
122	Ⓐ Ⓑ Ⓒ Ⓓ
123	Ⓐ Ⓑ Ⓒ Ⓓ
124	Ⓐ Ⓑ Ⓒ Ⓓ
125	Ⓐ Ⓑ Ⓒ Ⓓ
126	Ⓐ Ⓑ Ⓒ Ⓓ
127	Ⓐ Ⓑ Ⓒ Ⓓ
128	Ⓐ Ⓑ Ⓒ Ⓓ
129	Ⓐ Ⓑ Ⓒ Ⓓ
130	Ⓐ Ⓑ Ⓒ Ⓓ

Part 6 /16

NO.	ANSWER A B C D
131	Ⓐ Ⓑ Ⓒ Ⓓ
132	Ⓐ Ⓑ Ⓒ Ⓓ
133	Ⓐ Ⓑ Ⓒ Ⓓ
134	Ⓐ Ⓑ Ⓒ Ⓓ
135	Ⓐ Ⓑ Ⓒ Ⓓ
136	Ⓐ Ⓑ Ⓒ Ⓓ
137	Ⓐ Ⓑ Ⓒ Ⓓ
138	Ⓐ Ⓑ Ⓒ Ⓓ
139	Ⓐ Ⓑ Ⓒ Ⓓ
140	Ⓐ Ⓑ Ⓒ Ⓓ
141	Ⓐ Ⓑ Ⓒ Ⓓ
142	Ⓐ Ⓑ Ⓒ Ⓓ
143	Ⓐ Ⓑ Ⓒ Ⓓ
144	Ⓐ Ⓑ Ⓒ Ⓓ
145	Ⓐ Ⓑ Ⓒ Ⓓ
146	Ⓐ Ⓑ Ⓒ Ⓓ

Part 7 /54

NO.	ANSWER A B C D
147	Ⓐ Ⓑ Ⓒ Ⓓ
148	Ⓐ Ⓑ Ⓒ Ⓓ
149	Ⓐ Ⓑ Ⓒ Ⓓ
150	Ⓐ Ⓑ Ⓒ Ⓓ
151	Ⓐ Ⓑ Ⓒ Ⓓ
152	Ⓐ Ⓑ Ⓒ Ⓓ
153	Ⓐ Ⓑ Ⓒ Ⓓ
154	Ⓐ Ⓑ Ⓒ Ⓓ
155	Ⓐ Ⓑ Ⓒ Ⓓ
156	Ⓐ Ⓑ Ⓒ Ⓓ
157	Ⓐ Ⓑ Ⓒ Ⓓ
158	Ⓐ Ⓑ Ⓒ Ⓓ
159	Ⓐ Ⓑ Ⓒ Ⓓ
160	Ⓐ Ⓑ Ⓒ Ⓓ
161	Ⓐ Ⓑ Ⓒ Ⓓ
162	Ⓐ Ⓑ Ⓒ Ⓓ
163	Ⓐ Ⓑ Ⓒ Ⓓ
164	Ⓐ Ⓑ Ⓒ Ⓓ
165	Ⓐ Ⓑ Ⓒ Ⓓ
166	Ⓐ Ⓑ Ⓒ Ⓓ
167	Ⓐ Ⓑ Ⓒ Ⓓ
168	Ⓐ Ⓑ Ⓒ Ⓓ
169	Ⓐ Ⓑ Ⓒ Ⓓ
170	Ⓐ Ⓑ Ⓒ Ⓓ
171	Ⓐ Ⓑ Ⓒ Ⓓ
172	Ⓐ Ⓑ Ⓒ Ⓓ
173	Ⓐ Ⓑ Ⓒ Ⓓ
174	Ⓐ Ⓑ Ⓒ Ⓓ
175	Ⓐ Ⓑ Ⓒ Ⓓ
176	Ⓐ Ⓑ Ⓒ Ⓓ
177	Ⓐ Ⓑ Ⓒ Ⓓ
178	Ⓐ Ⓑ Ⓒ Ⓓ
179	Ⓐ Ⓑ Ⓒ Ⓓ
180	Ⓐ Ⓑ Ⓒ Ⓓ
181	Ⓐ Ⓑ Ⓒ Ⓓ
182	Ⓐ Ⓑ Ⓒ Ⓓ
183	Ⓐ Ⓑ Ⓒ Ⓓ
184	Ⓐ Ⓑ Ⓒ Ⓓ
185	Ⓐ Ⓑ Ⓒ Ⓓ
186	Ⓐ Ⓑ Ⓒ Ⓓ
187	Ⓐ Ⓑ Ⓒ Ⓓ
188	Ⓐ Ⓑ Ⓒ Ⓓ
189	Ⓐ Ⓑ Ⓒ Ⓓ
190	Ⓐ Ⓑ Ⓒ Ⓓ
191	Ⓐ Ⓑ Ⓒ Ⓓ
192	Ⓐ Ⓑ Ⓒ Ⓓ
193	Ⓐ Ⓑ Ⓒ Ⓓ
194	Ⓐ Ⓑ Ⓒ Ⓓ
195	Ⓐ Ⓑ Ⓒ Ⓓ
196	Ⓐ Ⓑ Ⓒ Ⓓ
197	Ⓐ Ⓑ Ⓒ Ⓓ
198	Ⓐ Ⓑ Ⓒ Ⓓ
199	Ⓐ Ⓑ Ⓒ Ⓓ
200	Ⓐ Ⓑ Ⓒ Ⓓ

MEMO

ANSWER SHEET

分析! 解決! TOEIC®テスト模試 解答用紙

フリガナ
NAME 氏名

LISTENING SECTION

Part 1		Part 2		Part 3		Part 4	
NO.	ANSWER A B C D	NO.	ANSWER A B C D	NO.	ANSWER A B C D	NO.	ANSWER A B C D
1	Ⓐ Ⓑ Ⓒ	11	Ⓐ Ⓑ Ⓒ	41	Ⓐ Ⓑ Ⓒ Ⓓ	71	Ⓐ Ⓑ Ⓒ Ⓓ
2	Ⓐ Ⓑ Ⓒ Ⓓ	12	Ⓐ Ⓑ Ⓒ	42	Ⓐ Ⓑ Ⓒ Ⓓ	72	Ⓐ Ⓑ Ⓒ Ⓓ
3	Ⓐ Ⓑ Ⓒ Ⓓ	13	Ⓐ Ⓑ Ⓒ	43	Ⓐ Ⓑ Ⓒ Ⓓ	73	Ⓐ Ⓑ Ⓒ Ⓓ
4	Ⓐ Ⓑ Ⓒ Ⓓ	14	Ⓐ Ⓑ Ⓒ	44	Ⓐ Ⓑ Ⓒ Ⓓ	74	Ⓐ Ⓑ Ⓒ Ⓓ
5	Ⓐ Ⓑ Ⓒ Ⓓ	15	Ⓐ Ⓑ Ⓒ	45	Ⓐ Ⓑ Ⓒ Ⓓ	75	Ⓐ Ⓑ Ⓒ Ⓓ
6	Ⓐ Ⓑ Ⓒ Ⓓ	16	Ⓐ Ⓑ Ⓒ	46	Ⓐ Ⓑ Ⓒ Ⓓ	76	Ⓐ Ⓑ Ⓒ Ⓓ
7	Ⓐ Ⓑ Ⓒ Ⓓ	17	Ⓐ Ⓑ Ⓒ	47	Ⓐ Ⓑ Ⓒ Ⓓ	77	Ⓐ Ⓑ Ⓒ Ⓓ
8	Ⓐ Ⓑ Ⓒ	18	Ⓐ Ⓑ Ⓒ	48	Ⓐ Ⓑ Ⓒ Ⓓ	78	Ⓐ Ⓑ Ⓒ Ⓓ
9	Ⓐ Ⓑ Ⓒ	19	Ⓐ Ⓑ Ⓒ	49	Ⓐ Ⓑ Ⓒ Ⓓ	79	Ⓐ Ⓑ Ⓒ Ⓓ
10	Ⓐ Ⓑ Ⓒ	20	Ⓐ Ⓑ Ⓒ	50	Ⓐ Ⓑ Ⓒ Ⓓ	80	Ⓐ Ⓑ Ⓒ Ⓓ
		21	Ⓐ Ⓑ Ⓒ	51	Ⓐ Ⓑ Ⓒ Ⓓ	81	Ⓐ Ⓑ Ⓒ Ⓓ
		22	Ⓐ Ⓑ Ⓒ	52	Ⓐ Ⓑ Ⓒ Ⓓ	82	Ⓐ Ⓑ Ⓒ Ⓓ
		23	Ⓐ Ⓑ Ⓒ	53	Ⓐ Ⓑ Ⓒ Ⓓ	83	Ⓐ Ⓑ Ⓒ Ⓓ
		24	Ⓐ Ⓑ Ⓒ	54	Ⓐ Ⓑ Ⓒ Ⓓ	84	Ⓐ Ⓑ Ⓒ Ⓓ
		25	Ⓐ Ⓑ Ⓒ	55	Ⓐ Ⓑ Ⓒ Ⓓ	85	Ⓐ Ⓑ Ⓒ Ⓓ
		26	Ⓐ Ⓑ Ⓒ	56	Ⓐ Ⓑ Ⓒ Ⓓ	86	Ⓐ Ⓑ Ⓒ Ⓓ
		27	Ⓐ Ⓑ Ⓒ	57	Ⓐ Ⓑ Ⓒ Ⓓ	87	Ⓐ Ⓑ Ⓒ Ⓓ
		28	Ⓐ Ⓑ Ⓒ	58	Ⓐ Ⓑ Ⓒ Ⓓ	88	Ⓐ Ⓑ Ⓒ Ⓓ
		29	Ⓐ Ⓑ Ⓒ	59	Ⓐ Ⓑ Ⓒ Ⓓ	89	Ⓐ Ⓑ Ⓒ Ⓓ
		30	Ⓐ Ⓑ Ⓒ	60	Ⓐ Ⓑ Ⓒ Ⓓ	90	Ⓐ Ⓑ Ⓒ Ⓓ
		31	Ⓐ Ⓑ Ⓒ	61	Ⓐ Ⓑ Ⓒ Ⓓ	91	Ⓐ Ⓑ Ⓒ Ⓓ
		32	Ⓐ Ⓑ Ⓒ Ⓓ	62	Ⓐ Ⓑ Ⓒ Ⓓ	92	Ⓐ Ⓑ Ⓒ Ⓓ
		33	Ⓐ Ⓑ Ⓒ Ⓓ	63	Ⓐ Ⓑ Ⓒ Ⓓ	93	Ⓐ Ⓑ Ⓒ Ⓓ
		34	Ⓐ Ⓑ Ⓒ Ⓓ	64	Ⓐ Ⓑ Ⓒ Ⓓ	94	Ⓐ Ⓑ Ⓒ Ⓓ
		35	Ⓐ Ⓑ Ⓒ Ⓓ	65	Ⓐ Ⓑ Ⓒ Ⓓ	95	Ⓐ Ⓑ Ⓒ Ⓓ
		36	Ⓐ Ⓑ Ⓒ Ⓓ	66	Ⓐ Ⓑ Ⓒ Ⓓ	96	Ⓐ Ⓑ Ⓒ Ⓓ
		37	Ⓐ Ⓑ Ⓒ Ⓓ	67	Ⓐ Ⓑ Ⓒ Ⓓ	97	Ⓐ Ⓑ Ⓒ Ⓓ
		38	Ⓐ Ⓑ Ⓒ Ⓓ	68	Ⓐ Ⓑ Ⓒ Ⓓ	98	Ⓐ Ⓑ Ⓒ Ⓓ
		39	Ⓐ Ⓑ Ⓒ Ⓓ	69	Ⓐ Ⓑ Ⓒ Ⓓ	99	Ⓐ Ⓑ Ⓒ Ⓓ
		40	Ⓐ Ⓑ Ⓒ Ⓓ	70	Ⓐ Ⓑ Ⓒ Ⓓ	100	Ⓐ Ⓑ Ⓒ Ⓓ

READING SECTION

Part 5		Part 6		Part 7			
NO.	ANSWER A B C D	NO.	ANSWER A B C D	NO.	ANSWER A B C D	NO.	ANSWER A B C D
101	Ⓐ Ⓑ Ⓒ Ⓓ	131	Ⓐ Ⓑ Ⓒ Ⓓ	151	Ⓐ Ⓑ Ⓒ Ⓓ	181	Ⓐ Ⓑ Ⓒ Ⓓ
102	Ⓐ Ⓑ Ⓒ Ⓓ	132	Ⓐ Ⓑ Ⓒ Ⓓ	152	Ⓐ Ⓑ Ⓒ Ⓓ	182	Ⓐ Ⓑ Ⓒ Ⓓ
103	Ⓐ Ⓑ Ⓒ Ⓓ	133	Ⓐ Ⓑ Ⓒ Ⓓ	153	Ⓐ Ⓑ Ⓒ Ⓓ	183	Ⓐ Ⓑ Ⓒ Ⓓ
104	Ⓐ Ⓑ Ⓒ Ⓓ	134	Ⓐ Ⓑ Ⓒ Ⓓ	154	Ⓐ Ⓑ Ⓒ Ⓓ	184	Ⓐ Ⓑ Ⓒ Ⓓ
105	Ⓐ Ⓑ Ⓒ Ⓓ	135	Ⓐ Ⓑ Ⓒ Ⓓ	155	Ⓐ Ⓑ Ⓒ Ⓓ	185	Ⓐ Ⓑ Ⓒ Ⓓ
106	Ⓐ Ⓑ Ⓒ Ⓓ	136	Ⓐ Ⓑ Ⓒ Ⓓ	156	Ⓐ Ⓑ Ⓒ Ⓓ	186	Ⓐ Ⓑ Ⓒ Ⓓ
107	Ⓐ Ⓑ Ⓒ Ⓓ	137	Ⓐ Ⓑ Ⓒ Ⓓ	157	Ⓐ Ⓑ Ⓒ Ⓓ	187	Ⓐ Ⓑ Ⓒ Ⓓ
108	Ⓐ Ⓑ Ⓒ Ⓓ	138	Ⓐ Ⓑ Ⓒ Ⓓ	158	Ⓐ Ⓑ Ⓒ Ⓓ	188	Ⓐ Ⓑ Ⓒ Ⓓ
109	Ⓐ Ⓑ Ⓒ Ⓓ	139	Ⓐ Ⓑ Ⓒ Ⓓ	159	Ⓐ Ⓑ Ⓒ Ⓓ	189	Ⓐ Ⓑ Ⓒ Ⓓ
110	Ⓐ Ⓑ Ⓒ Ⓓ	140	Ⓐ Ⓑ Ⓒ Ⓓ	160	Ⓐ Ⓑ Ⓒ Ⓓ	190	Ⓐ Ⓑ Ⓒ Ⓓ
111	Ⓐ Ⓑ Ⓒ Ⓓ	141	Ⓐ Ⓑ Ⓒ Ⓓ	161	Ⓐ Ⓑ Ⓒ Ⓓ	191	Ⓐ Ⓑ Ⓒ Ⓓ
112	Ⓐ Ⓑ Ⓒ Ⓓ	142	Ⓐ Ⓑ Ⓒ Ⓓ	162	Ⓐ Ⓑ Ⓒ Ⓓ	192	Ⓐ Ⓑ Ⓒ Ⓓ
113	Ⓐ Ⓑ Ⓒ Ⓓ	143	Ⓐ Ⓑ Ⓒ Ⓓ	163	Ⓐ Ⓑ Ⓒ Ⓓ	193	Ⓐ Ⓑ Ⓒ Ⓓ
114	Ⓐ Ⓑ Ⓒ Ⓓ	144	Ⓐ Ⓑ Ⓒ Ⓓ	164	Ⓐ Ⓑ Ⓒ Ⓓ	194	Ⓐ Ⓑ Ⓒ Ⓓ
115	Ⓐ Ⓑ Ⓒ Ⓓ	145	Ⓐ Ⓑ Ⓒ Ⓓ	165	Ⓐ Ⓑ Ⓒ Ⓓ	195	Ⓐ Ⓑ Ⓒ Ⓓ
116	Ⓐ Ⓑ Ⓒ Ⓓ	146	Ⓐ Ⓑ Ⓒ Ⓓ	166	Ⓐ Ⓑ Ⓒ Ⓓ	196	Ⓐ Ⓑ Ⓒ Ⓓ
117	Ⓐ Ⓑ Ⓒ Ⓓ	147	Ⓐ Ⓑ Ⓒ Ⓓ	167	Ⓐ Ⓑ Ⓒ Ⓓ	197	Ⓐ Ⓑ Ⓒ Ⓓ
118	Ⓐ Ⓑ Ⓒ Ⓓ	148	Ⓐ Ⓑ Ⓒ Ⓓ	168	Ⓐ Ⓑ Ⓒ Ⓓ	198	Ⓐ Ⓑ Ⓒ Ⓓ
119	Ⓐ Ⓑ Ⓒ Ⓓ	149	Ⓐ Ⓑ Ⓒ Ⓓ	169	Ⓐ Ⓑ Ⓒ Ⓓ	199	Ⓐ Ⓑ Ⓒ Ⓓ
120	Ⓐ Ⓑ Ⓒ Ⓓ	150	Ⓐ Ⓑ Ⓒ Ⓓ	170	Ⓐ Ⓑ Ⓒ Ⓓ	200	Ⓐ Ⓑ Ⓒ Ⓓ
121	Ⓐ Ⓑ Ⓒ Ⓓ			171	Ⓐ Ⓑ Ⓒ Ⓓ		
122	Ⓐ Ⓑ Ⓒ Ⓓ			172	Ⓐ Ⓑ Ⓒ Ⓓ		
123	Ⓐ Ⓑ Ⓒ Ⓓ			173	Ⓐ Ⓑ Ⓒ Ⓓ		
124	Ⓐ Ⓑ Ⓒ Ⓓ			174	Ⓐ Ⓑ Ⓒ Ⓓ		
125	Ⓐ Ⓑ Ⓒ Ⓓ			175	Ⓐ Ⓑ Ⓒ Ⓓ		
126	Ⓐ Ⓑ Ⓒ Ⓓ			176	Ⓐ Ⓑ Ⓒ Ⓓ		
127	Ⓐ Ⓑ Ⓒ Ⓓ			177	Ⓐ Ⓑ Ⓒ Ⓓ		
128	Ⓐ Ⓑ Ⓒ Ⓓ			178	Ⓐ Ⓑ Ⓒ Ⓓ		
129	Ⓐ Ⓑ Ⓒ Ⓓ			179	Ⓐ Ⓑ Ⓒ Ⓓ		
130	Ⓐ Ⓑ Ⓒ Ⓓ			180	Ⓐ Ⓑ Ⓒ Ⓓ		

MEMO

【音声収録時間】
46分57秒

【音声吹き込み】
Dominic Allen（米），Howard Colefield（米），Chris Koprowski（米），Jack Merluzzi（米），
Rachel Walzer（米），Steven Ashton（英），Andree Dufleit（カ），Edith Kayumi（カ），
Carolyn Miller（カ），Anita Sugunan（カ），Sorcha Chisholm（豪）

【執筆・編集協力】
株式会社 ナラボー・プレス（問題・解説），
Kent Domries，Kevin Glenz，Patrick Horckmans，小山克明，吉田純子（問題）
斉藤教恵，手嶋由美子，山下理香，山中章吉（解説）
堀田史恵，豊田佐恵子（校閲）

分析！解決！TOEIC® テスト模試

初版第1刷発行	2016年5月20日
初版第2刷発行	2017年4月20日
編者	Ｚ会編集部
発行人	須田宏幸
発行	株式会社 ＺＣＡ
発売	株式会社 Ｚ会
	〒411-0943　静岡県駿東郡長泉町下土狩105-17
	TEL 055-976-9095
	http://www.zkai.co.jp/books/
装丁	ISSHIKI
DTP	株式会社 デジタルプレス
録音・編集	一般財団法人 英語教育協議会（ELEC）
印刷・製本	日経印刷株式会社

©Ｚ会ＣＡ 2016　★無断で複写・複製することを禁じます
定価はカバーに表示してあります
乱丁・落丁はお取り替えいたします
ISBN978-4-86290-187-3　C0082

分析！解決！TOEIC®テスト模試

新形式問題対応

TOEIC® IS A REGISTERED TRADEMARK OF EDUCATIONAL TESTING SERVICE (ETS).
THIS PUBLICATION IS NOT ENDORSED OR APPROVED BY ETS.

Z会編集部 編

《受験にあたって》
この模試では，本番の試験と同様に，2時間で合計200問の問題に取り組みます。

◇Listening Section（約46分）：付属のCDを再生し，音声の指示に従って解答してください。
◇Reading Section（75分）：CD音声の再生が終わったら，引き続き75分間が解答時間となります。時間を計って解きましょう。

※LISTENING TEST と READING TEST は続けて解答してください。
※巻末にマークシートがありますので，解答はそちらに記入すると，本番のテストを想定した練習ができます。

LISTENING TEST

In the Listening test, you will be asked to demonstrate how well you understand spoken English. The entire Listening test will last approximately 45 minutes. There are four parts, and directions are given for each part. You must mark your answers on the separate answer sheet. Do not write your answers in your test book.

PART 1

Directions: For each question in this part, you will hear four statements about a picture in your test book. When you hear the statements, you must select the one statement that best describes what you see in the picture. Then find the number of the question on your answer sheet and mark your answer. The statements will not be printed in your test book and will be spoken only one time.

Statement (C), "They're sitting at a table," is the best description of the picture, so you should select answer (C) and mark it on your answer sheet.

Copyright © 2015 Educational Testing Service. www.ets.org
Directions for the Updated Listening and Reading Directions for the TOEIC® Test are reprinted by permission of Educational Testing Service, the copyright owner. All other information contained within this publication is provided by Z-kai CA Inc. and no endorsement of any kind by Educational Testing Service should be inferred.

1.

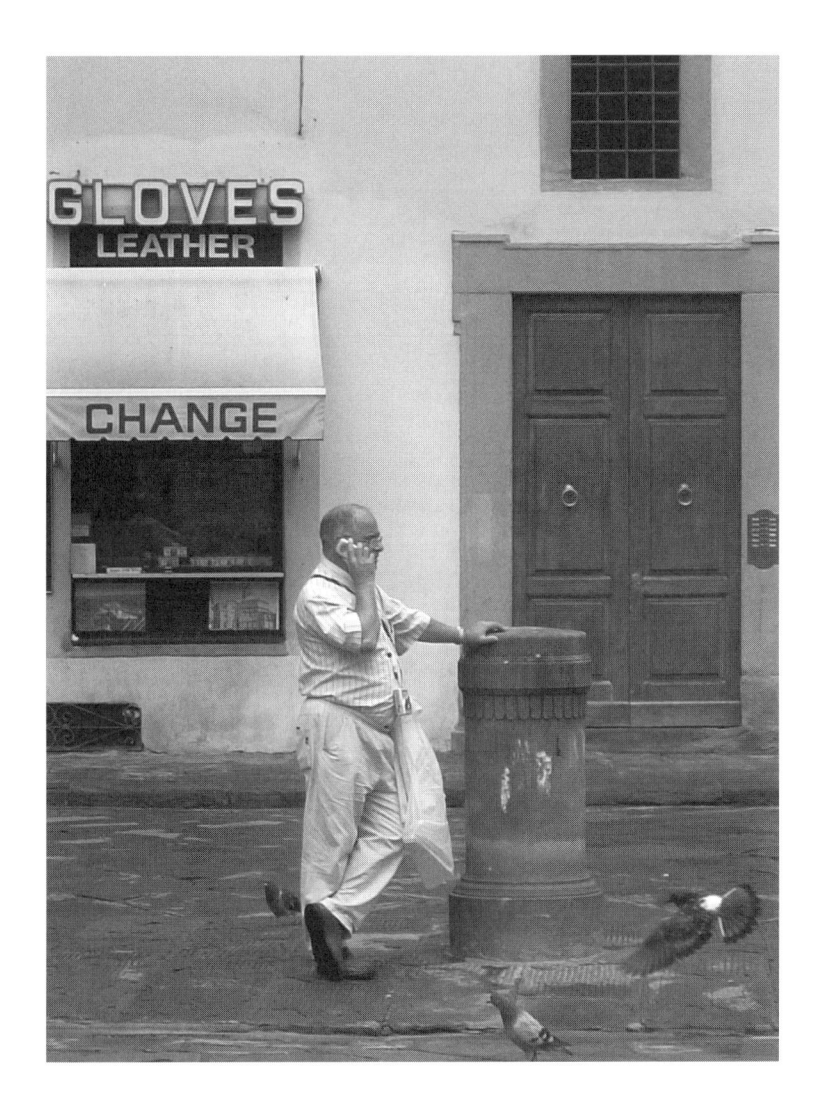

2.

GO ON TO THE NEXT PAGE

3.

4.

5.

6.

GO ON TO THE NEXT PAGE

PART 2

Directions: You will hear a question or statement and three responses spoken in English. They will not be printed in your test book and will be spoken only one time. Select the best response to the question or statement and mark the letter (A), (B), or (C) on your answer sheet.

7. Mark your answer on your answer sheet.
8. Mark your answer on your answer sheet.
9. Mark your answer on your answer sheet.
10. Mark your answer on your answer sheet.
11. Mark your answer on your answer sheet.
12. Mark your answer on your answer sheet.
13. Mark your answer on your answer sheet.
14. Mark your answer on your answer sheet.
15. Mark your answer on your answer sheet.
16. Mark your answer on your answer sheet.
17. Mark your answer on your answer sheet.
18. Mark your answer on your answer sheet.
19. Mark your answer on your answer sheet.
20. Mark your answer on your answer sheet.
21. Mark your answer on your answer sheet.
22. Mark your answer on your answer sheet.
23. Mark your answer on your answer sheet.
24. Mark your answer on your answer sheet.
25. Mark your answer on your answer sheet.
26. Mark your answer on your answer sheet.
27. Mark your answer on your answer sheet.
28. Mark your answer on your answer sheet.
29. Mark your answer on your answer sheet.
30. Mark your answer on your answer sheet.
31. Mark your answer on your answer sheet.

PART 3

Directions: You will hear some conversations between two or more people. You will be asked to answer three questions about what the speakers say in each conversation. Select the best response to each question and mark the letter (A), (B), (C), or (D) on your answer sheet. The conversations will not be printed in your test book and will be spoken only one time.

32. Who most likely is the woman?

    (A) The man's acquaintance
    (B) A mechanic
    (C) The man's supervisor
    (D) A telephone operator

33. What is the man's problem?

    (A) He is late for the conference.
    (B) He lost his mobile phone.
    (C) He can't find the way home.
    (D) His mobile became out of order.

34. What will the woman most probably do for the man?

    (A) Make the device unusable
    (B) Make a call to his company
    (C) Ask for her subordinate's assistance
    (D) Pick him up at the station

35. What are the speakers mainly discussing?

    (A) The cost of an international call
    (B) The number of rooms booked
    (C) The host city of the event
    (D) The restaurant reservation

36. Why is the man worried?

    (A) Because many people attended last year
    (B) Because an important client will be absent
    (C) Because the transportation system is bad
    (D) Because the cost exceeded the budget

37. What does the woman imply about the situation?

    (A) They should reserve a different place.
    (B) She hasn't invited any guests yet.
    (C) They can get a discount.
    (D) The rooms will be sufficient.

38. What is Mr. Dean's situation?

    (A) His flight was canceled.
    (B) He has a double booking.
    (C) He needs an official invitation letter.
    (D) His proposal was turned down.

39. Where is the flower fair being held?

    (A) Washington
    (B) Los Angeles
    (C) New York
    (D) Montreal

40. What will the woman most likely do next?

    (A) Call the travel agent
    (B) Board an airplane
    (C) Go to the bank
    (D) Run to the post office

41. What does the woman's company do?

    (A) Lease banking equipment
    (B) Produce sales scanners
    (C) Operate convenience stores
    (D) Design package tours

42. What does the man mean when he says, "Can they?"

    (A) He is impressed by the machines' abilities.
    (B) He suggests a demonstration would be useful.
    (C) He is wondering if the store managers can come.
    (D) He doubts the machines work well.

43. What will the reports explain?

    (A) Daily money rates
    (B) Stocks for investing
    (C) Local business figures
    (D) The goods in stock

GO ON TO THE NEXT PAGE

44. Who is Ms. Rowland?

    (A) The head of a company
    (B) The host of a talk show
    (C) A shop clerk of a toy store
    (D) A member of the research team

45. What does the man imply about the company?

    (A) That it is unprofitable
    (B) That it is lucrative
    (C) That it is newly established
    (D) That it is bankrupt

46. What can be inferred about the products?

    (A) They are fashionable.
    (B) They are reasonably priced.
    (C) They are poorly made.
    (D) They are fragile.

47. What type of business does the woman most likely have?

    (A) Garments designing
    (B) External decoration
    (C) Financial assessment
    (D) Laundry service

48. What does the woman suggest?

    (A) Negotiating with consumers
    (B) Enlarging the space
    (C) Changing the appearance
    (D) Postponing the plan

49. What is the man concerned about?

    (A) The increase in price
    (B) The duration of the work
    (C) The width of the windows
    (D) The harmony with the area

50. Where are the speakers now?

    (A) At a car dealership
    (B) Across the lake from Ludington
    (C) On an expressway off-ramp
    (D) On board a sailing boat

51. Who is the man talking with?

    (A) A sailing instructor
    (B) A car salesperson
    (C) A ticket agent
    (D) The person leading the walk

52. What does the man mean when he says, "No way!"?

    (A) He does not want to walk.
    (B) He will need a car across the lake.
    (C) He cannot take their car onto the ferry.
    (D) He finds no way to get on board the ship.

53. Where most likely are the speakers?

    (A) At the construction site
    (B) At the real estate agency
    (C) At the office
    (D) At the container rental company

54. What is the speakers' main problem?

    (A) The building is under construction.
    (B) A report is missing.
    (C) The office is cramped.
    (D) The price of goods is outrageous.

55. What will the woman probably do next?

    (A) Contact the firm
    (B) Move into a new location
    (C) Negotiate with government officials
    (D) Purchase a couple of racks

56. What is their company trying to do?

(A) Improve its product line
(B) Change its retirement age
(C) Solve its money shortage
(D) Find a new president

57. What is their company's advantage?

(A) Their president is more experienced.
(B) They have more advanced technology.
(C) They have more money.
(D) Their manufacturing uses less energy.

58. What might their company likely invest some money in?

(A) Developing new products
(B) Conducting leadership training
(C) A new source of energy
(D) An executive's retirement plan

59. What is the man's occupation?

(A) A craftsman
(B) An opera singer
(C) An interviewer
(D) A TV producer

60. What is the woman's intention?

(A) To report to a charitable foundation
(B) To make a factual program
(C) To audit the man's business
(D) To buy the man's goods

61. What is the man prohibited to do without the foundation's permission?

(A) Selling his masterpieces
(B) Placing an order for merchandise
(C) Appearing in the media
(D) Producing a new piece of work

Car Rental Daily Rates	
Sub-compact	$50
Compact	$60
Intermediate	$70
Full-size	$80

62. What did the man ask for with the rental?

(A) The smallest-sized car
(B) Showing the route
(C) A discount for an extended rental
(D) An upgrade to a larger car

63. When does the man plan to return the car?

(A) Within twenty-four hours
(B) Five days later
(C) One week later
(D) After ten days

64. Look at the graphic. What type of car will the man rent?

(A) Subcompact
(B) Compact
(C) Intermediate
(D) Full-Size

GO ON TO THE NEXT PAGE

Summer Sale Daily Sales Themes	
Day 1	furniture sets
Day 2	women's clothing
Day 3	men's clothing
Day 4	Top 10 discount items

Caterers	Foods
Mazzori's	baked foods
Party Selection	cold trays
King Street	sandwiches
Asian Kitchen	noodles in soup

65. What are the speakers talking about?

(A) Arranging the furniture
(B) Planning a sale
(C) Ordering a delivery
(D) Changing the store's sections

66. What does the man think of the woman's ideas?

(A) They are the same as Ms. Watson's.
(B) None of them will attract customers.
(C) They may generate a lot of revenue.
(D) The order needs some improvement.

67. Look at the graphic. When will the speakers focus on furniture?

(A) Day 1
(B) Day 2
(C) Day 3
(D) Day 4

68. How is one attendee different from the others?

(A) She will prepare the food herself.
(B) She will skip lunch.
(C) She has a restricted diet.
(D) She is expected to arrive late.

69. What does the man want all of the foods to be?

(A) Ready at noon
(B) Served hot
(C) Vegetarian
(D) A one-dish meal

70. Look at the graphic. Which caterer would the speakers probably choose?

(A) Mazzori's
(B) Party Selection
(C) King Street
(D) Asian Kitchen

PART 4

Directions: You will hear some talks given by a single speaker. You will be asked to answer three questions about what the speaker says in each talk. Select the best response to each question and mark the letter (A), (B), (C), or (D) on your answer sheet. The talks will not be printed in your test book and will be spoken only one time.

71. What is said about the campaign?
    (A) It will continue.
    (B) It was praised by the CEO.
    (C) It didn't revitalize the company.
    (D) It required an excessive amount of money.

72. What does the speaker mention about the marketing division's proposal?
    (A) Employing a new marketing director
    (B) Creating a TV commercial
    (C) Hiring eminent singers
    (D) Changing the name of the company

73. What is one of the purposes of adding colors?
    (A) To attract customers using the current model
    (B) To create a standard for processing
    (C) To allow time to develop new products
    (D) To make the advertisement more outstanding

74. What were they planning to do?
    (A) Organize an international exhibition
    (B) Inaugurate a new facility
    (C) Attend a talk show
    (D) Hold an outdoor event

75. Why is the gathering called off?
    (A) The tickets did not sell well.
    (B) The weather is unfavorable.
    (C) The keynote speaker got an emergency business.
    (D) Official authorization was not obtained.

76. What is inferred about the cancellation?
    (A) They made the well-being of participants the priority.
    (B) The musical performance will be rescheduled.
    (C) A party will be held at the cafeteria instead.
    (D) The decision was made by the government.

77. What is the advertised product related to?
    (A) Repairing an electronic device
    (B) Supplying electricity
    (C) Establishing a power plant
    (D) Launching a lucrative business

78. What problem is mentioned about common products?
    (A) Safety
    (B) Disposal
    (C) Durability
    (D) Size

79. What kind of benefit is provided to the specific customers?
    (A) A device is offered for nothing.
    (B) The voucher will be issued.
    (C) The price becomes 10% off.
    (D) The warranty period is extended.

80. Who most likely is the speaker?
    (A) A beverage salesperson
    (B) A financial advisor
    (C) A mechanical engineer
    (D) A gym staff member

81. What does the speaker want the listener to do?
    (A) Deliver some drinks
    (B) Join an exercise
    (C) Have a machine repaired
    (D) Refund the payment

82. What time does the rear entrance open?
    (A) 8:30 A.M.
    (B) 9:00 A.M.
    (C) 9:30 A.M.
    (D) 10:00 A.M.

GO ON TO THE NEXT PAGE

83. What is this office doing this afternoon?

    (A) Replacing equipment
    (B) Upgrading copy cards
    (C) Moving to the second floor
    (D) Getting a new employee

84. What should workers with large jobs do?

    (A) Get help from Susan
    (B) Wait until mid-afternoon
    (C) Go to the second floor
    (D) Skip the orientation

85. What does the woman mean when she says, "Isn't it amazing?"

    (A) She means copy cards can work everywhere.
    (B) She hopes office use less paper.
    (C) She believes the new machine is impressive.
    (D) She thinks workers will protest.

86. What is the report mainly about?

    (A) The potential benefits of PCs in medical research
    (B) The possible consequences of frequent computer usage
    (C) The advantages of using laptop computers
    (D) The convenience of subscribing to a PC magazine

87. What side effects does the speaker mention?

    (A) Nosebleed
    (B) Backache
    (C) Sore eyes
    (D) Stiff legs

88. What does the speaker recommend?

    (A) Workers should have more time off during the day.
    (B) Employers should make office hours longer.
    (C) Employees should regularly eat meals three times daily.
    (D) Companies should hire more diligent staff.

89. Who most likely is the speaker?

    (A) A magazine editor
    (B) A Web designer
    (C) A car dealer
    (D) A bank clerk

90. What is suggested as an advantage?

    (A) The consumption tax will be exempted.
    (B) A detailed manual will be provided.
    (C) Renting a showroom will be unnecessary.
    (D) Special coupons will be presented online.

91. According to the speaker, what is required to carry out the plan?

    (A) To establish a safe purchasing environment
    (B) To make a down payment
    (C) To do a market research
    (D) To borrow money from a financial institution

92. Where is the announcement most likely being made?

    (A) In the terminal building
    (B) On the ship
    (C) In the parking lot
    (D) In the airport

93. What is the purpose of the announcement?

    (A) To inform passengers of a flight delay
    (B) To inform passengers about bus transfers
    (C) To inform passengers about inclement weather
    (D) To inform passengers of the end of the voyage

94. What are motorists not permitted to do?

    (A) Use electronic devices
    (B) Wear seatbelts
    (C) Run down the stairs
    (D) Smoke on the car level

Boxer Heights		Lake View Tower
480 Third Avenue		520 Third Avenue

north ↑

Car Locations for the Oceanside Rapid	
Lounge car	Car Two
Food service	Car Four
First class	Car Six
Bulletin Screens	Every car

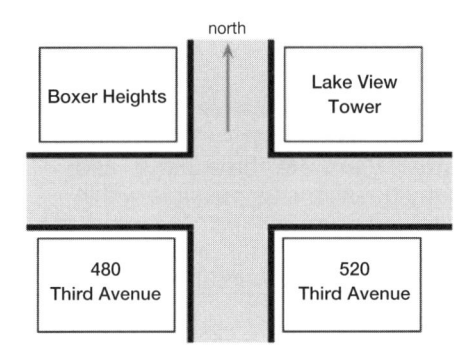

95. What will this company probably do?

(A) Open another store
(B) Reconstruct one of their buildings
(C) Move its office
(D) Expand into new business

96. What does the speaker think is the best idea?

(A) Getting into the newest building
(B) Acquiring a permanent location
(C) Using an outdated building first
(D) Building their own building

97. Look at the graphic. Which building might they rent?

(A) Boxer Heights
(B) 480 Third Avenue
(C) Lake View Tower
(D) 520 Third Avenue

98. Where is this announcement most likely being given?

(A) In a travel agency
(B) On a station platform
(C) At a car rental office
(D) At an airport

99. What does the speaker say about the food service?

(A) It has moved Car Four.
(B) It has closed for the day.
(C) It has got a new menu.
(D) It has stopped serving alcohol.

100. Look at the graphic. Where can a passenger rent a computer?

(A) Car Two
(B) Car Four
(C) Car Six
(D) In every car

This is the end of the Listening test. Turn to Part 5 in your test book.

GO ON TO THE NEXT PAGE

READING TEST

In the Reading test, you will read a variety of texts and answer several different types of reading comprehension questions. The entire Reading test will last 75 minutes. There are three parts, and directions are given for each part. You are encouraged to answer as many questions as possible within the time allowed.

You must mark your answers on the separate answer sheet. Do not write your answers in your test book.

PART 5

Directions: A word or phrase is missing in each of the sentences below. Four answer choices are given below each sentence. Select the best answer to complete the sentence. Then mark the letter (A), (B), (C), or (D) on your answer sheet.

101. The new design specifications are completely different from the ------- ones we received from the client.

(A) originally
(B) original
(C) originality
(D) originate

102. If you are not satisfied with the purchased item, you can return it within 14 days for a -------.

(A) designation
(B) refund
(C) restriction
(D) conflict

103. The ------- of our reported results has been questioned by some independent observers in the media.

(A) rely
(B) reliable
(C) reliability
(D) reliably

104. Gold pass members can take advantage of the free use of ------- the swimming pool and the gym.

(A) both
(B) either
(C) neither
(D) that

105. The Skyhigh Airline offered lower fares and ------- service than the other regional carriers.

(A) most frequently
(B) more frequently
(C) most frequent
(D) more frequent

106. It was announced that the share price was projected to rise ------- over the next quarter.

(A) significant
(B) significantly
(C) signify
(D) significance

107. Our department ------- to recruit between ten and twenty new analysts for our Asia division next year.

(A) is supposed
(B) supposes
(C) will suppose
(D) supposed

108. The article on VX Metal Inc. in the business magazine says that physics is one of the new CEO's -------.

(A) specialists
(B) specializes
(C) specialties
(D) special

109. The minute details of the labor contract would be ------- to anyone other than the lawyers.

(A) confusedly
(B) confused
(C) confusing
(D) confuse

110. ------- time Natural Health Corporation developed nutritional food, it sold well in the market.

(A) Much
(B) Many
(C) Each
(D) Few

111. The newly ------- committee completed reviewing the applications and will begin the interview process shortly.

(A) appointing
(B) appointed
(C) appoint
(D) being appointed

112. The company trip this year was cancelled ------- before its departure due to rough weather.

(A) immediate
(B) immediacy
(C) immediateness
(D) immediately

113. Effective on April 10, a governmental tax will be ------- on merchandise which is not reproducible.

(A) violated
(B) compiled
(C) imposed
(D) dissolved

114. The managing partner was willing to ------- the integrity of the company if it meant a higher short-term profit margin.

(A) compromise
(B) compromiser
(C) compromisingly
(D) compromising

115. Stephan Milford is considered a potential ------- to the CEO.

(A) successor
(B) successive
(C) succession
(D) succeed

116. The managing director's sudden ------- came as a complete surprise to everyone in the company.

(A) enlargement
(B) equivalence
(C) resignation
(D) sanitation

117. With the consent of the board, the development project was ------- on October 10.

(A) launched
(B) confused
(C) suspected
(D) breached

118. It seems that she underestimates ------- too much considering her achievements over three years in this company.

(A) hers
(B) her
(C) she
(D) herself

119. The Crest View Hotel provides all the amenities the business travelers need, including a spacious room with ------- to the Internet.

(A) accessibly
(B) access
(C) accessible
(D) accessory

120. ------- age, all visitors to the Space Museum were served soft drinks for nothing on the 10th anniversary.

(A) Without
(B) Regardless of
(C) Prior to
(D) Apart from

GO ON TO THE NEXT PAGE

121. As far as the ------- of security regulations is concerned, CEO allows no exceptions.

(A) observance
(B) perseverance
(C) reluctance
(D) conductance

122. Although the bill had been passed, ------- members of the legislature were still against it.

(A) every
(B) each
(C) a few
(D) none

123. If you fail to get a car -------, you will be responsible for all the costs of repairs.

(A) integration
(B) compensation
(C) consumption
(D) inspection

124. A week ago, Ted Williams ------- the clients of his sudden transfer to Toronto.

(A) notified
(B) is notifying
(C) will notify
(D) notifying

125. Chen Precision International Inc. is going to collaborate with QMC Corporation to ------- its global competitiveness.

(A) strong
(B) strength
(C) strengthen
(D) strongly

126. These documents are partially ------- as the printer is not working properly these days.

(A) illegal
(B) illegible
(C) incredible
(D) inactive

127. All managers are responsible for ------- reviewing reports and notices posted on-line from employees at stores.

(A) regularity
(B) regular
(C) regularly
(D) regularize

128. ------- the hotel which I reserved for the last night was overbooked, I was forced to stay at another hotel.

(A) With
(B) Since
(C) Therefore
(D) During

129. The impact of the drop in currency value has immensely ------- investors' psychology.

(A) affected
(B) persevered
(C) assessed
(D) distributed

130. The ticketless reservation service is gaining popularity ------- business travelers due to its quick check-in process at the airport.

(A) into
(B) through
(C) among
(D) between

PART 6

Directions: Read the texts that follow. A word, phrase, or sentence is missing in parts of each text. Four answer choices for each question are given below the text. Select the best answer to complete the text. Then mark the letter (A), (B), (C), or (D) on your answer sheet.

Questions 131 -134 refer to the following letter.

Ms. Nancy O'Connor

Box 3558

1430 NE Campus Parkway

Seattle, WA 98195-5852

Dear Ms. O'Connor,

I heard that you are writing a book ------- the early history of Lyon County. If you need old photos and
                                          131.
documents, my family may be able to help you.

My family was one of the first in the area. It seems they had some pretty rough times. All families
worked to help ------- survive.
             132.

My sister has some photos in Topeka. I have asked her to look ------- and see if she can find them. I
                                               133.
would be happy to talk with you on this subject. Please call me on my cell phone at (620)443-3872 any
evening or weekend. -------. I will get back to you quickly.
                          134.

Mary Lou Close

---

131. (A) descriptively
     (B) descriptive
     (C) description
     (D) describing

132. (A) each other
     (B) the other
     (C) another
     (D) one other

133. (A) over
     (B) around
     (C) through
     (D) up

134. (A) That's the time I plan to call you.
     (B) A text message is actually better than a phone call.
     (C) If I happen to be unavailable, please leave a message.
     (D) Sorry that you couldn't get hold of me.

GO ON TO THE NEXT PAGE

Questions 135-138 refer to the following e-mail.

TO: Jason Watts <jasonclarkwatts@horizonsupply.com>
FROM: Sylvia Becker <beckersyl@bestoffice.com>
SUBJECT: Shipment error

On May 21st, we received the shipment for order 439700921. It arrived in a timely fashion. Upon ------- **135.** the contents against the order form, we found two discrepancies.

First, 17 packages of plastic file folders were shipped, not 7. We can use those file folders. -------. **136.** Second, the toner which was shipped was that of a different manufacturer; Continental, not Superior. It does not ------- our Superior machines. We are, therefore, returning it. Please send eight RD40972 toner **137.** cartridges by Superior as ordered. Please credit our account for the ------- of $17.85, the amount of **138.** postage required for returning the toner cartridges to your Dallas facility.

Sincerely,

Sylvia Becker
Purchasing, Best Office

135. (A) to check
(B) checked
(C) check
(D) checking

136. (A) Please charge us for the over-shipment.
(B) Those are not enough folders to cover our needs.
(C) We prefer plastic folders, not paper ones.
(D) We find that the folders were not shipped.

137. (A) hold
(B) fit
(C) try
(D) handle

138. (A) summary
(B) summation
(C) sum
(D) summit

Questions 139-142 refer to the following article.

The old post office here in downtown Minneapolis is ------ again the center of community life, but with
                                                          139.
a new function. The large stone building on Nicollet Street was built in 1883 and was once the busiest
building downtown. ------. The city began to seek better use of the land.
                    140.

People wanting to preserve the beautiful stone ------, campaigned for the building to be redeveloped.
                                                141.
Now, the post office is a collection of lively restaurants and fashionable shops. With its grand reopening
this week, large crowds are coming to the renamed Nicollet Center. It seems especially ------ with
                                                                                        142.
families who bring children to the Minnesota Children's Museum, an educational facility for all ages.

139. (A) then
     (B) here
     (C) more
     (D) once

140. (A) Therefore, the building grew even busier and more crowded.
     (B) It was the perfect place to build the new downtown post office.
     (C) However, post offices lost business little by little as habits changed.
     (D) People were happy because it was a bright new building downtown.

141. (A) architect
     (B) architectural
     (C) architecture
     (D) architecturally

142. (A) popular
     (B) cautious
     (C) natural
     (D) historic

GO ON TO THE NEXT PAGE

Questions 143-146 refer to the following notice.

Thank you for dining at the Waterfront Seafood House.

The Waterfront is adding a new second-floor dining room. Afterwards, it will be as large as our first-floor dining room and offer an even more ------- view of the surrounding area.
                                                                        143.

-------. Now, we will have enough tables to seat 440 people, making us the largest restaurant in the
144.
Monterey area. We expect the additional seating will take care of this problem to a great -------.
                                                                                          145.

In addition, a gift shop will open, where our classic sauces will be sold. This should be popular with out-of-town visitors and will also be a place where local ------- can get products to show off their pride in
                                                                146.
beautiful Monterey.

143. (A) rational
(B) dated
(C) expressive
(D) impressive

144. (A) Customers drop in anytime knowing a table is always available.
(B) In the past, it could be difficult to reserve one of our tables.
(C) Therefore, we began to offer a more healthy salad bar.
(D) This is why we were forced to drop our daily special lunches.

145. (A) extend
(B) extension
(C) extent
(D) extensive

146. (A) residents
(B) occupants
(C) passengers
(D) patients

PART 7

Directions: In this part you will read a selection of texts, such as magazine and newspaper articles, e-mails, and instant messages. Each text or set of texts is followed by several questions. Select the best answer for each question and mark the letter (A), (B), (C), or (D) on your answer sheet.

Questions 147-148 refer to the following advertisement.

HELP WANTED

ICELAND ICE CREAM Co. is looking for a 2-ton truck driver to deliver our products in the greater Orange County area. Drivers with at least 1-year experience may apply. Minimum starting salary from $1500 per month. No overnight travel. Regular shift Monday to Friday, with some Saturday work. We offer competitive compensation, extensive training, and an impressive benefits package; including health and life insurance, safe-driving award, vacation pay.
Call 714-922-1381 for an interview.

147. Which day of the week is a usual holiday for the driver?

(A) Monday
(B) Friday
(C) Saturday
(D) Sunday

148. According to the advertisement, what benefit will the employees be provided with by the company?

(A) A reward for driving cautiously
(B) Discount on the company products
(C) A company trip abroad
(D) Free meal in the cafeteria

GO ON TO THE NEXT PAGE

Questions 149-150 refer to the following message chain.

Alan Bates   2:09 P.M.
I'm in Terminal Two on my way to Gate 47. I wonder if Ms. Potter's flight will be there when I arrive.

Howard Taft   2:10 P.M.
Her flight, DR498, is in a holding pattern.

Alan Bates   2:13 P.M.
Then, she'll be late. How about yours? Is your flight leaving on time?

Howard Taft   2:16 P.M.
I guess so. So far, departure looks normal.

Alan Bates   2:18 P.M.
See you when you get back.

---

149. At 2:16 P.M., what does Mr. Taft mean when he writes, "I guess so"?

(A) He is on his way to the gate.
(B) His departure will not change.
(C) His flight will be delayed.
(D) He will see Ms. Potter.

150. What is Mr. Bates likely to do soon?

(A) Board an airplane
(B) Pick up his checked luggage
(C) Start his work shift at the airport
(D) Wait at an arrival gate

Questions 151-152 refer to the following report.

Here are the latest sales statistics arranged per the types of vehicles. As you will notice, compact cars and luxury vehicles are recently on the right course. On the other hand, the previous trend toward mid-size cars has gradually started to fall since the beginning of the last business year with a short-lived rebound in the 3rd quarter. It can be summarized that people's recent preference is divided into two opposites, either economical or luxurious, but not something in between. A sustained effort in these sectors will have to be devoted for our company's rosy future.

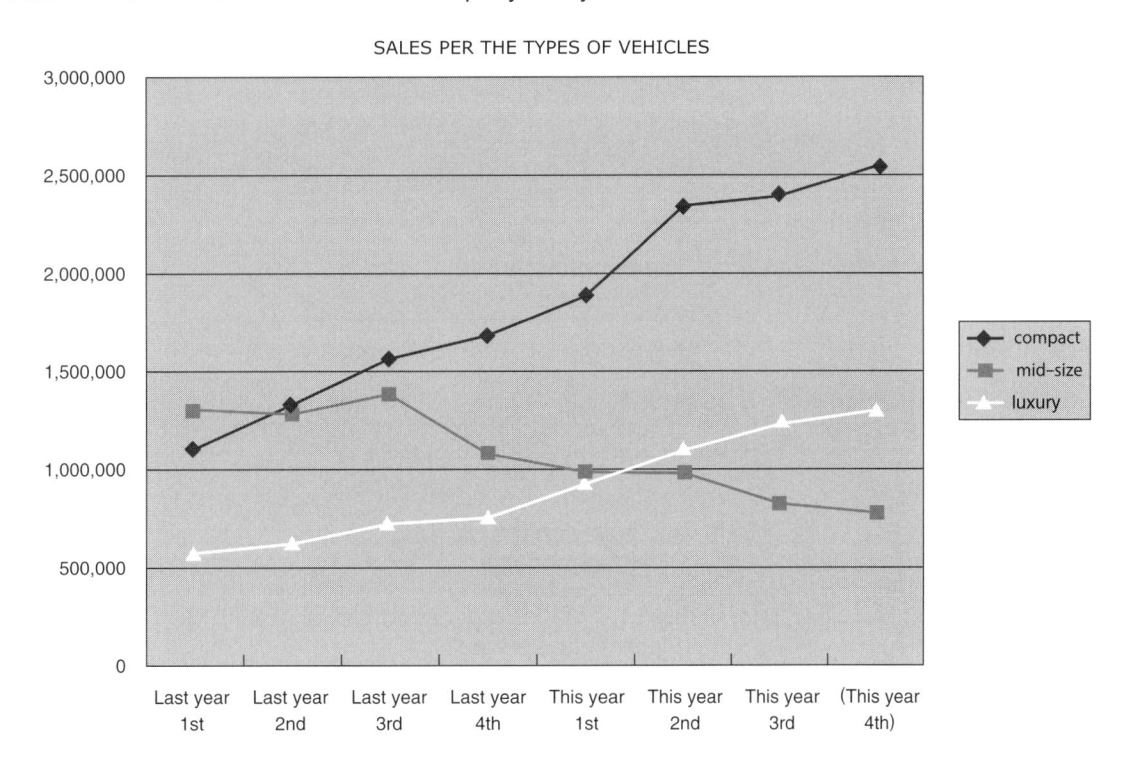

SALES PER THE TYPES OF VEHICLES

Graph A: domestic sales volume per quarter, the latest two fiscal years, the value of the 4th quarter this year is an estimate

151. According to the analysis, what kind of car is decreasing in sales volume?

(A) High quality car
(B) Middle class car
(C) Smaller-size car
(D) Ecology car

152. What can be inferred from the graph?

(A) The sales volume is counted on four-month basis.
(B) Mid-size cars sold better than luxury cars in the 2nd quarter this year.
(C) This analysis was made during the last quarter of this year.
(D) Only one type of vehicle has increased in popularity recently.

GO ON TO THE NEXT PAGE

Questions 153-154 refer to the following poster.

Hudson's Animal Park and Botanical Gardens

Entrance Fees	Standard	Group(20 and over)*
● **Animal Park**		
Adults	$6.00	$5.40
Children (6-16)	$4.00	$3.60
Children (ages 5 and under)	free	free
● **Botanical Gardens**		
Adults	$5.00	$4.50
Children (6-16)	$3.00	$2.70
Children (ages 5 and under)	free	free
● **Animal Park + Botanical Gardens (Combination ticket)**		
Adults	$9.50	$8.60
Children (6-16)	$6.00	$5.40
Children (ages 5 and under)	free	free

*Special discounts for groups of over 100 people offered:
inquire at our office or call 044-11-1111

Tickets valid solely on the day of issue.
Not refundable

Hours of operation: 9:30 A.M. – 4:30 P.M. (Last admission 3:30 P.M.)
Open 7 days a week

153. How much do the tickets cost when an adult and a 15-year-old child visit the Botanical Gardens?

(A) $7.20
(B) $8.00
(C) $9.00
(D) $10.00

154. What is inferred about the admission?

(A) People can enter the Animal Park at 4 P.M.
(B) An unused ticket is good for 5 days after the purchase.
(C) A combination ticket for a party of 150 adults is $8.60 per person.
(D) A 5-year-old child doesn't have to pay an entrance fee.

Questions 155-157 refer to the following notice.

METROPOLITAN BUS SERVICE

(202)453-6676, www.m-bus.com   September 15

TEMPORARY BUS TIMETABLE CHANGE

Jefferson Ave. will be temporarily closed to traffic for the replacement of the aging water/sewer system, between the following blocks:

> **Section(1) 23rd through 24th Streets: from Oct. 29 (Mon) to Nov. 6 (Tue)**
> **Section(2) 24th through 25th Streets: from Nov. 7 (Wed) to Nov. 14 (Wed)**
> **Section(3) 25th through 26th Streets: from Nov. 15 (Thu) to Nov. 21 (Wed)**
> *The above-mentioned schedule is liable to change depending on the progress of the work.

Please note that the routes and time schedules of our bus services in this area will be changed during the period of the work. A bus stop sign and some benches will be set up at each temporary stop. Detours and general traffic congestion may cause delays in service. For a provisional route map and timetable and further information, see the accompanying sheet or check www.m-bus.com.

---

155. What is the reason for the road closures?

(A) An annual event
(B) Repair jobs
(C) Bad weather
(D) A traffic accident

156. On which day will traffic be blocked from 24th to 25th Streets?

(A) October 31
(B) November 5
(C) November 10
(D) November 20

157. Which of the following statements is NOT true?

(A) The duration of the closure may not be exact.
(B) The new bus stops will become permanent ones after the work.
(C) Each section will be closed for about a week.
(D) The route map and timetable are available on the Internet.

GO ON TO THE NEXT PAGE

Questions 158-160 refer to the following page from a brochure.

Gustus Chocolate Inc.
COMPANY PROFILE

HISTORY

In 1872 Augustus Ramadopoulos was born in Athens, Greece. His family moved to Switzerland in 1876, where Augustus developed a keen interest in the production of chocolate. At age 20 he established his own company Gustus Chocolaterie.

Augustus Ramadopoulos's passion for creating "genuine" chocolate and his dedication to continuous research enabled our company to produce Gustus Chocolate. We created its rich flavor and aroma by using a unique blend of Swiss milk and special cacao beans imported from South America.

We are also credited with being the first chocolatier to blend white and milk chocolate together to create the striped patterns for the now world-renowned "Shelly Chocolat", the special pieces of chocolate in the shape of sea shells. Following the success of the "Shelly Chocolat", our company was renamed Gustus Chocolate Inc., and was listed on the Geneva Stock Exchange in 1947.

We have always striven to offer the best products to everyone for over a century, and will continue to do so.

PRODUCTS

All our products use the distinctive Gustus Chocolate.

- **Pure chocolate bars**: 100g / a bar. Available in white, milk, dark, and bitter.
- **Truffles**: 4, 8, 12 pieces / a box. White, milk, dark or bitter chocolate.
  Variety of fruit, alcohol and praline fillings inside.
- **Shelly Chocolat**: 4, 8, 12 pieces / a box.
  Exclusively for sale at European sea resorts.
- **Patisserie line**: 1 or 2kg pure chocolate blocks for use in pastry, confectionery & desserts.

158. What is mentioned about Augustus Ramadopoulos?

(A) His father was a confectioner.
(B) He was born in Switzerland.
(C) He started his own business.
(D) He made his profits through stock investment.

159. Which products are NOT available in the U.S.?

(A) Milk chocolate bars
(B) A four-piece box of truffles
(C) Seashell-shaped chocolates
(D) Blocks of chocolate in large amounts

160. What is true about the company?

(A) It created the first chocolate truffles in the world.
(B) Every product is made from its original chocolate.
(C) It was established about half a century ago.
(D) Its products are made in South America.

Questions 161-163 refer to the following notice.

All employees:

In cooperation with the union, we will institute a new work schedule on a tentative basis. The new schedule will also be a 40-hour workweek. However, it will be compressed with four, 10-hour days instead of the standard schedule of five 8-hour days. —[1]—. Rules for overtime will change as well. Our time-and-a-half rate will now apply for work after 10 hours, not 8 hours. Workdays will vary from person to person. —[2]—. Given that an equal number of workers will be off each workday, it won't be possible for everyone to have the most desirable days, Friday or Monday.

By the end of work today, indicate your first, second and third preferences for your additional day off on the list below. —[3]—. The schedule will be made this week, and your assigned work days will be listed next to your employee number at the employee entrance next Monday morning. Seniority will be followed in the choice of the new day off. —[4]—. The new schedule will be reevaluated after three months for both productivity and employee satisfaction, and the report produced will be e-mailed to all staff.

Ted Yately,
Human Resources Director

161. What is happening at this company?

(A) Overtime will be paid at a new rate.
(B) The number of hours per workweek will decline.
(C) Everyone will now have Friday off.
(D) Employees will work fewer days per week.

162. What will be studied during the three-month period?

(A) Pay based on merit, not seniority
(B) Production rates and worker happiness
(C) How the company and union can cooperate
(D) Night work vs. day work

163. In which of the positions marked [1], [2], [3], and [4] does the following sentence best belong?

"Many employees have suggested such an intensive schedule would be preferable."

(A) [1]
(B) [2]
(C) [3]
(D) [4]

GO ON TO THE NEXT PAGE

Questions 164-167 refer to the following e-mail.

E-mail

From: Dick Anderson <dander@starmail.com>
To: Gary Thruel <gary@berlin.com>
Date: June 4
Subject: Berlin visit

Dear Gary,

It's been quite a while since we last met. How are you and your wife doing these days?

I am now an adviser with Star Co., which has asked me to assist them in the construction of a new wildlife park in Dubai starting this September. I believe I will enjoy life there and feel as comfortable as I am now, here in Arizona. What I am concerned about is how the animals, which are indigenous to North America, will be able to adjust to life in the new environment. As early as the beginning of next month, I will move there to do some research on the habitat of subtropical wildlife, hoping to broaden my horizon before starting my task.

In the meantime, I was wondering whether I could drop by your place in Berlin on my way to Dubai, so I could visit your magnificent zoo. How's your schedule later this month? I am planning to stay in Berlin for three days, and then hopefully visit the zoo in Paris as well before heading to the Middle-East. Do you happen to know anyone at that zoo? I would be grateful if you could introduce me to one of your acquaintances.

I am looking forward to hearing from you.

Sincerely,
Dick

164. What can be said about the sender's occupation?

(A) He is the director of a zoo.
(B) He is an architect.
(C) He is a travel agent.
(D) He is an animal specialist.

165. Where was Mr. Anderson when he sent this e-mail?

(A) In Arizona
(B) In Dubai
(C) In Berlin
(D) In Paris

166. When is the appointed work scheduled to begin?

(A) In June
(B) In July
(C) In August
(D) In September

167. What is Mr. Anderson planning to do before arriving at the final destination?

(A) Research on native American animals
(B) Visit a tropical forest
(C) Call on a friend living abroad
(D) Guide someone in Europe

GO ON TO THE NEXT PAGE

Questions 168-171 refer to the online chat discussion.

Jewell, Kim [9:54 A.M.]

Is everything in place for a prompt start at 3:00? With all the media, timing is important.

Parker, Dennis [9:57 A.M.]

Four of the five designers have already delivered their collections and arranged them in their dressing rooms. They're supposed to be in place by 11:00, so that looks fine.

Jewell, Kim [9:59 A.M.]

And the lighting check? Brenda, we really need good lights and sound as the models parade in their outfits. Everything is going to be captured on camera and we need good video footage. That was a weak point at Wicks Auditorium last time.

Varney, Brenda [10:02 A.M.]

Already squared away. I've moved on to getting the cameras in order and the press room set up.

Jewell, Kim [10:03 A.M.]

Dennis, what about the reception area? We need to have fans to keep the space cool enough.

Parker, Dennis [10:05 A.M.]

All the tables are in place. I spoke with the caterer a few minutes ago. They're bringing more sandwiches and fewer warm cooked dishes because of this hot weather. I've also made sure they have plenty of iced drinks. Hot coffee and tea won't go very fast.

Jewell, Kim [10:07 A.M.]

Sounds good. They know how to make adjustments just as long as there's plenty for two hundred important guests and reporters.

Varney, Brenda [10:09 A.M.]

What time will you get here, Kim?

Jewell, Kim [10:09 A.M.]

About 2:00. I'll pick up Frank O'Donnell of *Fashion News* and bring him to the hall. His write-up matters a lot, so it's my top priority.

Varney, Brenda [10:10 A.M.]

I know what you're saying. I won't contact you after 1:00 unless something really big comes up.

168. What kind of event are they arranging?

(A) A televised interview
(B) A public showing of new clothes
(C) A wedding reception
(D) An art exhibition

169. Why were the choices for the food changed?

(A) They need to save money on food.
(B) The caterer had trouble preparing the food.
(C) Warm food is less popular in hot weather.
(D) Fewer people are expected to attend.

170. Who is Frank O'Donnell?

(A) The organizer of this event
(B) One of the designers
(C) The supervisor of these people
(D) An important magazine writer

171. At 10:10 A.M., what does Ms. Varney mean when she writes, "I know what you're saying"?

(A) Each person has an important job to do.
(B) The media coverage is important.
(C) She understands the telephone message.
(D) She expects Ms. Jewell to contact her at 1:00.

GO ON TO THE NEXT PAGE

Questions 172-175 refer to the following newspaper article.

Tackle Problems Behind "GIANT" Mergers

By FRED LANDWICK, Staff writer

NEW YORK --- Recent multinational mergers in the electronics sector have changed the face of production, global transport, price-setting and profit margins. Small and medium-sized prime software makers have become part of international consortiums, but many questions have arisen as far as legal loopholes in international mega-mergers are concerned. Our reporter was granted an interview with Housh Kallem, Supervising Director of the International Fair Trade Commission (IFTC), through which we acquired some insight into current trends.

Mr. Kallem said that changes were on the horizon. The establishment of a committee to supervise possibly controversial mergers has been set forth by the IFTC with the aim of protecting smaller international conglomerates. "Once it is running, the institution will further dedicate itself to simplifying complicated regional legislation and provide future companies of all sizes with a valuable set of legal cost-cutting measures," he confidently explained. It is also expected to act as a neutral forum for ironing out potential discrepancies among various national and international law systems.

172. What business does Fred Landwick most likely work for?

(A) A law firm
(B) A consulting firm
(C) A newspaper
(D) A non-profit organization

173. What is the main problem discussed in the article?

(A) A possible financial crisis
(B) The increase of hostile mergers
(C) Lack of competent company leaders
(D) The differences in regional regulations

174. The word "controversial" in paragraph 2, line 3, is closest in meaning to

(A) dependent
(B) disputable
(C) organized
(D) influential

175. How will the IFTC tackle the current situation?

(A) By creating a new commission
(B) By assigning an experienced business person as its head
(C) By restricting upcoming mergers
(D) By giving financial support to small companies

GO ON TO THE NEXT PAGE

Questions 176-180 refer to the following advertisement and letter.

JOB OPENING: Wetland Biologist at The Ecology Research Center (ERC)

POSTED DATE: Jun 24 **YEARLY SALARY:** $ 54,000 - $ 74,200
CLOSING DATE: July 9 **WORKING LOCATION:** Panama City, FL

POSITION DUTIES:
-- Conducting field assessments for the purpose of promoting wetland conservation projects
*Assessment techniques will range from on-site field evaluations to landscape assessments
-- Technical writing, presenting at conferences, and coordinating reviews of wetland assessment methods with federal, state, county, and private organizations

MINIMUM QUALIFICATIONS:
Education: Possession of a master's degree in natural sciences
Experience: At least two years of work experience in the field of natural resources management

TO APPLY:
Submit an application form postmarked by the closing date with a resume and a letter of recommendation to the address listed below. Applications are available by calling (410) 260-8070 or at www.ercflorida.gov.

The Ecology Research Center (ERC)
Human Resource Service B-3
530 Taylor Ave. Florida State Office Building, Panama City, FL 32401
Attn: Deborah Hamilton, Fax: (410) 260-8099, Phone: (410) 260-8835

Kenneth Matthew
5634 Justin Avenue, Santa Barbara, CA 92345
Tel:(851)-2456-987 e-mail: kennethm@coastalrc.org

To Ms. Deborah Hamilton

   I am writing this letter to apply for the position that I saw in the Florida Sentinel newspaper. I graduated from West Santa Barbara University with a Master of Science degree with a specialization in Marine Science four years ago.
   While studying in the master's program, I also worked as a marine biologist in the Coastal Research Institute in Ventura for three years. My job was to conduct several assessments of the area along coastal wetlands. I worked together with Professor Curl Wegner, the Chief Director of that Institute, in some research projects, and he has written me a letter of recommendation, which is attached to this letter. I heard from him that he has now joined a project implemented by ERC. I'd be happy if I could work with him again.
   I would welcome an opportunity to work for the Center as a wetland biologist. Please feel free to contact me if you have any further questions with regard to my application. Thank you for your consideration. I look forward to hearing from you.

Sincerely,
Kenneth Matthew

176. Where will the successful applicant work?

(A) Miami
(B) Panama City
(C) Santa Barbara
(D) Ventura

177. In the advertisement, the word "conservation" in paragraph 1, line 1, is closest in meaning to

(A) expansion
(B) utilization
(C) protection
(D) demolition

178. What is stated as a requirement for the job in the advertisement?

(A) Willingness to cooperate with co-workers
(B) A master's degree from a related field
(C) The ability to raise funds for wetland researches
(D) Computer skills of using landscape assessment software

179. What is true about Professor Curl Wegner?

(A) He is the head of ERC.
(B) He is a professor at West Santa Barbara University.
(C) He is in charge of recruiting research staff.
(D) He is acquainted with Mr. Matthew.

180. Which information is NOT mentioned in the letter?

(A) A contact number for Mr. Matthew
(B) Mr. Matthew's current job
(C) The writer of the letter of recommendation
(D) Where Mr. Matthew found the ad

GO ON TO THE NEXT PAGE

Questions 181-185 refer to the following advertisement and e-mail.

EXCELLA SAVES YOU MORE

Make use of Excella Airline's new Flypals ticketing option for extraordinary savings on your travel arrangements for two or three adults. With Flypals, the second adult ticket is 30 percent cheaper. If two full-price adult tickets are purchased, the ticket for a third adult is 65 percent cheaper. Flypals is available year round for married couples, adults and their parents or even for friends traveling together.

Business travelers as well can save money using BusinessMates. If you travel on business with one or more co-workers to the same location, get a corporate BusinessMates card and save money every time your group travels anywhere by air. As long as the person who made the reservation at least one month earlier is present, any second or third companion travels cheaper.

Junior Flypals offers even bigger discounts of 40 percent off for the first child and 70 percent off for the second child. There are no additional fees, but Junior Flypals cannot be used by unaccompanied children. It is aimed at children aged 12 and under flying with an adult.

For complete details, call 1(888)297-0213.

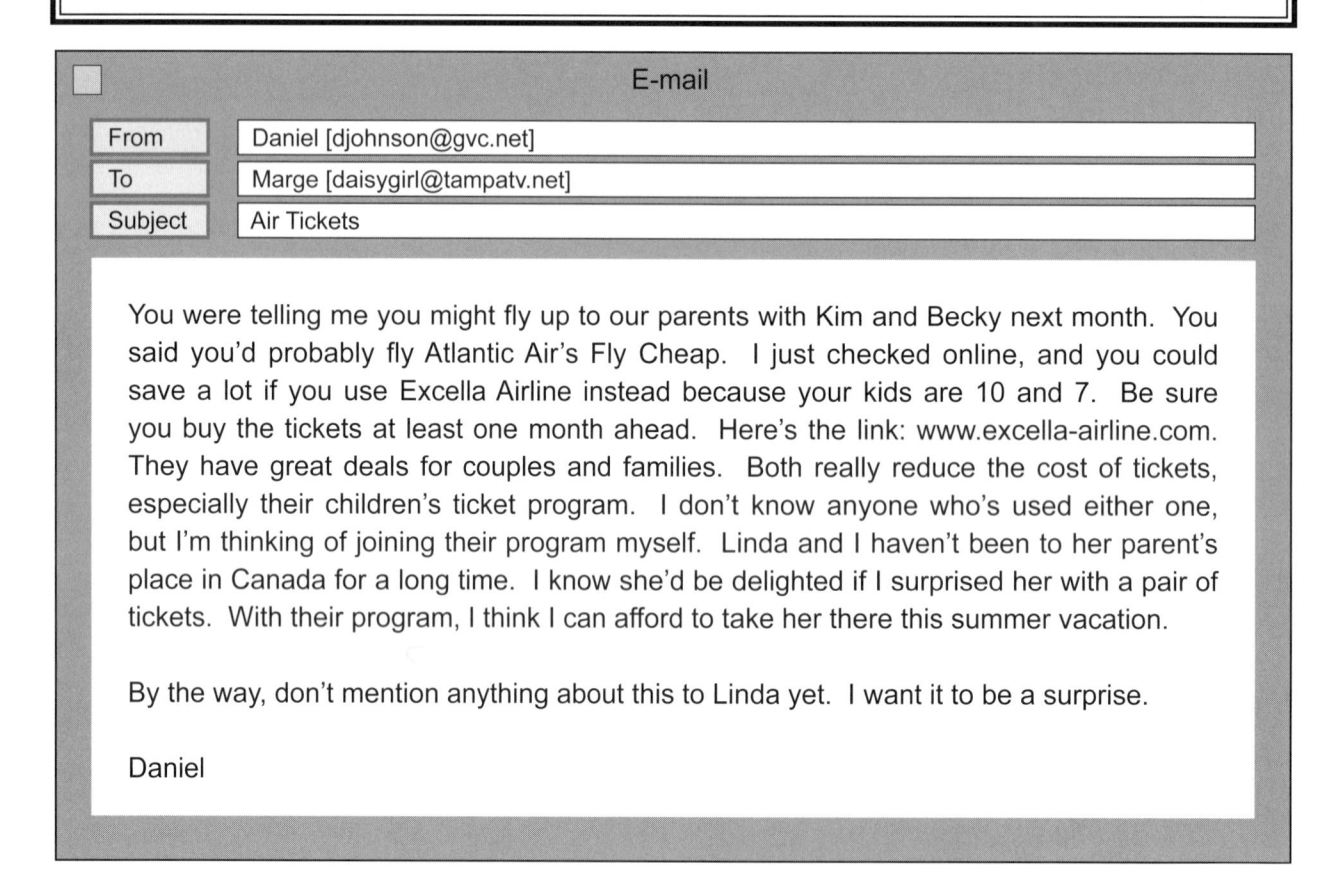

E-mail

From	Daniel [djohnson@gvc.net]
To	Marge [daisygirl@tampatv.net]
Subject	Air Tickets

You were telling me you might fly up to our parents with Kim and Becky next month. You said you'd probably fly Atlantic Air's Fly Cheap. I just checked online, and you could save a lot if you use Excella Airline instead because your kids are 10 and 7. Be sure you buy the tickets at least one month ahead. Here's the link: www.excella-airline.com. They have great deals for couples and families. Both really reduce the cost of tickets, especially their children's ticket program. I don't know anyone who's used either one, but I'm thinking of joining their program myself. Linda and I haven't been to her parent's place in Canada for a long time. I know she'd be delighted if I surprised her with a pair of tickets. With their program, I think I can afford to take her there this summer vacation.

By the way, don't mention anything about this to Linda yet. I want it to be a surprise.

Daniel

181. Who can use these programs?

(A) Customers using the airline's credit card
(B) People buying tickets for other than themselves
(C) Last-minute travelers
(D) Two or three friends or relatives

182. What is NOT allowed by the programs?

(A) Use during vacation periods
(B) Travel to a foreign country
(C) Children flying by themselves
(D) Use by business travelers

183. In the advertisement, the word "extraordinary" in paragraph 1, line 1, is closest in meaning to

(A) unexpected
(B) lucky
(C) legal
(D) sizable

184. How much can Daniel save on Linda's ticket?

(A) 30 percent
(B) 40 percent
(C) 65 percent
(D) 70 percent

185. Which would Marge most likely use?

(A) Flypals
(B) BusinessMates
(C) Junior Flypals
(D) Fly Cheaps

GO ON TO THE NEXT PAGE

Questions 186-190 refer to the following article, memo and chart.

Furniture Homes Buys Jackson Furnishings

In local business news, the Furniture Homes furniture store chain of Florida has acquired Jackson Furnishings, a group here in Connecticut. Furniture Homes officials said they intend to retain Jackson's colonial product line. "Jackson's has high-value furniture with a historic look, which is not in conflict with our hope to market furniture of all kinds."

Jackson's Furnishings began as a single New Haven store which marketed 18th-century New England styles. Its product line expanded, but its traditional style still won many home-decorating awards.

Furniture Homes, with styles ranging from French Provincial to Swedish modern, has constantly had to change its merchandise and its suppliers. Furniture Homes plans to sell high-quality Jackson furniture as one of its product lines.

The president of Jackson Furnishing is likely to hold the position of senior vice-president in the relaunched Furniture Homes in Florida.

To: Jackson executives
From: Doug Smith, President

With the merger now a certainty, many of you will be moving into significantly different jobs. Twelve of you will be asked to relocate to Florida and elsewhere as Design Corners are added to stores nationwide. These will be temporary positions of three to six months in length. Some assignments will be in individual stores, and other works will be at our new corporate headquarters.

Let's make each Furniture Homes store just as great a place for furniture of all kinds as Jackson stores have been for our historic furniture style all these years.

◆ Comparison Chart ◆

	Jackson Furnishings	Furniture Homes
Designs	one focus	various styles
Style themes	based on company's history	reflect changing tastes over time
Source	company built	purchased from suppliers
Pricing	mid- to upper-range	from low to high
Chain size	local only	national

Jackson is suited to be a small section within the larger Furniture Homes, to attract a luxury audience.

---

186. What has Furniture Homes done?

(A) Sold a Connecticut chain
(B) Stopped selling colonial furniture
(C) Changed its name to Jackson Furnishings
(D) Bought a specialized furniture store

187. In the article, the word "conflict" in paragraph 1, line 7, is closest in meaning to

(A) warfare
(B) argument
(C) disagreement
(D) misjudgment

188. How is Jackson Furnishings different from Furniture Homes?

(A) Jackson Furnishings operates nationwide.
(B) Goods at Furniture Homes include low-cost furniture.
(C) Furniture Homes keeps the same styling themes.
(D) Jackson Furnishings buys from many suppliers.

189. What has NOT been suggested about the relaunched company?

(A) Many Jackson managers will move.
(B) Furniture Homes will sell traditional furniture.
(C) It will not depend upon their suppliers anymore.
(D) Doug Smith will become a vice-president.

190. What would Mr. Smith probably do in the near future?

(A) Leave the furniture business
(B) Work at the design division of Furniture Homes
(C) Stop selling Swedish modern furniture
(D) Move from Connecticut to Florida

GO ON TO THE NEXT PAGE

Questions 191-195 refer to the following e-mail, notice and note.

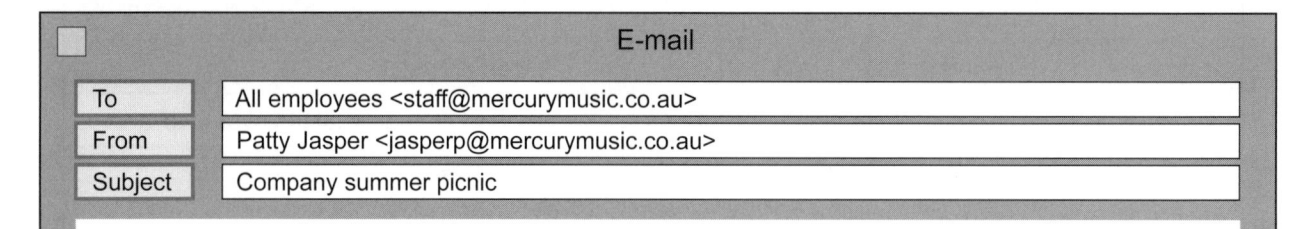

	E-mail
To	All employees <staff@mercurymusic.co.au>
From	Patty Jasper <jasperp@mercurymusic.co.au>
Subject	Company summer picnic

It's nearly time for the Mercury Music summer picnic. We'll use the inland mountain Currumbin Rock Pools as usual, but we're going to try something quite different for cooking arrangements. We'll only provide beverages this year. Please bring either a salad or a dessert to share. For the main courses, we'd like people to use individual cooking pits. This means we'll likely gather together at the start of the meal and then again at the end. We'll have a small number of fully-prepared meals for purchase if you haven't organized anything to cook.

There will be various sports activities, some speeches and music. Don't forget to bring your Mercury Music CDs! However, much of the time will be spent in individual family groups.

Area for Individual Family Cooking

extensive car park (near the picnic grounds)
20 cooking pits (sign up with Patty Jasper)
each with one picnic table
5-minute walk from the picnic pavilion
view of the sports field and children's playground

Bring your own charcoal and tableware to cook your meal.
Sign up ahead of time, or you may not get a cooking pit! If you can't cook for yourselves, you can buy our prepared boxed meals.
Wear comfortable shoes if you plan to go hiking by the famous rock pools in the river.

Alice,

I dropped by, but I see you're not at your desk. I'm going to reserve a cooking pit at Currumbin. Would you like to eat with my family? We cook out a lot and will be fixing barbecued seafood. It's my specialty. I know you eat in restaurants a lot and I thought you might not be all that familiar with outdoor cooking being from Melbourne. Here in Queensland, outdoor cooking is something we know and love from childhood. It could help you get settled in since you've only recently come to work at our Brisbane office. Let me know what you think.

Gordon

191. What are these employees preparing to do?

(A) Improve their eating habits
(B) Visit a community pool
(C) Attend a seasonal social event
(D) Offer educational courses at the company

192. What is implied by the notice?

(A) They cannot come by car.
(B) The event is for employees only.
(C) The event requires formal dress.
(D) Reservations are not compulsory.

193. Why does Gordon invite Alice to join him?

(A) He wants to make use of her expertise.
(B) She loves all kinds of outdoor sports.
(C) She is new to the area.
(D) They are both vegetarians.

194. What will the company itself take care of?

(A) Bringing the fuel for the fires
(B) Transporting all the people by bus
(C) Providing all the music
(D) Arranging and providing all drinks

195. What is this area known for?

(A) Racing cars
(B) Hiking along a river
(C) Swimming in the sea
(D) Eating at its many restaurants

GO ON TO THE NEXT PAGE

Questions 196-200 refer to the following notice, schedule and e-mail.

National Home staff:

We know that many staff members are deeply interested in owning their own homes. Most couples want to do this. Your home can be a great investment and is surely the largest purchase you are likely to make in a lifetime. To help you take this very big step in your life, British National Home Supply annually organizes "Buying Your First Home" as an after-work course held twice a week. This goes along with our work as a company. We are one of the largest sellers of furniture, appliances and tools for do-it-yourself projects. Homeowners buy all of these in far greater numbers than renters do.

To start you on the path to home ownership, a bank representative will explain home financing. Also, a well-known guest speaker will give you advice before you start house-hunting. Perhaps, the most important part will be the final class, in which a group of your co-workers tell how they themselves improved their homes.

Schedule of Lessons for "Buying Your First Home"

week 1:   money requirements
week 2:   checklist for the home you want
week 3:   "House-hunting in Britain" Q & A, with a guest speaker, Nigel Blake
week 4:   understanding home layout plans
week 5:   training in the use of home improvement tools
week 6:   experience of veteran homebuyers

The course is designed for partners / spouses to study and plan together.
A gift certificate will be given to each participant who completes the class.

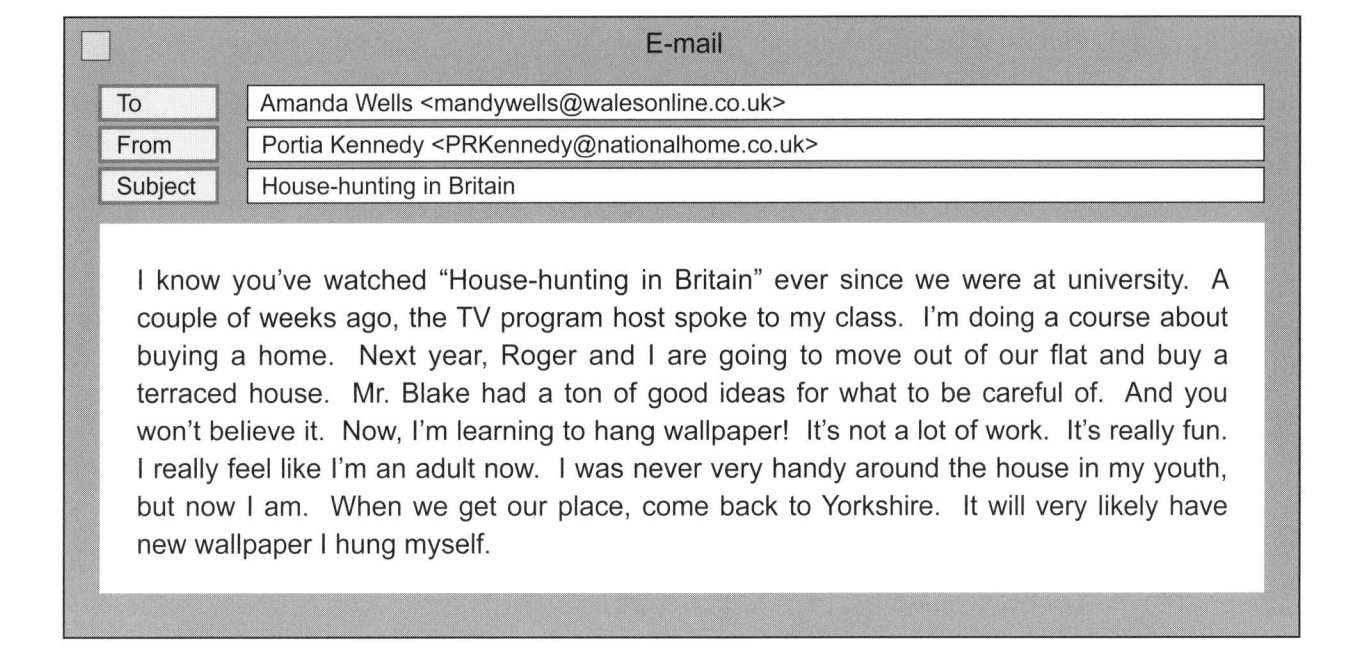

E-mail

To: Amanda Wells <mandywells@walesonline.co.uk>
From: Portia Kennedy <PRKennedy@nationalhome.co.uk>
Subject: House-hunting in Britain

I know you've watched "House-hunting in Britain" ever since we were at university. A couple of weeks ago, the TV program host spoke to my class. I'm doing a course about buying a home. Next year, Roger and I are going to move out of our flat and buy a terraced house. Mr. Blake had a ton of good ideas for what to be careful of. And you won't believe it. Now, I'm learning to hang wallpaper! It's not a lot of work. It's really fun. I really feel like I'm an adult now. I was never very handy around the house in my youth, but now I am. When we get our place, come back to Yorkshire. It will very likely have new wallpaper I hung myself.

---

196. What industry is this company in?

(A) Home sales
(B) Vocational training
(C) Home furnishings
(D) Broadcasting

197. Who is expected to attend the class?

(A) Furniture craftsmen
(B) Company employees and spouses
(C) Appliance repairmen
(D) Fitness trainers

198. What do participants receive at the end of the event?

(A) A ticket to a TV show
(B) A coupon for purchases
(C) An autograph by Nigel Blake
(D) A course completion certificate

199. How is Mr. Blake well-known?

(A) As a banker
(B) As a famous company owner
(C) As an architect
(D) As a TV personality

200. What is Ms. Kennedy likely to do next year?

(A) Return to university
(B) Advise Mr. Blake about house-hunting
(C) Visit a television studio
(D) Show Ms. Wells her new home

Stop! This is the end of the test. If you finish before time is called, you may go back to Parts 5, 6 and 7 and check your work.

NO TEST MATERIAL ON THIS PAGE

NO TEST MATERIAL ON THIS PAGE

Z-KAI